Anonymous

Das christliche Gottvertrauen und der Glaube an Christus

Anonymous

Das christliche Gottvertrauen und der Glaube an Christus

ISBN/EAN: 9783337223779

Hergestellt in Europa, USA, Kanada, Australien, Japan

Cover: Foto ©Lupo / pixelio.de

Weitere Bücher finden Sie auf **www.hansebooks.com**

Das

Christliche Gottvertrauen

und der

Glaube an Christus.

Eine dogmatische Untersuchung

auf biblisch-theologischer Grundlage und unter Berücksichtigung
der symbolischen Litteratur

von

E. W. Mayer,
a. o. Prof. der Theologie in Strassburg.

Göttingen

Vandenhoeck und Ruprecht.

1899.

Übersetzungsrecht vorbehalten.

Vorwort.

Es hat eine Zeit gegeben, da die Dogmatik als eine Wissenschaft angesehen wurde, die Gott und Göttliches zum unmittelbaren Objekt der Erforschung und Darstellung hat. Die Sätze, die sie als eine solche Disciplin bildete, waren an und für sich nicht ungeeignet in die Predigt und den Unterricht überzugehen, sofern diese ja vor allem von der offenbar gewordenen Gnade und Liebe Gottes zu reden haben. Seit Schleiermachers Wirksamkeit ist nun da eine gewisse Veränderung eingetreten. Nach der herrschenden Anschauung sind die Gegenstände, mit denen die Dogmatik es direkt und zunächst zu thun hat, die Vorgänge und Erscheinungen im Bewusstsein des frommen Subjekts. Sie wird gern und fast allgemein definiert als die Wissenschaft vom Glauben: diesen hat sie zu beschreiben und darzulegen, darin stimmen die meisten überein. Dabei können allerdings noch mancherlei Verschiedenheiten sich ausprägen, indem der einzelne das zu schildernde Phänomen entweder in sich selbst aufsucht, oder in der Gemeinde, oder in der Schrift, oder in den Symbolen, oder Aufschluss darüber allein von der Persönlichkeit Christi erwartet: die Auffassung der Aufgabe bleibt darum doch immer die selbe. Es leuchtet nun von selbst ein, dass eine genaue wissenschaftliche Einsicht in das christliche Innenleben und seine Zusammenhänge von grosser Bedeutung sein kann für den Pfarrer und Seelsorger, der dieses zu wecken und zu pflegen berufen ist. Anderseits sind doch die der Beschreibung subjektiver Vorgänge gewidmeten, den Glauben analysierenden und über ihn reflektierenden Sätze, in denen solche Kenntnis notwendig zum Ausdruck kommt, nicht dazu angethan, selbst so ohne weiteres den Inhalt der Verkündigung zu bilden. Das bezeugt in drastischer Weise der Erfolg, mit dem bisweilen junge Anfänger ihre frisch erworbene Dogmatik auf der Kanzel oder in der Schule verwerten,

Es bedarf eben da noch eines besondern Nachdenkens, das die gewonnene Einsicht in das Wesen, die Natur und den Inhalt des Glaubens erst fruchtbar macht; es bedarf der Überlegung, die aus derselben die Regeln und Anweisungen ableitet für das Verfahren, durch welches das von seiner wissenschaftlichen Darstellung verschiedene christliche Vertrauen erzeugt und genährt werden kann. Diese Arbeit darf der Systematiker nicht allein dem Praktischen Theologen überlassen, der ohnehin durch die Berücksichtigung des Formalen stark in Anspruch genommen ist. Er hat sich vielmehr daran zu beteiligen und die von ihm vertretene Disciplin zu betreiben nicht bloss als eine deskriptive Darlegung des Glaubens sondern zugleich als eine daraus sich ergebende Anleitung zur »Lehre«, das Wort im Sinne der Verkündigung genommen. Die Dogmatik wäre danach nicht allein eine historische sondern zugleich auch eine normative Wissenschaft; oder anspruchsloser und darum nicht schlechter ausgedrückt: sie bildet eins der Bindeglieder zwischen der rein geschichtlichen und der praktischen Theologie, weil sie mit jeder etwas gemein hat.

Die vorgetragene Auffassung ist für die nachstehende Untersuchung massgebend gewesen. Der Verfasser hat auf der einen Seite den psychologischen Konnex zwischen Gottvertrauen und Christusglauben möglichst treu und der Wirklichkeit gemäss schildern wollen, indem er dabei dem Neuen Testament als einem klassischen Denkmal christlichen Lebens besondere Aufmerksamkeit widmete; er hat auf der andern Seite sich bemüht aus den Resultaten Schlüsse zu ziehen für Predigt und Unterricht, um so deutlich zu bekunden, dass diese Schrift der Kirche bei der Erfüllung ihrer hohen Aufgabe mit dienen möchte.

Strassburg, Pfingsten 1899.

E. W. Mayer.

Inhalt.

		Seite
I.	Über Bedeutung und Wesen des Gottvertrauens im allgemeinen	1
II.	Umschau innerhalb der symbolischen Litteratur	38
III.	Umschau innerhalb der neutestamentlichen Litteratur	81
IV.	Das Verhältnis von Gottvertrauen und Christusglaube	138
Anhang.	Der Glaube in formaler Beziehung	156

Störende Druckfehler.

S. 18 Z. 15 v. u. statt dass lies das.
„ 26 „ 8 v. u. „ andere lies anderen.
„ 39 Anm. 12 „ 114 lies 14.
„ 40 „ 6 „ 76 lies XII, 76.
„ 40 „ 16 „ 26 lies 261.
„ 41 „ 2 „ XXIII lies XXII.
„ 41 „ 11 „ XXV, 28 lies XXVI, 5.
„ 51 Z. 12 v. u. „ es lies er.
„ 77 „ 15 v. u. „ und, die lies und die.
„ 82 „ 14 v. o. „ $ἄπιστος$ lies $ἄπιστος$.
„ 90 Anm. 2 „ anfechtbaren lies unanfechtbaren.
„ 112 Z. 10 v. u. „ Führwahrhalten lies Fürwahrhalten.
„ 115 „ 3 v. o. „ $του$ lies $τοῦ$.
„ 130 „ 13 v. u. „ Vielmehr lies Viel mehr.
„ 144 Anm. 4 „ herzustellen lies darzustellen.

I.
Über Bedeutung und Wesen des Gottvertrauens im allgemeinen.

Es darf als zugestanden vorausgesetzt werden, dass eine der wichtigsten Bethätigungen des christlichen Lebens das unbedingte Vertrauen zu Gott ist. Wenn nun gleich über das Wesen dieser religiösen Funktion eigentlich kein Zweifel besteht und die übliche Bezeichnung derselben als »völliger Hingabe des Herzens und Willens an Gott« im allgemeinen für richtig erklärt werden kann, so ist doch innerhalb einer wissenschaftlichen Auseinandersetzung eine genauere Definition unumgänglich.

Geht man dabei aus von der naheliegenden Betrachtung des Verhältnisses zwischen Kind und Vater, so wird man etwa bei dem Satz ausmünden: das unbedingte Gottvertrauen ist ein bestimmtes Verhalten des Gemüts, kraft dessen der Mensch gewiss ist, dass Gott sein Bestes unter allen Umständen verwirklichen **kann und will.** Es kommt einiges darauf an, dass **beides zugleich** hervorgehoben werde: die **Macht Gottes** solchen Zweck zu realisieren und seine **Bereitwilligkeit** es zu thun; denn in dualistischen, polytheistischen und tieferstehenden Religionen sowie in pantheistisch gefärbten Weltanschauungen wird beispielsweise schon die erstere in Frage gestellt, während innerhalb des Bereichs des Nomismus die letztere durch gesetzliche Leistungen oder ihre Surrogate bedingt erscheint. Dem gegenüber ist nach monotheistischer Auffassung Gottes Vermögen unbeschränkt und nach spezifisch christlicher seine Gnade wirklich Gnade.

Die aufgestellte Formel kann sich auf eine Reihe verwandter Umschreibungen des Glaubens überhaupt bei Luther berufen, wenn er beispielsweise diesen kurzweg bezeichnet als eine »lebendige Zuversicht zu Gottes Güte«[1]) oder als die Gewissheit, »dass Gott guten Willen habe zur Person, wolle und gönne derselben alles Gute«[2]), oder als das »Vertrauen, dass er für uns sorge«[3]), »dass er wisse, was wir bedürfen, und .... uns dasselbe gern und mildiglich widerfahren lassen wolle«[4]), oder als ein »Sich Gutes zu Gott versehen«[5]); wenn er als Gegensatz anführt Furcht und Verzagtheit, das Sichverlassen auf das eigene Thun und ähnliches und in der »Kurzen Form« bei der glänzenden Besprechung des 1. Artikels die schönen Worte beifügt: »Dieweil er dann Gott ist, so mag er und weiss, wie er's machen mit mir soll aufs beste. Dieweil er Vater ist, so will er's auch thun und thut es herzlich gern«[6]).

Die aufgestellte Formel steht auch, um von Modernen denjenigen anzuführen, der der Sache hervorragende Aufmerksamkeit gewidmet hat, im Einklang mit der Definition A. Ritschls: »Der Glaube ist affektvolle Überzeugung von dem Zusammenhang göttlicher Willensverfügung mit dem speziellsten Interesse des Menschen«[7]). Doch ist es verfänglich und um der Klarheit und Präcision willen abzulehnen, wenn von dem selben Theologen das Gottvertrauen weiterhin identifiziert wird mit der in bestimmtem Sinn gedeuteten Liebe zu Gott[8]). Unter der letzteren versteht nämlich Ritschl den Willen, der sich die Zwecke Gottes aneignet[9]). Es ist nun leicht einzusehen und wird sich hoffentlich erweisen lassen, dass eine solche Disposition mit einer gewissen Notwendigkeit aus dem unbedingten Vertrauen zu Gott hervorgeht. Trotzdem kann und muss beides wenigstens begrifflich unterschieden werden[10]). Das eine mal handelt es sich, wenn es

---

1) E. A. 1. XI, 50.   2) XI, 54.
3) IX, 69; LII, 391.   4) V, 93.
5) V, 74; vgl. V. 225.
6) XXII, 17. Vgl. hierzu die Wendung im Heidelb. Catechismus: »Dieweil er's thun kann als ein allmächtiger Gott und auch thun will als ein getreuer Vater«.
7) Lehre von der Rechtfertigung und Versöhnung, III, 98.
8) Ebd. S. 100. vgl. auch S. 560: »Der Glaube an Christus und Gott fällt unter den Umfang des oben festgestellten Begriffs der Liebe«.
9) Ebd. S. 268 f.
10) Vgl. hierzu unter anderen Köstlin, Der Glaube, S. 212; Thieme,

erlaubt ist von abgenutzten psychologischen Kategorieen einen nicht unbedenklichen Gebrauch zu machen, mehr um eine Gefühlsregung, das andere mal mehr um eine Willensbewegung, das eine mal mehr um das »Gefühl von dem Werte eines Objekts« für uns, das andere mal um die Richtung des Willens auf gegebene Zwecke. Man darf sich auch nicht, um die Gleichsetzung von Vertrauen und Liebe zu Gott zu rechtfertigen, auf einzelne Luthersche Citate stützen. Bekannt und oft angeführt[1]) ist ja die Stelle: »Wenn wir's recht ansehen, so ist die Lieb das erst oder je zugleich mit dem Glauben. Denn ich möchte Gotte nicht trauen, wenn ich nicht gedächte, er wolle mir günstig und hold sein, dadurch ich ihm wieder hold und bewegt werde, ihm herzlich zu trauen und alles Gutes zu ihm versehen«. Aber ausdrücklich heisst es doch auch wieder: »Sieh, also fleusst aus dem Glauben die Lieb und Lust zu Gott und aus der Lieb ein frei, willig, fröhlich Leben dem Nächsten zu dienen umsonst«[2]). Alles in allem gewinnt man aus einer flüchtigen Betrachtung einschlägiger Äusserungen den Eindruck, als ob für Luther die Liebe zu Gott einen Mittelbegriff bildete zwischen dem Gottvertrauen und der Nächstenliebe, weshalb er sie bald mit jenem bald mit dieser zusammenlegen kann. Das erstere ist der Fall, wo immer er sich im Sinne des Satzes ausspricht: »Gott lieben heisst, wenn man gewisslich dafür hält und gläubet, dass uns Gott günstig sei und helfe, beistehe und Gutes thue«[3]). Das andere trifft überall da

---

Die sittliche Triebkraft des Glaubens, S. 162; Schlatter, Der Glaube im N.T. 2. Aufl. S. 239 (»Das im Glauben begründete Wollen ist Liebe«) u. s. w.

1) Bei Thieme, die sittliche Triebkraft des Glaubens, S. 214. Ebenso bei Herrmann, Der Verkehr des Christen mit Gott, 2. Aufl. S. 226. Ersterer führt noch andere gleichlautende Dicta an, wie »fiducia venit ex caritate«, »fidem ego justificantem a caritate non separo«.

2) XXVII, 196. Vgl. XIV, 149. Desgleichen lässt die Apologie vielfach die dilectio auf die fides folgen. Man kann das mit Brieger (De Formula Concordiae Ratisbonensis origine atque indole, S. 28) feststellen ohne den Satz anzufechten »sequi non temporis sed causae ratione dictum esse« (S. 29).

3) LVIII, 251. Vgl. den bei Herrmann S. 226 mitgeteilten Passus und die auf den jüngeren Luther bezügliche Bemerkung Loofs': »Bei Augustin ist's die Liebe, die rettet, auch wenn er den Glauben nennt;

ein, wo er die Gottesliebe als Erfüllung der Pflichten gegen den Mitmenschen deutet[1]). Bei Herrmann, der in seiner Darstellung fortwährend Fühlung mit dem Reformator sucht, hat es übrigens bezeichnenderweise eine ähnliche Bewandtnis wie bei diesem. Gewöhnlich führt er die Gottesliebe auf das Gottvertrauen zurück, nicht, wie Ritschl zu thun geneigt ist, das Gottvertrauen auf die Gottesliebe[2]); aber er spricht doch auch einmal von der Gottesliebe als Nächstenliebe und lässt sie dann natürlich erst aus den Erfahrungen des Glaubens herauswachsen. Es ist nahezu das gleiche Doppelverhältnis[3]).

Geht aus alledem hervor, dass es vielleicht didaktisch nicht weise ist, den Begriff der Liebe bei der Definition des Gottvertrauens auszuspielen, so können dafür andere Merkmale zur Charakteristik dieses religiösen Verhaltens noch ausgehoben werden. Jedenfalls umschliesst es, wo es unbedingt ist, das Bewusstsein »schlechthiniger« Abhängigkeit des Alls von Gott. Es ist oft gesagt worden, dass der in die Kämpfe des Daseins verstrickte Gläubige sich eines guten Ausgangs und des erfolgreichen Beistandes von oben nicht zu getrösten vermöchte, wenn er nicht gewiss wäre, dass alle Dinge und Geschehnisse, die ihn betreffen, durchaus gefügige Werkzeuge in der Hand seines Helfers sind. Damit ist der Grund gelegt zu einer Beurteilung, wie sie in Schöpfungs- und Erhaltungslehren zum Ausdruck kommt; damit ist zugleich einer Reihe von Vorgängen, nämlich zunächst denjenigen, die den Menschen selbst unmittelbar angehen, der Schein des Sinnwidrigen benommen; und unwillkürlich dehnt sich dann die teleologische Anschauungsweise noch weiter aus. Doch wäre es verfehlt, diese, wie oft geschieht, zu verwechseln mit irgend einer thatsächlichen oder angeblichen wissenschaftlichen Erkenntnis von der Zweckmässigkeit der Welt. Es ist zuzugeben und hätte nie geleugnet werden sollen: das religiöse Gefühl kann angeregt werden durch die für die Sinne zugängliche Wahr-

---

hier ist's der Glaube, auch wo die Liebe genannt ist«. (Leitf. 3. Aufl. S. 351, Anm.).

1) V. 54. 57; VIII, 63; XVIII, 213; XXXVI, 284 u. v. a.

2) Unnötig zu sagen, dass die betreffende Reduktion bei Ritschl viel von ihrer Gefährlichkeit verliert, weil er scharf zwischen der Gottesliebe und Nächstenliebe unterscheidet.

3) Der Verkehr des Christen mit Gott, S. 222 ff.

nehmung, dass die Natur darauf angelegt erscheint, Leben im engeren und weiteren Sinn zu erzeugen und zu erhalten, wie es umgekehrt Anlass giebt, derartige Beobachtungen anzustellen: nicht bloss die alttestamentliche Litteratur, Jesus selbst, der an die Vögel des Himmels und die Lilien des Feldes erinnert, zeugt dafür; aber neben die freundlichen Eindrücke in der Natur treten solche entgegengesetzter Art, die rein empirische Betrachtung bleibt verwirrt und ermattet zurück, und der Christ ist oft genug angewiesen, die ersehnten letzten Zielpunkte seines Gottes jenseits aller Erscheinung zu suchen. Nur dadurch gelingt es ihm, alle Disharmonieen aufzulösen, und zwar die ethischen sowohl als die natürlichen.

Mit den letzten Worten ist bereits angedeutet, dass das unbedingte Gottvertrauen weiter den Glauben an eine sittliche Weltordnung mit enthält, speziell, sofern man darunter die Gewissheit vom endgültigen Siege des Guten begreift. Spuren davon finden sich auch bei Luther[1]). Aber freilich würde es wieder eine Entleerung und Verkümmerung bedeuten, wollte man es bloss auf diese dem Moralischen zugewandte Zuversicht beschränken: es überbietet sie vielmehr weit, so gewiss — die Rechtfertigung ihren direkten Zweck nicht in der Heiligung hat oder die Seligkeit des Christen nicht allein in dem Verhalten gegen den Nächsten besteht[2]).

Es ist nun wohl klar und bedarf eigentlich keiner besondern Erwähnung, dass ein solches, das Weltbild verklärendes Gottvertrauen dem Menschen ein unvergleichliches Glück gewährt. Luther ist nicht müde geworden dasselbe mit Dichters Zungen zu preisen, und Chöre frommer Sänger stimmen begeistert ein. Die Anerkennung der beschriebenen Gemütsverfassung als einer reichen Quelle von Lust und Freude kann auch am Ende dem Fernerstehenden zugemutet werden. Gewährt sie doch nachweislich mindestens Erleichterung einer doppelten Last, die dunkler oder deutlicher wohl jeder empfindet. Das ist einerseits der Druck des irdischen Übels in seinen mancherlei Formen, die nagende Sorge, Verzagtheit und Mutlosigkeit; das ist anderseits der quälende Reiz, der von den Gütern dieser Welt ausgeht, indem sie die ewig

---

1) Vgl. Thieme, S. 180 ff.
2) Vgl. hierzu Thieme, S. 158 ff.

verlangenden Wünsche entfachen und schon mitten im Genuss die Begierde wieder wecken. Man braucht kein grosser oder trübgestimmter Psycholog zu sein, um einzuräumen, dass das Innenleben der meisten, wo es nicht durch bewusste oder unbewusste Religiosität geadelt wird, in stetigem ödem Wechsel der Abhängigkeit von beidem verläuft. Goethe hat etwas davon empfunden: er hat gelegentlich eine erschreckend wahre Skizze des Alltagsmenschen gezeichnet, da er die Frage aufwirft: »Was ist ein Philister?« und die Antwort erteilt:

»Ein hohler Darm,
Mit Furcht und Hoffnung ausgefüllt:
Dass Gott erbarm!«

Selbst die mit Recht viel gerühmte treue und pünktliche Berufserfüllung, wo sie ausgeübt wird unter dem Zwange der Rücksicht auf persönlichen Verlust und Gewinn, gestaltet sich zu einem schweren Frondienst, dessen Härte zu schildern der Farbentopf des schwarzblütigsten Pessimisten nicht genug düstere Tinten aufweist: der hohe Wert einer nicht heteronomen Moral besteht eben nicht bloss darin, dass ihre Normen von keiner andern irdischen Macht auferlegt werden, sondern auch, dass sie um keines ausserhalb ihrer selbst liegenden Motivs willen befolgt sein möchten. Von der doppelten Sklavenkette aber, welche die Welt so leicht und schnell ihren Kindern schmiedet, entbindet nun das unbedingte Gottvertrauen; denn, wo ich wirklich sicher bin, dass eine höchste Lebensmacht mein Bestes jederzeit realisieren kann und will, da haben die Übel, wenn auch nicht immer ihren Charakter als solche, so doch ihre Schrecknisse verloren: sie müssen Güter sein oder wenigstens Mittel dazu[1]); und, obschon die Begierden nicht erlöschen, scheidet doch das eigentlich Peinvolle darin aus, die um den Gewinn und Besitz bange, unruhige, »stachelnde Sucht«, das quälende Hasten und Jagen: weiss ich doch, dass mir von selbst zufallen muss, was wahrhaft zu meinem Wohle gereicht. So wird die Unabhängigkeit von der Welt Lust und Leid und ihrem zwiefachen Zwang hergestellt, die königliche Freiheit eines Christenmenschen.

---

1) Melanchthon drückt das einmal folgendermassen aus: »afflictiones .... sunt opera Dei destinata ad nostram utilitatem«. (Apol., ed. Müller, VI, 63.)

— 7 —

Es ist, wenn man absieht von der überaus wichtigen Art ihrer Begründung und der ebenso bedeutsamen Weise ihrer Verwertung, die selbe Freiheit, welche die gesamte antike Philosophie in ihrer sogenannten »ethischen Periode« so eifrig gesucht und so begeistert beschrieben hat [1]). Insbesondere haben die Stoiker sie als oberstes und schönstes Ziel gepriesen und erstrebt. Aber sie appellieren, wo es gilt ihren Besitz zu vermitteln, vor allem an den eigenen Willen und Entschluss; daher die bekannte Herbigkeit in dem Glück des »sapiens«: es trägt weniger das freundliche Gepräge eines zugefallenen Geschenks, als dass es Spuren einer ungeheuren Willensanstrengung bei mühsamer Erwerbung aufzeigt; und auch der so leicht erklärliche Stolz des selfmade man stellt sich nicht selten ein: »etwas giebt es, das der Weise vor dem Gott voraus hat: dieser verdankt seine Furchtlosigkeit der Natur, er aber sich selber« [2]).

Nicht als ob die Stoa ganz darauf verzichtet hätte, das Gottvertrauen für die Erzeugung und Erhaltung der Freiheit von der Welt zu verwerten. Seneca hat gelegentlich als ein Bollwerk gegen die Hemmnisse des Lebens den Glauben hingestellt, dass Gott diejenigen, welche er liebt, zu ihrem Besten abhärtet und prüft [3]). Indes dieser freudige und erhebende Trost verwandelt sich ihm unter den Händen zu dem kraft- und saftlosen Zuspruch, dass an den Bestimmungen des Geschicks nun einmal nichts zu ändern ist und in das Notwendige und Unvermeidliche sich Sterbliche und Unsterbliche auf gleiche Weise finden und fügen müssen [4]). Ja, man erwehrt sich nur schwer des Eindrucks, dass

---

1) »Stoiker, Epikureer und Skeptiker werden nicht müde, diese Unabhängigkeit vom Weltlauf als den Vorzug des Weisen zu preisen: er ist frei, ein König, ein Gott; was ihm auch geschieht, das kann sein Wissen, seine Tugend, seine Glückseligkeit nicht angreifen«. (Windelband, Geschichte der Philosophie, S. 129).

2) »Est aliquid, quo sapiens antecedat Deum: ille beneficio naturae non timet, suo sapiens.« Seneca, ep. 53.

3) »Hos itaque deus, quos probat, quos amat, indurat, recognoscit, exercet.« (De provid. IV, 7).

4) »Fata nos ducunt, et quantum cuique temporis restat, prima nascentium hora disposuit. Causa pendet ex causa. Privata ac publica longus ordo rerum trahit« (ibid. V, 7). Und: »Ille ipse omnium conditor et rector scripsit quidem fata, sed sequitur. Semper paret, semel iussit«. (V, 8).

er im allgemeinen zu dem letzten Argument viel lieber seine Zuflucht nimmt als zu dem ersten ¹). Das hängt damit zusammen, dass die Liebesgesinnung der Gottheit eben nicht sicher verbürgt ist und ihre Macht nicht über allen Zweifel erhaben, weil sie in den Weltlauf verstrickt erscheint. Ihr Antlitz spielt einerseits in einer ganzen Skala von Zügen, die zwischen dem gütigen Ausdruck des Vaters und den harten Mienen einer launischen und ausschweifenden Herrin ²) variieren, und der freundliche Wille der Vorsehung beugt sich anderseits unter das eiserne Joch der $\varepsilon i\mu\alpha\rho\mu\acute{\varepsilon}\nu\eta$: der persönliche Gott verschwindet hinter der Welt und dem blinden Naturgesetz ³). Dem entsprechend fehlt es dem Gottvertrauen an jeder Stetigkeit und Festigkeit; es flackert unruhig hin und her und erlischt vielfach in blossem an sich unfruchtbarem Abhängigkeitsgefühl, in stumpfer Resignation gegenüber der unerbittlichen Verkettung von Ursachen und Wirkungen, in deren gewaltiges Gefüge der Mensch einge-

---

1) Ad Marciam, de consolatione, X, 5 f.; ferner: de tranquillitate animi, X f., wo das charakteristische Wort steht: »omnis vita servitium est«. Ferner: de vita beata, IV, 5: »exeundum ad libertatem est, hanc non alia res tribuit quam fortunae neglegentia«. Natur. quaest. II, 59, 4: »iratis dis propitiisque moriendum est; animus ex ipsa desperatione sumatur!« Man darf wohl auch Ad Polyb. XVI, 4 anführen: »Haec ergo puta tibi parentem publicum referre exempla, eundem ostendere, quam nihil sacrum intactumque sit fortunae, quae ex eis penatibus ausa est funera ducere, ex quibus erat deos petitura, nemo itaque miretur aliquid ab illa aut crudeliter fieri aut inique«. etc. etc.

2) »Varia et libidinosa mancipiorumque suorum neglegens domina« (Ad Marciam, X, 6).

3) »Vis illum fatum vocare: non errabis. Hic est, ex quo suspensa sunt omnia, causa causarum. Vis illum providentiam dicere: recte dices. Est enim, cuius consilio huic mundo providetur, ut inoffensus exeat et actus suos explicet. Vis illum naturam vocare: non peccabis. Hic est, ex quo nata sunt omnia, cuius spiritu vivimus. Vis illum vocare mundum, non falleris« (Natur. quaest. II, 45). Zeller meint zwar, dass die pantheistische Denkweise bei Seneca etwas zurücktritt, fügt aber doch hinzu, »dass auch er die Gottheit in dem körperlich gedachten Pneuma, nicht in dem körperlosen Geist sucht, die Teile der Welt für Teile der Gottheit, Gott und die Welt für dasselbe erklärt, die Natur, das Verhängnis und die Gottheit sich gleichstellt, den Willen der Gottheit auf das Weltgesetz, die Vorsehung auf die unabänderliche Verkettung der natürlichen Ursachen zurückführt«. (Phil. d. Gr., 3. Aufl. III, 1, 704.)

zwängt ist, bis ihm der Tod mit milder Hand die Ausgangspforte öffnet[1]). So fehlt die sichere Unterlage für die ersehnte Freiheit: das Ideal des Weisen bleibt ein Ideal.

Ist es zu viel gesagt, wenn man behauptet, dass es ganz anders realisiert worden ist innerhalb der christlichen Gemeinden mit ihren nicht bloss heroischen, gefassten und gelassenen sondern, was viel mehr ist, freudreichen, von Glücksgefühl überströmenden Persönlichkeiten, die besitzen als besässen sie nicht, denen »die Leiden der Gegenwart nichts sind« gegen die zukünftige Herrlichkeit, denen »wohl« ist »in Schwachheiten, unter Misshandlungen, in Nöten, in Verfolgungen und Bedrängnissen«, die »da betrübt werden und doch sich jederzeit freuen«, die in alledem »weit überwinden«, die den Schutz der Mächtigen dieser Erde ablehnen und ihnen dafür den eigenen anbieten? Und das Christentum hat je und je und immer wieder die Kraft bewiesen solche Charaktere hervorzubringen, wo es nicht erstarrt ist in Dogmatismus oder vertrocknet zu nüchternem Moralismus oder quiesciert hat in unfruchtbarer Betrachtung eines unfassbaren, eigenschaftslosen Absoluten oder in müssigem Spiel der Phantasie.

Aber die Freiheit des Christenmenschen wird nicht nur anders begründet und hergestellt als die stoische; sie wird auch in viel höherem Masse nutzbar gemacht für praktische Zwecke. Das erklärt sich daraus und erinnert daran, dass das unbedingte Gottvertrauen nicht allein ein grosses Glück gewährt sondern zugleich von eminenter Bedeutung ist für die Sittlichkeit. Mag hier die viel erörterte und in der That sehr erwägenswerte Frage völlig auf sich beruhen, ob es nicht noch eine demselben voraufgehende oder parallel laufende »Busse« gebe, jedenfalls ist es an und für sich imstande eine Reihe ethischer Wirkungen auszulösen. Die Reformatoren drücken das bekanntlich ganz allgemein aus, wenn sie sagen, es mache den Menschen gut, so dass er fortan, wie ein gesunder Baum, nur noch schmackhafte Früchte bringen könne, oder wenn sie davon reden, dass der Glaube den heiligen Geist mit sich führe. Da aber dieser eben Geist ist und nicht

---

1) Auch in Bezug auf Epiktet bemerkt Zeller: »Wenn er uns zur Ergebung in den Willen der Gottheit ermahnt, so fällt dies in seinem Sinne mit der Forderung, dass man sich in die Naturordnung finde, zusammen«. (III, 1, 744.)

Materie, also auch keine mechanisch durch Druck und Stoss wirkende Ursache, unterlassen sie es keineswegs, seine Thätigkeit in Bewusstseinsvorgängen aufzuzeigen. Und zwar lässt sich, wenn einmal systematisch geordnet werden soll, vielleicht ein dreifaches unterscheiden: das unbedingte Gottvertrauen eröffnet eine eigentümliche **Erkenntnis** von Gottes Forderungen, es gewährt die **Kraft** sie zu erfüllen und erzeugt endlich bestimmte **Motive** dazu.

Die zuerst genannte Folge mag die minderwichtige sein; wenigstens kommt sie vielfach überhaupt nicht zur Sprache. Dennoch lässt sie sich kaum leugnen. Es leuchtet ein, dass der Gläubige, indem er gewiss ist, dass Gottes Liebe und Fürsorge sich auf ihn richtet ohne Rücksicht auf irgend welche Leistung oder Bedingung, gleichviel, ob er Heide oder Jude sei, Vornehmer oder Geringer, Mann oder Weib, Gerechter oder Sünder, — es leuchtet ein, dass der Gläubige, indem er dessen gewiss ist, sich zugleich bewusst wird, dass **Gott das Beste eines jeden will ohne Unterschied der Person** [1]). Damit ist eine klare Einsicht in die Zwecke Gottes, sein Werk, seinen Willen gewonnen: ist unbedingtes Gottvertrauen das konstitutive Merkmal der prädestinierten Weltreligion, zu deren Subjekt nicht nur bestimmte Rassen, Kasten oder Stände, sondern alle berufen sind, so entspricht ihm notwendig eine universalistische Moral, die als Objekt des sittlichen Handelns den Menschen an sich anerkennt, nicht bloss den Volks- und Stammesgenossen oder den Würdigen und durch moralische Gegenleistungen Qualifizierten. Den beschriebenen Zusammenhang zwischen dem Glauben und der Erkenntnis des göttlichen Willens hat übrigens Luther wiederholt angedeutet, so, wenn er beispielsweise schreibt: »Gottes Reich wird durch kein Gesetz vollbracht oder reguliret, auch nicht durch Gottes, viel

---

[1]) Treffend drückt das Schlatter folgendermassen aus: »Das Handeln, zu dem uns das Glauben bewegt .... wird notwendig Liebe, weil es unmöglich ist, dass wir glaubend die Gnade Gottes nur auf uns selbst beziehen. Bejahen wir die für uns, ist sie auch für die andern bejaht. Sie stehen als die Empfänger der göttlichen Wohlthat vor uns wie wir. Damit ist alles Hassen als ein gottloses, Gott leugnendes Handeln erkannt, und begriffen, dass Menschen verderben Gott widerstreben, Menschen dienen Gott dienen heisst«. (Schlatter, Der Dienst des Christen in der älteren Dogmatik, S. 58).

weniger durch Menschen Gesetze, sondern allein durchs Evangelium und **Glauben zu Gott**, durch welchen die Herzen gereinigt, getröstet und befriedet werden, so der heilige Geist ihnen eingeusst Liebe und **Erkenntnis** Gottes: und machet den Menschen ein Ding und einen Geist mit Gott; also dass er eben des gesinnet wird, das will und begehret, das suchet und liebet, das Gott will. Eben wie zween Freunde miteinander vereinigt sind und einer will, was der andere will. Hieraus kommt's, dass ein Mensch in diesem Reich Gottes vollkommen, barmherzig, mitleidig, freundlich gegen seinen Nächsten ist, **dieweil er aus Eingebung des heiligen Geists weiss**, dass Gott gegen ihn und gegen jedermann dermassen auch thut und seine Güte mildiglich ausgeusst. Solche Art Gottes kann niemand durchs Gesetz **erkennen**, sondern allein durch den Geist und Wort des Evangelii« [1]). Thieme teilt noch eine Anzahl anderer äusserst interessanter Stellen mit [2]), auf deren Wiedergabe hier nur ungern verzichtet wird. Er selbst fasst das Gemeinte in dem Satz zusammen: »Dass nun aber das Wirken für der Menschen Heil, das Lieben, Wohlthun, Dienen Gottes ewiges Werk ist, **weiss ich als Christ aus meiner eigensten Glaubenserfahrung**« [3]).

Häufiger als die aus dem Gottvertrauen erwachsende Einsicht in den Inhalt der ethischen Normen ist die aus demselben hervorgehende **Kraft** zum sittlichen Handeln besprochen worden. Sie besteht vornehmlich in eben jenem Geist der Freiheit, jener Unabhängigkeit von der Welt, die es begründet. Der »Sermon von den guten Werken« führt einmal den Gedanken aus, dass der Mensch, der »sich göttlicher Huld versieht und sich darauf verlässt«, unmöglich »geizig und sorgfältig« sein könne, weil er gewiss ist, dass »sich Gott sein annehme«, »dass er werde genugsam haben, wie viel er vergiebet« [4]). Verallgemeinert man diese Beobachtung, so gelangt man zu dem Satz, dass der Christ, indem er der bangen und ängstlichen Sorge für sich selbst enthoben ist, sich rückhaltlos dem Dienst des Nächsten hinzugeben vermag [5]). Der Konflikt zwischen den egoistischen und altruistischen Trieben

---

1) E. A. 1. XIVII, 234. 2) Vgl. S. 218f. 226, 3.
3) a. a. O. S. 218. 4) XX, 284.
5) XVI, 85: »Wenn ich glaube, dass ich einen Gott habe, so kann ich nicht für mich sorgfältig sein«. Vgl. Thieme, S. 86, 298 ff. Ferner Herrmann, d. Verk. des Christen mit Gott, 2. Aufl. S. 244 ff.

ist ausgeglichen: die Befriedigung der ersteren ist antecipiert, auf dass die lezteren frei spielen und wirken können. Nicht als ob damit die auf die Selbsterhaltung und harmonische Ausbildung des Individuums gerichtete Thätigkeit überhaupt aufgehoben werden sollte: so ist es nicht, wie nahe das Missverständnis liegt, und wie häufig es sich in der Geschichte eingestellt hat: sie muss vielmehr in Kraft bleiben [1]), so gewiss Gesundheit Leibes und der Seele zwar nicht unentbehrlich aber doch ersprießlich ist für erfolgreiche Mitarbeit am Wohle der Menschheit; ja, sie wird vielleicht in der ersten Periode des Lebens, in der Zeit des Wachstums und der Vorbereitung, einen verhältnismässig breiten Raum einnehmen. Nur, dass sie einen durchaus andern Zweck und Zielpunkt erhalten hat und in einer neuen Gesinnung ausgeübt wird. Ist diese Bedingung erfüllt, so ist am Ende nichts einzuwenden gegen jene Synthese von griechischem und christlichem Ideal, die beispielsweise ein Ernst Curtius und überhaupt einzelne Männer eines absterbenden Geschlechts so warm vertreten haben, und für die zwei heute sich streitende Extreme keinen Ersatz bieten, selbstverständlich nicht der brutale Nietzscheanismus, aber auch nicht die vielgeschäftige, die Persönlichkeit auflösende, Vereinssimpelei und die einseitige soziale Treiberei. Womit natürlich die relative Berechtigung der zuletzt genannten Bestrebungen in der Gegenwart nicht bestritten werden soll. Dasjenige, auf das es in der Ethik momentan wesentlich ankommt, ist das Verhältnis der entgegengesetzten Faktoren richtig zu bestimmen, den einen unterzuordnen, nicht auszulöschen.

Am meisten ist vielleicht in letzter Zeit die Rede gewesen von den Motiven des sittlichen Handelns, die aus dem Glauben sich ergeben. Ihre Zahl stellt sich bereits in den Symbolen als eine sehr stattliche und bunte dar; sie bleibt es selbst dann noch,

---

[1]) Der verfänglichen Frage, ob der Gläubige denn nun überhaupt nicht mehr schaffen und erwerben solle, begegnet Luther mit der Antwort: »Ich sage nicht, dass niemand arbeiten und Nahrung suchen soll; sondern nicht sorgen, nicht geizig sein, nicht verzagen, er werde genug haben. Denn wir sind in Adam alle zur Arbeit verurteilt. Denn Gott sagt 1 Mos. 3, 19: »In dem Schweisse Deines Angesichts sollst Du essen Dein Brot«. Und Hiob 5, 7: »Wie der Vogel zum Fliegen, so ist der Mensch geboren zur Arbeit«. Nun fliegen die Vögel ohne Sorge und Geiz«. (XX, 284).

wenn man absieht von einzelnen Scheinmotiven[1]) oder die gleichwertigen in eins zusammenfasst: ein Überfluss, der vielleicht kein Zeichen der Klarheit und Sicherheit, freilich auch kein untrüglicher Beweis des Gegenteils ist.

Besonders gern ist nun, wenigstens in lutherischen Kreisen, die Aufmerksamkeit haften geblieben an der Erscheinung der Dankbarkeit. Es springt ja in die Augen, dass dieselbe aus der im Gottvertrauen geschenkten Seligkeit hervorgeht; und es ist nicht schwer zu zeigen, wie sie zur Erfüllung des göttlichen Willens antreibt, wenngleich die Vermittlung da noch gar verschieden gedacht werden kann und gedacht worden ist[2]). Neben diesem unzweifelhaft vorliegenden und in vielen Darstellungen bevorzugten Beweggrund führt Thieme einen andern ähnlichen an, auf den er das Hauptgewicht zu legen geneigt ist. Aus Lutherschen Äusserungen entnimmt er die These, dass die Erfahrung eines grossen Glücks nicht nur zur Bethätigung der Erkenntlichkeit gegen den Urheber sondern auch zur Weitergabe an andere drängt. Der Unterschied von dem zuerst genannten Motiv ist klar; aber die Verwandtschaft ist ebenfalls nicht zu übersehen. Stets ist der den Impuls aufnehmende und übertragende Hebel der Vergeltungstrieb, das eine mal der »retrograde, reflexive«, das andere mal der »progressive, propagatorische, expansive«. H. Schmidt endlich weist eindringlich auf ein drittes hin. Er findet einen ausserordentlich glücklichen Gedanken in dem Satz Melanchthons, dass »die bona opera meritoria seien aliorum praemiorum corporalium et spiritualium in hac vita et post hanc vitam«[3]). Betont man hier etwa fahrlässiger Weise das »meritoria«, so ergiebt sich die unerträgliche Behauptung, dass der evangelische Christ gute Werke thue, um sich überhaupt etwas von Gott zu verdienen. Dennoch ist das Bestreben durchaus begreiflich, neben den auf den Vergeltungstrieb wirkenden Beweggründen noch andere aufzuzeigen: nicht umsonst bekundet es sich

---

1) Um ein solches handelt es sich beispielsweise, wo es heisst, die guten Werke geschähen »propter voluntatem« oder »mandatum Dei«. Denn nun fragt es sich erst, was denn den Christen bestimme Gottes Willen zu befolgen. Doch nicht die Furcht oder die Rücksicht auf Verdienst? Was dann aber?

2) Vergl. beispielsweise die Ausführung von Herrmann mit anderen.

3) H. Schmidt, Handbuch der Symbolik, S. 296.

deutlich im Verfahren der Reformatoren. Es wird weiter legitimiert durch die nicht willkürlich angestellte Erwägung, dass der Besitz des Glücks gelegentlich auch zu träger Ruhe verleiten oder gar verhärten kann[1]). Wozu kommt, dass der Praktiker vielleicht ein Recht hat bei einer Aufzählung von »Motiven« nicht bloss die Nennung von Gefühlen zu erwarten; die das Trieb- und Willensleben gleichsam von hinten unbewusst zur Entfaltung drängen, sondern von Zweckvorstellungen, durch die es erregt und sollicitiert werden kann, wo es aus irgend einer Ursache ruht oder aussetzt.

In Anbetracht dessen ist es wohl statthaft, ja geradezu geboten, wenigstens noch eines hier geltend zu machen. Der Gläubige weiss, dass Gott sein Wohl unter allen Umständen realisieren kann und will, und er erfüllt deshalb fröhlich und gern die an ihn ergehenden göttlichen Forderungen in dem Gedanken, dass auch dies irgendwie zu seinem Besten gereichen müsse. Dabei handelt es sich um kein unterchristliches Verdienenwollen, so gewiss, als der Sohn, der die Weisungen eines liebevollen Vaters befolgt, dadurch nicht diesem etwas abzuringen und abzutrotzen beabsichtigt. Aber auch von vulgärem oder feinerem Utilitarismus und Eudämonismus kann nicht gut die Rede sein. Was dem Willen vorschwebt, ist ja kein bestimmtes, **ausserhalb der Handlung selbst liegendes Gut**: kein zeitliches und kein ewiges: alles dessen ist der Fromme ohnehin im Glauben sicher[2]). Gedrängt durch ein überströmendes Seligkeitsgefühl, tritt er vielmehr in Thätigkeit in dem Bewusstsein, dass auch diese selbst an und für sich, weil vom Vater der Liebe geheissen, nur Seligkeit bedeuten könne und müsse; und wirklich findet er dann eben in ihr zu dem Glück, das er bereits besitzt und im Vertrauen vorwegnimmt, noch ein neues Glück, reich durch Glauben und

---

1) Thieme führt den Satz Luthers an (S. 124): »Des Glaubens halber möchten wir alle Stund sterben: .... wenn wir glauben, so haben wir einen gnädigen Gott und bedürfen nun nichts mehr und wäre wohl Zeit, dass wir sobald stürben«. Und (S. 272) die Bemerkung Simmels, dass das Glück oft übermütig und verständnislos für anderer Leiden mache.

2) Jodl hat offenbar den Katholicismus vor Augen, wenn er urteilt, durch das Christentum werde »das Lustmotiv« »ins Jenseits verlegt«. (Geschichte der Ethik, I, 32).

Hoffen, reicher durch die Liebe, so dass diese schliesslich bloss um ihrer selbst oder, was dasselbe ist, um der Freude an dem Wohl der anderen willen geübt wird.

Indem man eben diesen psychologischen Konnex zur Darstellung bringt, trägt man den zahlreichen Wendungen in den Reden Jesu und im N. T. überhaupt Rücksicht, aus denen nun einmal die Lohnvorstellung nicht wegzuleugnen ist; man trägt der von H. Schmidt so hoch gewerteten Bemerkung Melanchthons Rücksicht wie auch den mannigfachen verwandten Äusserungen Luthers[1]); man bringt den Gedanken des letzteren in Anschlag, dass — sit venia verbo — ein Stück des ewigen Lebens in der »amans delectatio in lege Dei« erfahren werde[2]); man wird endlich, wo anders der Verfasser sich nicht gröblich versieht, der Wirklichkeit und dem realen Sachverhalt besser gerecht, als wenn man sich begnügen wollte mit der Behauptung, dass der Christ durch die Dankbarkeit und den »progressiven Vergeltungstrieb« zum sittlichen Handeln veranlasst werde.

Bei alledem wird indessen nicht der Anspruch erhoben auf eine vollständige Beschreibung der moralischen Wirkungen, welche der Glaube auslöst. Es soll nicht einmal gesagt sein, dass auch nur die Schilderung der »Motive« erschöpft wäre, wenn man sie zurückführt auf den Drang zur Bethätigung, Verallgemeinerung und Erweiterung eines geschenkten Glücks. Was bezweckt wurde war lediglich in einer auch für den Draussenstehenden verständlichen Weise zum Ausdruck zu bringen, was jeder Christ erlebt: den unvergleichlichen Wert des Gottvertrauens für das Wohl und die sittliche Tüchtigkeit des Menschen. Je deutlicher das veranschaulicht wird, um so dringender werden die Fragen: wo und wann kommt die gekennzeichnete religiöse Funktion überhaupt zur Entfaltung? welches sind die Hemmnisse, die sie offenbar einengen und erschweren? wie und wodurch gelangt sie zu voller Verwirklichung?

Wenden wir uns zunächst dem ersten Problem zu, so ist es einfach eine unleugbare Thatsache, dass sich Spuren des Gottvertrauens in der ganzen Menschheit vorfinden. Sie sind auch

---

1) Eine interessante Übersicht giebt Thieme im 1. Cap. des 2. Teils.
2) Vgl. hierzu Gottschick, Katechetische Lutherstudien. Zeitschr. für Theol. u. Kirche, S. 171 ff.; 438 ff.

bei den verkommensten Stämmen nachweisbar. Denn die berüchtigte Furcht vor den bösen Geistern kommt als religiöse Grösse erst zur Erscheinung, indem man durch allerhand Prozeduren auf dieselben einzuwirken versucht: darin bekundet sich eben die Zuversicht, dass sie unter bestimmten Bedingungen Schaden fernzuhalten und abzuwehren imstande sind. Mag ihr guter Wille dazu fast auf den Nullpunkt herabgesunken scheinen, mag ihre Macht durch die anderer noch so sehr beschränkt sein, es wird ihnen doch wenigstens die Fähigkeit zuerkannt bestehenden oder drohenden Übeln vorzubeugen und abzuhelfen. Je höher aber ein Volk steht, um so mehr treten Furcht und Angst zurück, um so stärker ausgeprägt zeigt sich die fiducia. Das kann in gewissem Sinne als Folge einer weiter fortgeschrittenen Entwicklung gedeutet werden, ist jedoch in anderem wiederum die unentbehrliche Voraussetzung dazu.

Es ist nun die schöne und schwierige Aufgabe der Religionsphilosophie[1]), den Wegen nachzuspüren, auf denen das Element des Gottvertrauens in die Menschheit hineingedrungen ist. Die heutzutage wohl beliebteste und verbreitetste Auskunft lautet dahin, dass der durch die Natur bedrängte Geist unter dem Druck des irdischen Übels sich zum Glauben an überweltliche Mächte »erhebt«, von denen er Hülfe und Rettung erwartet. Diese Antwort enthält wohl etwas Richtiges; aber sie ist bei weitem nicht ausreichend. Wenn schon das Vertrauen eines Menschen zu einem Menschen nicht blosses Produkt eines Notstandes ist, sondern noch andere Voraussetzungen, nämlich erfahrene Wohlthaten oder doch mindestens Machtbeweise hat, so gilt dies erst recht von dem auf Gott gerichteten. Der harte, felsige Boden der Misere, der natürlichen und sittlichen, ist nicht geeignet diese kostbare Blume hervorzutreiben, wenn nicht zuvor ein Samenkorn ausgestreut worden ist. Will man den kühnen Versuch wagen, in streng

---

1) Mit diesem Namen werden freilich gar verschiedene Disciplinen bezeichnet. Noch immer wird der Ausdruck angewandt auf Versuche die Wahrheit eines bestimmten Glaubens mit den Mitteln der Philosophie darzuthun. Vielleicht würde er besser vorbehalten für die Wissenschaft, welche sich die Aufgabe stellt, das Wesen der Religion, d. h., ihre charakteristischen Merkmale und ihre Ursprünge zu erforschen. Das ist an sich keine apologetische Arbeit, kann aber, je nach den Resultaten, solcher Vorschub leisten.

wissenschaftlichem Verfahren, das heisst, nach induktiver Methode eine Antwort zu gewinnen, so wird man von der Beobachtung ausgehen können, dass der religiöse Glaube kein Spiel des Zufalls ist, dass er deutlich erkennbaren Gesetzen unterliegt. Das tritt beispielsweise zu Tage in der Art, wie seine verschiedenen Formen entstehen. Er richtet sich nicht willkürlich und grundlos auf dies oder jenes Objekt, sondern er wird stets dazu veranlasst durch Thatsachen, durch irgend eine lebenfördernde oder -hemmende Wirkung, die faktisch oder scheinbar von demselben ausgegangen ist. Wenn die Gottheit in der Sonne verehrt wird oder im Feuer, in Wolken, Winden oder Flüssen, in gesellschaftlichen Kräften, in den Geistern der Ahnen oder den Mächtigen der Erde, so erklärt sich das leicht aus der Bedeutung, welche alle diese Erscheinungen für das menschliche Wohl und Wehe haben. Und eine ähnliche Bewandtnis hat es selbst mit den bizarrsten Kulten der Naturvölker. In einer kleinen und anspruchslosen Schrift, die aber J. Köstlin einmal mit Recht wegen ihres reichen Inhalts gerühmt hat, teilt Holsten folgende charakteristische Erzählung mit: ein englisches Schiff landete an der Küste der Koussa-Kaffern einen beschädigten Anker. Ein Häuptling stahl ein Stück davon und starb gleich darauf. Andern Tags kamen die Eingeborenen und beteten den Anker an [1]). Der Zusammenhang ist durchsichtig: der gewaltige Einfluss auf ein Leben, der vermeintlich von dem fremdartigen Gerät ausgeübt war, begründet die Verehrung eines darin erkannten Gottes. Die Regel bestätigt sich immer und überall, auch durch die höheren und höchsten Religionen. Als die Stämme Israels ihr festes Vertrauen auf Jahve gewannen, um fortan von ihm allein Hülfe und Heil zu erwarten, wurden sie dazu gebracht nicht nur durch die gemeinsam erlittene Not sondern vor allem durch die wunderbare Errettung aus Feindeshand, die sie unter der Führung des Sinaigotts erfahren durften [2]): an diesen bedeutsamen Vorgang wurden denn auch die späteren Geschlechter stets wieder erinnert in Tagen, da ihre Zuversicht schwach wurde oder in Verzagtheit umzuschlagen drohte [3]). Was nun an den einzelnen Religionsformen

---

1) Holsten, Ursprung und Wesen der Religion, S. 33.
2) Vgl. hiezu Nowack, Die Entstehung der israelitischen Religion, S. 17 ff.
3) »Das erste und entscheidende Glaubensmotiv, das die Männer

sich beobachten lässt, das dürfte auch von dem geheimnisvollen Phänomen der Religion im allgemeinen gelten. Und es ergiebt sich die Frage: wenn die verschiedenen Gestaltungen des Glaubens sich aus bestimmten Erfahrungen deduzieren lassen, welches ist die grosse, grundlegende Erfahrung, aus der sich der Glaube überhaupt erklärt? Man kann das Problem vielleicht noch anders formulieren. Was auch der Heide in Sonne, Mond und Sternen, in Winden, Flüssen und Steinen verehrt, sind ja nicht die endlichen Gegenstände selbst — es war der verhängnisvolle Irrtum der angeblichen Theorie eines Prodikos das übersehen zu haben — sondern geistige Wesen, eine persönliche übersinnliche Macht, durch die sein Wohl und Wehe bedingt ist. Wenn es nun nachweislich gewisse Einwirkungen auf sein Leben sind, durch die der Mensch bewogen wird diese Macht hier oder dort, in dem oder jenem Objekt zu suchen, welches ist die prinzipielle grundlegende Einwirkung, durch die er veranlasst wird sie überhaupt zu suchen und sich zu ihr zu »erheben«?

Sie muss in etwas mehr bestehen als einer blossen Lebensförderung oder -hemmung; sie kann kaum in etwas anderm erkannt werden als darin, dass in dem Menschen überhaupt Leben und zwar specifisch menschliches, das ist, bewusstes, geistiges, persönliches Leben geweckt und verwirklicht worden ist. Zu diesem Wunderbaren, Geheimnisvollen, Unableitbaren, wie er es in sich selbst unmittelbar inne wird, gewahrt er im ganzen Bereich der Erscheinung kein Gleiches; und besonders, wenn es unter dem Druck der irdischen Verhältnisse gefährdet ist und leidet, aber, nicht bloss dann, wird er durch die Thatsache, dass es ihm doch einmal gegeben und zu eigen ist, angeregt und bestimmt, jenseits der Sinnenwelt eine Macht zu suchen, die, wie sie es verliehen hat, so auch imstande sein muss es zu beschirmen und zu bewahren. Erscheint ihre Bereitwilligkeit am Ende dem und jenem noch so zweifelhaft, ihr Vermögen dazu, selbst wo es beschränkt gedacht wird, ist verbürgt durch das, was bereits vorhanden und realisiert ist: was Gott geschaffen hat, das **kann** er auch erhalten.

---

der biblischen Zeit sich und ihrem Volke vorhielten, war, dass Israel allein der Güte Gottes sein Dasein verdankt«. Schlatter, Der Glaube, 2. Bearbeitung, S. 14.

Natürlich ist es denkbar, dass von der Theorie der ganze Vorgang im einzelnen verschieden veranschaulicht wird, unerschüttert bleibt darum doch die These, dass der erste Ausgangspunkt alles religiösen Strebens und Fühlens die Ausstattung des Menschen mit der kostbaren — übrigens für alle Zeiten und jede wissenschaftliche Forschung rätselhaften — Gabe bewussten, persönlichen Lebens ist. Daraus allein erklärt sich jenes merkwürdige, oft beinahe ganz in Furcht aufgehende, trotzdem immer einen ob auch noch so geringen Kern des Vertrauens enthaltende Gemütsverhältnis zu geistiger übersinnlicher Lebensmacht, das jedenfalls die logische Voraussetzung sämtlicher einzelner Cultusformen, selbst der unvollkommensten und verkümmertsten ist [1]).

Drückt man das gewonnene Resultat in theologischer Sprache aus, so kommt der uralte aber neu begründete Satz heraus: die primäre und fundamentale Offenbarung Gottes hat stattgefunden, als er den Menschen zum Menschen schuf. Vom christlichen Standpunkte aus ergiebt sich dann das weitere Urteil, dass die erste Kundgebung nicht die letzte und höchste war und ihre Krönung und Vollendung im zweiten Adam erfahren hat.

Die moderne Dogmatik ist nun unbedingt zu billigen, wenn sie verlangt, dass alle Lehre und Predigt in der Gemeinde nur an der Offenbarung in Jesu orientiert sei; wird diese Forderung nicht erfüllt, so bleibt man ja notwendig an unterchristlichen Vorstellun-

---

[1]) Ausdrücklich muss gegen das Missverständnis Verwahrung eingelegt werden, als ob die Meinung wäre, dass es sich bei der Entstehung der Religion um ein eigentlich »kausales Erkennen« handele. Was behauptet wird, ist lediglich, dass der Mensch durch die Gabe des Lebens zu dem Vertrauen angeregt wird auf eine Macht, die es zu erhalten und bereichern vermag. Warum diese notwendig als eine geistige übersinnliche gedacht wird, ist im Texte wenigstens angedeutet. Die Religionsgeschichte beweist allerdings, dass die Menschheit grösstenteils nicht imstande war sie rein als solche sich zu vergegenwärtigen, und dass das Vertrauen durch die Furcht vielfach fast völlig verdeckt wird. Aber einerseits kann alle Geister- und Gespensterfurcht doch nur insofern religiös genannt werden, als darin sich noch etwas von Vertrauen kundgiebt; anderseits ist auch alle Wertschätzung irdischer Gegenstände nur insofern religiös, als in diesen ein geistiges übersinnliches Wesen verehrt wird. Das konstante Element, das es zu erklären gilt, ist eben das Vertrauen auf eine geistige übersinnliche Macht. Dazu ist hier ein Versuch gemacht worden.

gen über Gott haften. Aber die vielgeschmähte Apologetik thut ihrerseits weise daran, von einer natürlichen Anlage zum Glauben zu reden und die Wahrheit nicht ignorieren oder verschleiern zu lassen, dass auch in den andern Religionen etwas sei, das auf fester Basis beruhe. Denn stellen sich diese, selbst, wo sie Anknüpfungspunkte bieten und an das Christentum anklingen, lediglich als willkürliches Menschenwerk und Illusion heraus, so ist die Gefahr nicht ausgeschlossen, dass der Schein eines gleichen auch auf unsern Glauben zurückfalle. Die Vertreter der traditionellen Theologie und andere [1]) nehmen mit ihren einschlägigen Bemühungen durchaus berechtigte Interessen wahr.

Indessen kommt an diesem Ort nicht so viel darauf an, ob der angestellte Versuch, die weitverbreiteten Spuren des Gottvertrauens zu erklären, gutzuheissen sei oder nicht — der Verfasser behält sich eine genauere und sorgfältigere Ausführung vor —; hier sollte vor allem das Vorhandensein desselben überhaupt, wenngleich in mannigfach abgestuften Formen, konstatiert werden. Das ist nicht gut zu bestreiten; und ebenso ist klar, dass es selbst in der dürftigsten Gestalt noch ein Glück bedeutet und ethische Wirkungen auszulösen fähig ist. Das letztere ist freilich zugleich bezweifelt und behauptet worden, wobei die Kontroverse erschwert wurde durch den Umstand, dass man die in Betracht gezogenen Begriffe verschieden auffasste.

Richtet man nämlich die Aufmerksamkeit auf die Form im allgemeinen, versteht man unter sittlichen Normen solche, die irgendwie den Charakter des Kategorischen an sich tragen, und unter sittlichen Handlungen diejenigen, die mit Rücksicht auf ein Gebot von alles andere überragender Autorität verrichtet werden, so ist mit Händen zu greifen, dass sogar die dürftigste Religion dergleichen erzeugt. Die zahlreichen Thätigkeiten, durch welche die Naturvölker auf den Willen der Gottheit einzuwirken suchen, gehen bekanntlich sämtlichen anderen an Wert und Wichtigkeit vor und müssen unter allen Umständen ausgeübt werden: die Verletzung religiöser Pflichten wird am ehesten und am strengsten bestraft [2]). Daher selbst Münsterberg in einer übrigens sonst

---

1) Vgl. hierzu einzelnes in den Aufsätzen von Troeltsch über »die Selbständigkeit der Religion« und »Geschichte und Metaphysik«.

2) Vgl. Steinmetz, Ethnologische Studien zur ersten Entwicklung

wenig erfreulichen Schrift, weil er das Kennzeichen ethischer Vorgänge in ihrer Übereinstimmung mit einem strikt verpflichtenden Gebot findet, den Ursprung derselben mit auf religiöse Einflüsse zurückführt [1]).

Denkt man dagegen weniger an das Formale als an den Inhalt, versteht man unter der Sittlichkeit speziell die Macht, die das Verhalten der Menschen gegen einander regelt, so könnte es fraglich erscheinen, ob alle Glaubensarten für sie etwas abwerfen. Die weitverbreitete Anschauung ist durchaus denkbar, dass Religion und Moral (in dem angegebenen Sinn) sich zunächst als selbständige Grössen nebeneinander entwickeln, um später auf einer höheren Stufe sich miteinander zu verbinden, und zwar so, dass die eine die gewaltigste Stütze der anderen wird. Die Vertreter dieser Theorie berufen sich gern und mit einem gewissen Recht auf die Anthropologie von Waitz; doch ist es bemerkenswert, dass Gerland, der Fortsetzer des betreffenden Werks, ihrer Auffassung nicht günstig ist. Überhaupt ist sie nicht völlig einwandfrei; und manche Indizien weisen nach einer andern Richtung. Einmal wird durch die Thatsache, dass beide Faktoren mindestens bei allen Kulturvölkern bereits verknüpft auftreten, die Vermutung nahegelegt, dass zwischen ihnen nicht bloss eine gewisse Ähnlichkeit besteht, wie sie beispielsweise Kaftan anschaulich dargelegt hat [2]), sondern mehr als das: eine intime Verwandtschaft, ein Causalverhältnis. Dazu kommt, dass der religiöse Glaube sich stets als die stärkste gemeinschaftbildende Macht bewährt hat, und dass als Objekte des sittlichen Handelns vielfach nur die Stammesgenossen, das heisst, diejenigen gelten, die unter dem Schutz der selben Götter stehen. Wenn endlich anerkanntermassen selbst Kunst und Wissenschaft, vor allem aber Recht und Brauch [3]) in ihren Anfängen auf die Religion zurückreichen,

---

der Strafe, II, 328 ff., 385. In seiner Ethik der Griechen (II, 17 f.) belegt L. Schmidt durch eine Reihe treffender Beispiele das Übergewicht der religiösen Pflichten über alle anderen auch bei den Hellenen.

1) Münsterberg, der Ursprung der Sittlichkeit. A. Dorner fällt über diese Abhandlung das strenge aber nicht ganz ungerechtfertigte Urteil, dass sie eher den Titel verdiente: die Auflösung der Ethik.

2) Das Wesen der christlichen Religion. 2. Aufl., S. 149 f.

3) Vgl. Fustel de Coulanges, la cité antique. Kohler, Recht, Glaube und Sitte (Zeitschrift für das private und öffentliche Recht der

sollte es mit der Moral viel anders sein? Das wäre um so weniger anzunehmen, wenn sie aus den von Brauch und Recht nur schwer zu unterscheidenden Sitten hervorgegangen sein sollte, über deren Entstehung wiederum geurteilt wird: »sie wurzeln, je ursprünglicher ein Volk ist, desto mehr im religiösen Leben, dessen Bedeutung man für die ältesten Zeiten gar nicht gross genug denken kann; sie sind anfangs mit dem Gefürchtetsten, später mit dem Heiligsten, was man kennt, im Zusammenhang und also selber in hohem Grade heilig« [1]). Auf die immerhin

---

Gegenwart, XIX). Der Verf. kommt zu dem Ergebnis: »Es war . . . . die religiöse Anschauung, der die Mehrzahl der Rechtsinstitute entsprungen sind« (S. 610). Post glaubt zu erkennen, dass »der weltlichen Justiz in Afrika eine Justiz der Fetischpriester voraufgeht«. (Afrikanische Jurisprudenz, § 237, 2) u. s. w., u. s. w.

1) Gerland, Anthropologische Beiträge, I, 402. Vgl. hierzu Wundt, Ethik, S. 84: »Recht und religiöser Cultus sind in ihren Anfängen auf das innigste verschmolzen. Fast überall sind daher die Gesetzgebung und die Überwachung der Sitte ursprünglich priesterliche Funktionen, und dieser äusseren Vereinigung der verschiedenen Bestandteile der sittlich-religiösen Normen in der persönlichen Einheit ihrer Vertreter entspricht durchaus die mangelnde Scheidung der Gebiete im Völkerbewusstsein«. Trotzdem leugnet Wundt ein Abhängigkeitsverhältnis. Einzelne Forscher nehmen eine merkwürdig schwankende Haltung ein. So schreibt M. Müller: »Die natürliche Religion wirkt ein auf die Sitten, in den meisten Fällen aber ist die Sitte das erste«. (Natürl. Religion, S. 515). Doch auch wieder: »Das ist die Sittlichkeit der ältesten Zeit, die auf den Glauben an Naturgottheiten sich gründet«. (Ebd., S. 166). »Dass auch der Glaube an die Geister der Ahnen das Handeln der Menschen beeinflussen konnte, bedarf schwerlich des Nachweises. Ich glaube, es liesse sich zeigen, dass die ältesten Ideen von Recht und Unrecht im juristischen Sinn aus diesem Glauben entsprangen«. (Ebd., S. 167). »Das Gefühl der Pflicht, welches in den ältesten Zeiten stets einen religiösen Charakter hatte«. (Vorlesungen über den Ursprung und die Entwicklung der Religion, Strassburg, 81. S. 54). Ähnlich Smend, Lehrbuch der A.T.lichen Religionsgeschichte, wo sich die Sätze gegenüberstehen: »Recht und Sitte des alten Israel waren auch keineswegs überall aus seinem religiösen Bewusstsein hergeleitet«, (S. 141). Und: »Auch die Thora war an sich nur ein Organ der Religion. Zuerst war die Religion da und dann die Thora«, (S. 35). Köstlin meint: »Was zunächst die Vergangenheit betrifft, so finden wir überall die Religion als Quelle und Wurzel des sittlichen Erkennens«. (Geschichte der Ethik, I, 106). Anderseits: »Die Religion

beachtenswerten Phänomene der Ordalien, des Tabu, der Geständnis-
erpressung durch Fetische und ähnliches soll, da sie verschieden

---

hat die meisten und wichtigsten sittlichen Begriffe erzeugt, wenn auch unter Mitwirkung der aus gewissen natürlichen Gefühlen hervorgehenden Sitte und des Rechtsgefühles«. Um zu zeigen, wie unsicher der Boden ist, auf dem wir uns bewegen, sei es gestattet aus der Fülle der sich massenhaft darbietenden Zeugnisse aufs Geratewohl noch einige herauszugreifen. H. Schultz: »So kann man sagen: im alten Israel wie bei allen alten Völkern wirkten auf weiten Gebieten überhaupt keine sittlichen Motive, sondern der natürliche Trieb des Menschen nach Befriedigung seiner selbstischen Interessen, Wünsche und Rachegelüste. Dieses Gebiet ist aber eingeengt durch ein sittlich bestimmtes, auf welchem wirklich sittliche Beweggründe in der Weise eines nicht weiter in Frage gestellten Taktes wirken, weil sie aus dem Interesse der Familie, der Sippe, des Volkes und des Verkehrs in das Bewusstsein übergegangen sind — doch so, dass im Ganzen die Sitte mächtiger als die Sittlichkeit wirkt. Und in dem grössten Teil dieses Gebiets wirkt als mächtigstes das religiöse mit«. (Die Beweggründe zum sittlichen Handeln in dem vorschristl. Israel). L. Schmidt: »Die Erfahrung lehrt ja allgemein, dass bei der Aufsuchung der sittlichen Begriffe teils die Voraussetzungen der Religion, teils die Anforderungen der menschlichen Gesellschaft den Ausgangspunkt bilden« (Ethik der Griechen I, 164). Rohde: »Die Zähigkeit, mit welcher die Sitte den sie begründenden Glauben überlebt«. (Psyche 1. Aufl. S. 61.) Vgl. dagegen S. 287: »Nun schliesst sich freilich« u. s. w. Mommsen: Röm. Gesch. 4. Aufl. I, 178: Der praktische Gewinn, welcher der römischen Gemeinde aus ihrer Religion erwuchs, war ein neben der Rechtsordnung von den Priestern, namentlich den pontifices, entwickeltes, formuliertes Moralgesetz, welches teils in dieser der polizeilichen Bevormundung durch den Staat noch fernstehenden Zeit die Stelle der Polizeiordnung vertrat, teils die dem Staatsgesetz nicht oder nur unvollkommen erreichbaren sittlichen Verpflichtungen vor das Gericht der Götter zog und sie mit göttlicher Strafe bedrohte«. Emphatisch E. v. Hartmann: »Alle Thatsachen deuten darauf hin, dass das sittliche Bewusstsein der Menschheit sich ausschliesslich auf Grund ihres religiösen Bewusstseins entwickelt hat«. (Das relig. Bewusstsein der Menschheit, 1882). Pfleiderer: »Wo irgend neue sittliche Ideale auftauchten, da waren sie immer religiös begründet«. (Jahrb. für prot. Theol. XVII, 3). Luthardt: »Die Moral fordert die Religion für ihren Ursprung, ihre Autorität und ihre Verwirklichung. Was den Ursprung betrifft, so wurzelt das Gewissen, welches die Gottgemässheit fordert, im Gottesbewusstsein«. (Theol. Ethik, S. 10). Vgl. jedoch S. 8: »Die Antike geht aus vom Zusammenhang beider« u. s. w.

ausgelegt werden können, nicht noch besonders hingewiesen werden. Vielmehr mag es trotz der angestellten Erwägungen für unentschieden gelten, ob alle Religionen direkt sittliches Leben in der engeren Bedeutung des Worts erzeugen. Das ist und bleibt ja doch unbestreitbar und auch wohl unbestritten, dass sie ohne Ausnahme mittelbar den grössten Einfluss darauf ausüben, und zwar nicht nur, indem sie den ethischen Normen die höchste, die überweltliche Sanktion erteilen, sondern auch, indem sie teils durch die Gaben, die sie gewähren, teils durch die furchtbaren Opfer, die sie auferlegen, den Willen vom Zeitlichen ablenken, indem sie bald in milder, bald in harter Schule die sinnlichen und selbstischen Triebe brechen, so dass der Mensch durch sie mindestens prädisponiert wird, auch zu Gunsten des Nächsten sich Schranken zu setzen.

Wie weit verbreitet nun aber die Spuren des Gottvertrauens sind, wie hoch der Wert und die Fruchtbarkeit desselben auch noch in den armseligsten Formen angeschlagen werden mag, so muss doch anderseits ausdrücklich hervorgehoben werden, dass es stets ausserhalb des Bereichs des Christentums das Gepräge des Unfertigen und Unvollkommenen, des Zurückgebliebenen oder gar der Missbildung trägt. Die Mängel, die ihm überall anhaften, wo der Glaube an Jesus seine Wirkungen nicht gethan hat, lassen sich kurz zusammenfassen in dem Satz, dass es sich niemals als ein wahrhaft unbedingtes erweist. Darauf braucht nicht erst aufmerksam gemacht zu werden, dass es vielfach eingeschränkt wird durch das dunkle oder deutliche Bewusstsein, das Können und Vermögen der überirdischen Gewalten sei irgendwie begrenzt. Selbst wo das nicht der Fall ist, wird es doch darniedergehalten und beengt durch die Gewissheit, dass ihre Huld nicht frei gegen alle waltet, sondern von mancherlei Voraussetzungen abhängig ist: bald von der Zugehörigkeit zu einem bestimmten Stamm oder einem einzelnen Volke, bald von der Gliedschaft an einer Kaste, bald von Stand und Besitz, bald von kultischen Leistungen und Opfern der verschiedensten Art, bald, wo es nämlich hoch kommt, von sittlichem Wohlverhalten: das eine oder andere oder mehreres zugleich ist immer die conditio sine qua non für die Erfahrung der Hülfe von oben. Wenn je in einer vorchristlichen Religion gross gedacht worden ist von der Macht Gottes, so war es in derjenigen Israels; aber die Gunst

Jahves gilt wesentlich dem einen Volk, und zum Vertrauen auf ihn war nur berechtigt, wer ein Bestandteil desselben war. Die Propheten haben freilich, wie bekannt, den Verfall dieser Auffassung vorbereitet, indem sie die Übung von Recht und Gerechtigkeit zur Voraussetzung göttlicher Gnadenerweise erhoben; doch trat eben damit eine neue Bedingung an Stelle der alten, eine weit höhere, aber immerhin eine Bedingung. Und, wo anders eingeräumt wird, dass eigentlich als universalistische Religion nur die bezeichnet werden kann, zu deren Subjekt jeder berufen ist, auch der Zöllner und Sünder, um erst durch sie umgewandelt und gebessert zu werden, so bedarf die berühmte glänzend durchgeführte These Kuenens einer leichten Korrektur. Am Ende der ganzen Entwicklung steht ja auch thatsächlich zunächst ein Nomismus, der nicht nur den Partikularismus nicht beseitigt, sondern auch das Glück frommer Zuversicht zum Höchsten bloss einem immer enger und kleiner werdenden Kreise eröffnet. Wie schön und sicher die Psalmen Salomos von der Huld und Hülfe Gottes zu reden wissen, sie bleibt, wie übrigens auch die Sündenvergebung [1]), vorbehalten für die Gerechten [2]), die Heiligen und Frommen [3]), für diejenigen, die den Herren fürchten [4]) und lieben [5]), oder für das wahre Haus Jakobs [6]). Den Gottesfürchtigen und Guten spricht der Siracide in den mannigfachsten Ausdrücken die Anwartschaft auf Glück und Wohlergehen zu [7]). Den Gerechten im Gegensatz zu den Sündern gilt die grosse Trostrede im Buch Henoch [8]). Es ist durchaus überflüssig die Beispiele zu häufen, wo anerkanntermassen alles Heil und Unheil von der Erfüllung oder Übertretung der göttlichen Gebote abhängig gedacht wird. Die gekennzeichnete Anschauung dokumentiert sich ja auch in dem wiederholt beobachteten Umstand, dass der religiöse Glaube mehr und mehr den Charakter der Zuversicht zu der Gerechtigkeit des Weltenrichters oder kurzweg zu dem Gesetz annimmt [9]). Allerdings ist es richtig, dass die partikularistische oder nomistische

---

1) Ps. Sal., 9, 15. 2) 3, 6; 9, 9; 14, 1; 16, 15.
3) 13, 11; 2, 40. 4) 13, 11.
5) 6, 9; 10, 4; 14, 1. 6) Ps. 7.
7) Jes. Sir., 1, 11; 2, 8; 3, 15; 7, 1; 10, 19; 11, 20; 12, 1; u. s. w.
8) Hen., 102, 4—105.
9) 1 Makk. 2, 61; Jes. Sir. 35, 23; 36, 3; Hen. 63, 8; 4 Esra 13, 32 ff., 7, 24 u. a. Vgl. hierzu Schlatter, der Glaube, 2. Aufl. S. 17 ff.

Schranke etwas weniger deutlich bemerkbar wird im kanonischen Psalter als in der apokryphischen Litteratur; aber es dürfte nicht schwer sein, auch da in beinahe jedem Liede, das die Hülfe von oben preist oder erfleht, eine positive oder negative Wendung aufzuzeigen, darin in schärferen oder zartesten Umrissen irgend ein Rechtstitel Gott gegenüber sich ankündigt, und geschähe dies auch nur in der Kontrastierung des Dichters und seiner gottlosen Feinde oder in dem vielsagenden Appell an den Namen des Herrn.

Wo immer aber das fromme Vertrauen auf der verwirklichten oder antecipierten Erfüllung bestimmter Bedingungen beruht, da ist es der grossen Gefahr ausgesetzt einfach an diesen haften zu bleiben: statt auf Gott pocht man auf die eigenen Werke, oder man rühmt sich Abraham zum Vater zu haben, oder wo Stand, Besitz und irdische Machtmittel die Voraussetzung waren, verlässt man sich auf sie, und die antike $ὕβρις$ stellt sich ein. So oder so wird das Seelenleben durch Hochmut und Dünkel getrübt.

Im Christentum dagegen paart sich notwendig die religiöse Erhebung mit der Tugend der Demut; denn hier ist das Gottvertrauen wirklich ein unbedingtes. Sämtliche Schranken sind gefallen; selbst die sittliche Würdigkeit ist nicht mehr conditio sine qua non; an Stelle des »Jahve hat die Gerechten lieb«[1]) und »der Herr hasst die Sünder«[2]) treten in der frommen Dichtung Sprüche diametral entgegengesetzter Art; und der Zugang zum Heiligsten steht jedem offen, der eintreten will. Damit ragt das Christentum weit empor über alle andere Religionen; darin wird es von keiner erreicht; das religiöse Leben hat eine Stufe erklommen, die unüberschreitbar ist. Man mag noch so tief durchdrungen sein von der Relativität aller Dinge, man darf mit Th. Häring[3]) dem Gesetz der Entwicklung noch so feines Verständnis entgegenbringen und wird dennoch einräumen müssen: hier ist ein Verhältnis zur Gottheit hergestellt, das nicht überboten werden kann; ein höheres ist logisch undenkbar; das in seiner Art Ab-

---

1) Ps. 146, 8.   2) Jes. Sir. 12, 6.
3) Th. Häring, Die Lebensfrage der systematischen Theologie. Tübingen, Heckenhauer 1895. Vgl. auch Reischle, Christentum und Entwickelungsgedanke.

solute ist verwirklicht; und alle bei trüber Studierlampe angestellten Reflexionen und Grübeleien über eine bessere und reinere Zukunftsreligion und alle transatlantischen synkretistischen Bemühungen um eine solche erscheinen als ein sinnloses und müssiges Spiel.

Freilich gerade der Umstand, dass erst im Christentum und nur da das volle und rückhaltlose Gottvertrauen realisiert worden ist, beweist auch, welche grossen Schwierigkeiten demselben innerhalb der empirischen Menschheit im Wege stehen. Wie weit es das »natürliche« Fühlen und Empfinden übersteigt, bezeugt allein schon mit seltsamer Breredsamkeit die Thatsache, dass sogar tüchtige christliche Theologen immer und immer wieder unfähig erfunden worden sind sich zu dem göttlich thörichten Gedanken zu erheben eines Vaters der Liebe, der umsonst jeden begnadigen und beseligen und eben damit heiligen will, und im Glauben selbst die Spuren einer das Heil bedingenden Leistung suchten und fanden [1]).

Will man es unternehmen die wichtigsten Hemmnisse der freudigen Zuversicht gegenüber der weltbeherrschenden Macht zusammenzustellen, so verweist einen der Abendländer vor allem auf das Bewusstsein des Widerspruchs zwischen dem eigenen Thun und dem Willen Gottes. Besonders schmerzlich hat ja auch namentlich Luther die lähmende Kraft der Sünde empfunden, und zu den härtesten Proben des Glaubens rechnet er die Regungen des geängsteten Gewissens. Ethisch gerichtete Naturen werden darin niemals anders fühlen und urteilen können als er.

Aber neben den sittlichen Mängeln und Fehlern nennt der Reformator oft genug noch ein zweites: »ich. glaube, ruft er in der Kurzen Form aus, nichtsdestoweniger in Gott, ob ich von allen Menschen verlassen oder verfolgt wäre. Ich glaube nichtsdestoweniger, ob ich arm, unverständig, ungelehrt, veracht bin oder alles Dinges mangel« [2]). Das bedeutet, dass auch die Übel

---

1) Melanchthon hat wohl recht zu sagen: »Haec opinio legis haeret naturaliter in animis hominum, neque excuti potest nisi quum divinitus docemur«. (Ap. III, 144).

2) E. A. XXII, 16. Vgl. auch IV, 196: »Denn das hängt einem jeglichen Menschen natürlich an, dass, wenn's übel zugeht, er bald gedenket: ei, Gott zürnet mit Dir, nimmt sich Deiner nicht an, da musst Du ohne Rath, Hülfe und Trost zu Grunde gehen. Wiederum stehet's

der Welt, wenn gleich sie einerseits durch das Gottvertrauen überwunden werden, anderseits doch zunächst gewaltige Hindernisse dafür sind. Es gilt dies von ihnen allen, den grossen und kleinen: es gilt in einzigartiger Weise von einer Erscheinung, die allezeit der Menschheit die furchtbarsten Rätsel aufgegeben hat: vom Tode. Die Heilsgewissheit des Orients hat daran den schwersten Anstoss genommen; aber überhaupt haben religiös angelegte, das heisst, lebensdurstige Persönlichkeiten — der Blasierte und Satte bedarf des Glaubens nicht — ihm von jeher mit eigentümlichem Befremden gegenübergestanden. Es braucht nicht erst an das Grauen des Paulus [1]) erinnert zu werden oder an Luther, der ihn regelmässig mit dem Teufel zu einem Doppelschrecknis zusammenschliesst [2]). Nicht umsonst ist der Tod je und je als wuchtigstes Argument gegen alle Frömmigkeit ausgespielt worden; sie wird seiner so bald nicht Herr. Nimmt es sich schon leicht als Härte aus, wenn dem Mühseligen und Beladenen so ohne weiteres fröhlicher Glaube an den Gott der Liebe zugemutet wird, so wird das ja geradezu zur Rohheit gegenüber einer gedrückten Existenz, die in qualvollem und schmerzreichem Ende langsam erlischt. Behaupten kann sich da, behaupten kann sich überhaupt auf dieser Erde, wie sie einmal ist, das Gottvertrauen bleibend nur, wo es die Gewissheit irgendwie in sich schliesst, dass die Welt der Erscheinung nicht das letzte Wort der ewigen Weisheit und Güte ist. Es ist bezeichnend, dass Jesus selbst, je deutlicher er den tragischen Ausgang seiner Wirksamkeit erkennt, um so fester seinen Blick auf das Transcendente richtet; was seine Wiederkunft der ersten Gemeinde bedeutete, ist bekannt. Die

---

wohl um ihn, ist alles vollauf da und gehet ihm nach seinem Wunsch, so lässt er sich dünken, er sei mit Gott wohl dran, sonst würde er sich nicht so gnädig gegen ihn halten«.

1) »Aber völlig aus, einfach todt sein und todt bleiben ewiglich, das ist ihm der schauervollste aller Gedanken, das entsetzlichste, allen Hades und alle Gehenna überbietende Übel«. (Holtzmann, Lehrbuch der NT.lichen Theologie, II, 50).

2) »Über das alles ist des Glaubens der höchste Grad, wenn Gott nicht mit zeitlichem Leiden, sondern mit dem Tode, Hölle und Sünde das Gewissen straft«. (20, 21). Vgl. auch 36, 75 u. a. Auch Melanchthon coordiniert die »terrores peccati et mortis« (Apol., ed. Müller, III, 170; 89 u. a.).

Thatsachen sind lehrreich. Man hat in letzter Zeit vielfach die Aufmerksamkeit darauf gelenkt, dass das »ewige Leben« des Christen sich schon im Diesseits aufzeigen lassen müsse, und man hat wohl daran gethan; aber es soll doch auch nicht vergessen oder verschwiegen werden, dass, wie die Dinge hienieden liegen, das neue Fühlen, Denken, Wollen, darin eben die ζοὴ αἰώνιος auf Erden verläuft, sich gar nicht erst einstellen kann, wo nicht ein hoffender Glaube Wurzel geschlagen hat, der bereits mit sicherer Hand über die Sterne greift und auf ein höheres Dasein nach dem zeitlichen verweist. So gewiss das christliche Gottvertrauen eine neue feste Stellung der Welt gegenüber gewährt, so wahr ist, dass es das auf die Dauer nur thut, indem es mit der Hoffnung auf ein Jenseitiges unauflöslich verknüpft ist.

Die Reformatoren haben diesen Zusammenhang wiederholt zum Ausdruck gebracht. Sehr bestimmt spricht sich beispielsweise Calvin aus: »Praecipua autem ejus (fidei) securitas in futurae vitae expectatione residet, quae extra dubium per Dei verbum posita est«[1]). Ferner: »Jam vero ubicunque viva erit haec fides, fieri non poterit, quin spem aeternae salutis comitem secum habeat individuam«[2]). Und: »Fidei nostrae imbecillitatem, ne velut fessa concidat, sustineri ac foveri patienter sperando et expectando oportet«[3]). In der Apologie wiederum heisst es: »Si quis hoc etiam cavilletur: si fides est, quae vult illa, quae in promissione offeruntur, videntur confundi habitus, fides et spes, quia spes est, quae expectat res promissas: ad hoc respondemus, hos affectus non ita divelli posse re ipsa, ut in scholis distrahunt otiosis cogitationibus. Nam et ad Ebraeos definitur fides esse expectatio rerum sperandarum (11, 1). Si quis tamen volet discerni, dicimus spei objectum proprie esse eventum futurum, fidem autem de rebus futuris et praesentibus esse«[4]). Luther endlich urteilt: »Tantam

---

1) Institutio III, 2, 28.   2) Ibid. III, 2, 42.

3) Ibid. III, 2, 42. Vgl. noch: »Ut in summa nihil aliud sit spes quam eorum expectatio, quae vere a Deo promissa fides credidit«. (ibid.). »Quemadmodum sine spe fides non est«. (ibid.). »Sic idem apostolus non aliter existimat bene illuminari oculos mentis nostrae, nisi cernamus, quae sit spes aeternae haereditatis, ad quam vocati sumus. (III, 2, 16).

4) Apol., ed. Müller, III, 191. Vgl. auch: »Haec fides parit certam spem, quia nititur verbo et mandato Dei« (ibid. III, 226). Ferner: Loci

enim cognationem inter se habent fides et spes, ut haec ab illa divelli non possit« [1]). Und obgleich er wohl begrifflich beide Grössen auseinanderhält, identifiziert er doch auch gelegentlich den Glauben und die Hoffnung, die sich nach ihm auf »die Vergebung« und »das zukünftige ewige Leben« bezieht [2]).
Aber die Schwierigkeiten, die sich dem unbedingten Gottvertrauen entgegenstellen, lassen sich nicht bloss in Sünde und Übel aufweisen. Sie können noch in einer anderen Weise veranschaulicht werden. Es besteht für die vor- oder unterchristliche Menschheit an sich durchaus kein Anlass, sich zu der Idee einer gütigen, ihre Geschöpfe unter allen Umständen beglücken und beseligen wollenden Macht zu erheben. Die Natur giebt ihr von solcher keine Kunde: aber auch die Gesellschaft deutet nicht darauf hin. Was sich da dem geistigen Auge darbietet, ist der gerechte und billige Wille des Staates, des Bürgers, oder es ist der launische des Despoten, oder es ist der wohlmeinende, jedoch in seiner Fürsorge auf bestimmte Kreise beschränkte des Vaters, des Stammesoberhaupts, des Freundes, des Bruders, des Geschlechtsgenossen. Nirgends dokumentiert sich durch die That als eine greif- und fassbare Realität eine rückhaltlos auf das Wohl eines jeden, der nur bedürftig ist, gerichtete Liebesgesinnung. So fehlt die diesseitige Basis für die Vorstellung eines Gottes der reinen Gnade, der unbedingt das Heil aller will. Man könnte geneigt sein von drei Haupthemmnissen zu reden, wenn sie nicht schliesslich doch wieder alle in einander griffen und sich gegenseitig bedingten.

Wichtiger und wertvoller indessen ist es zu konstatieren, dass die erwähnten Hindernisse durch Jesus Christus besiegt und beseitigt worden sind. Damit hat er den Seinen das unbedingte Gottvertrauen ermöglicht und gewährt; und eben darin besteht nach evangelischer Auffassung der vornehmste auf Erden wahrnehmbare Erfolg seiner Person und seines Werks.

---

theol., prima eorum aetas: »Porro et spes fidei opus est. Nam fides est, qua verbo creditur, spes, qua expectatur, quod per verbum promissum est. Ut expectemus, fides verbi Dei facit ..... Non est autem cur separes alterum ab altero ..... Et sicut fides est fiducia misericordiae Dei gratuitae, nullo operum nostrorum respectu, ita spes est salutis expectatio, nullo nostrorum meritorum respectu«. U. s. w. u. s. w.

1) Gal., Gr. Komm., II, 314.   2) XV, 35.

Das letztere wieder mit Nachdruck betont zu haben, ist ein Verdienst, das Albrecht Ritschl von Freund und Feind zuerkannt werden muss. Während die Theologie, wo sie nicht ausschliesslich die Gott zugewandte Seite der Mittlerthätigkeit ins Auge fasste, sich gewöhnt hatte im Schleiermacherschen Stil von einer Erneuerung des Abhängigkeitsgefühls zu reden oder in allgemeinen Ausdrücken von einer »Regeneration der Menschheit«, von der Wiederherstellung einer »Lebens- und Liebesgemeinschaft« mit Gott und ähnlichem sprach, ist er nicht müde geworden zu versichern, dass es Zweck und Ziel der Rechtfertigung sei, speziell die religiöse Funktion der fiducia auszulösen. Man hat ihm darüber vorgeworfen oder nachgerühmt, dass er, eine kopernikanische Revolution durchführend, an Stelle der Wirkung Christi auf Gott eine solche auf die Menschen gesetzt habe. Daran ist wohl viel Wahres; aber weder Lob noch Tadel sind völlig einwandfrei. Wenigstens hat Ritschl niemals den Gedanken einer irgendwie beschaffenen Bedeutung der Berufsarbeit Jesu auch für Gott ganz aufgegeben. Dass eine derartige Betrachtungsweise ferner in der Schule nicht ausgestorben ist, beweist, abgesehen von den Bemühungen Th. Härings, von neuem die Abhandlung Gottschicks »Propter Christum«. Überhaupt schliesst ja die Würdigung der einen Richtung des Erlöserwerks die Anerkennung der anderen nicht notwendig aus. Es wäre beispielsweise durchaus denkbar, dass bei einer sorgfältigen Analyse der Vorgänge, durch welche die fiducia entzündet wird, sich herausstellte, es geschehe das immer nur, indem im einzelnen die Gewissheit geweckt wird von einer Beschwichtigung der göttlichen Gerechtigkeit durch ein satisfaktorisches Leben oder Sterben. Unter diesen Umständen schafft es in keiner Weise ein Präjudiz, wenn sich das Interesse zunächst den auf die Menschheit gerichteten Wirkungen des Heilands zuwendet; und es wäre möglich, dass sich die streitenden Parteien zusammenfänden in einer leidenschaftslosen und sachlichen Untersuchung der Frage, die jedenfalls auf Grund von Erfahrung am leichtesten sich entscheiden lässt: was ist dasjenige in Jesu Person und Werk, wodurch in Hunderttausenden das unbedingte Gottvertrauen begründet worden ist und fortwährend wird?

Das Problem ist ein spezifisch protestantisches. Innerhalb des Bereichs des Katholicismus würde es anders lauten müssen, etwa so: was ist dasjenige in Jesu Person und Werk, wodurch unter der Voraussetzung des Gehorsams gegen die römische Kirche, die spes ermöglicht wird? Es hat selbstverständlich auch eminent praktische Bedeutung. Denn je nachdem die Antwort ausfällt, wird der Prediger und Seelsorger angewiesen, dies oder jenes Moment in der Erscheinung und Thätigkeit des Herrn stärker hervorzuheben.

Dennoch und trotz ihrer Wichtigkeit soll die gekennzeichnete Frage hier nicht direkt in Angriff genommen werden. Sie ist ohnehin in letzter Zeit vielfach verhandelt worden. Höchstens indirekt wird sie berührt werden, indem an ihrer Stelle eine andere zur Erörterung kommt, nämlich folgende: welches sind speziell die Vorgänge im Subjekt, die zur Auslösung der höchsten religiösen Funktion führen? oder anders ausgedrückt: welches ist das durch den Herrn geschaffene Verhältnis des einzelnen zu seiner Person, daraus die fröhliche Zuversicht zum Vater erwächst? oder deutlicher noch und bestimmter: was für eine Bewandtnis hat es mit dem Glauben an Christus, und in welcher Relation steht er zum unbedingten Gottvertrauen?

Eine einschlägige Untersuchung ist offenbar nicht völlig überflüssig. Noch immer ist die Meinung nicht ausgestorben, als ob die Gemütsverfassung, aus der das ganze christliche Geistesleben hervorgeht, in ausreichender Weise beschrieben würde, wenn man sie bezeichnet als die Bereitwilligkeit Jesu nachzufolgen [1]). Dabei wird augenscheinlich übersehen, dass die imitatio, weil sie sich sowohl auf religiöses als sittliches Verhalten erstreckt, nicht nur die Schätzung Christi als ethischer Autorität voraussetzt, sondern auch die Anerkennung seiner Stellung zu Gott als einer massgebenden und vorbildlichen. Eine derartige Anerkennung kann aber immer nur vollzogen werden — absichtlich sei hier der Ausdruck Werturteil vermieden — im Glauben. Um irgend eine Art eines solchen inbezug auf Jesus kommt man nicht herum, unter keinen Umständen und man mag sich drehen und wenden, wie man will. Das ist allein schon darin begründet, dass er auf jeden Fall ein Religionserneuerer und -stifter geworden ist. Wer mit den Ansprüchen eines solchen an uns herantritt, dem gegenüber ist allezeit nur zweierlei möglich: ent-

---

[1]) Vgl. bsplswe die anregende Schrift von J. Weiss: die Nachfolge Christi und die Predigt der Gegenwart.

weder ein Vertrauen, das bereits im Keime das Zugeständnis einer besondern Beziehung zur Gottheit, wie immer sie vermittelt gedacht werde, enthält, oder ein Misstrauen, das schon die Anklage auf Schwärmerei oder Betrug im Schosse trägt: tertium non datur.

Von der neueren Theologie wird denn auch der Wert des Glaubens an Christus oft genug emphatisch betont und der intime Zusammenhang desselben mit dem Gottvertrauen rückhaltlos anerkannt oder mindestens nicht geleugnet. Doch fehlt viel daran, dass schattenlose Klarheit oder gar Einmütigkeit herrschte über die Art und Beschaffenheit des Konnexes. Die verschiedensten Ansichten gehen durcheinander, was sich zum Teil, aber keineswegs allein aus dem Umstand erklärt, dass man mit den Worten nicht die selben Begriffe verbindet. Wenn Luthard[1]) und Kübel[2]) andeuten, es könne überhaupt keine Wirkung Christi im Seelenleben des einzelnen sich einstellen, ohne dass der Glaube an seine Gottheit vorausginge, so erhebt Herrmann dagegen die Anklage, die modernen Lutheraner muteten dem Menschen zu, »das als Bedingung der Erlösung anzusehen, was ihr Ertrag ist«[3]). Nur wer schon »die Macht der Person Jesu«[4]) an sich erfahren habe, nur wer bereits »zu einem Bruch mit seiner Vergangenheit und zu einem lebenskräftigen Anfang einer neuen Existenz«[5]) durch den Heiland gebracht worden sei, vermöge sich zu dem Bekenntnis an die Gottheit Christi zu erheben[6]). Daraus liesse sich der Schluss entnehmen, dass erst die religiöse Erneuerung stattfinden müsse, ehe der Glaube an Jesum Platz greifen könne. Das Verhältnis wäre das umgekehrte von dem, das gewöhnlich statuiert wird. Prägnant drückt das auch einmal Gottschick aus, wenn er schreibt: »Christus ist Gegenstand des Glaubens, weil er der

---

1) Zeitschrift für kirchliche Wissenschaft und kirchliches Leben, 1886, S. 632—658.
2) Neue kirchliche Zeitschrift, 1891, S. 47.
3) Der Verkehr des Christen mit Gott, 2. Aufl. S. 146.
4) Ebd., S. 137. 5) Ebd., S. 100.
6) Vgl. auch S. 134: »Wenn die Gottheit Christi nicht nur bedeutet, dass eine göttliche Substanz hinter dem menschlichen Leben Jesu steht, sondern dass der persönliche Gott selbst in dem menschlichen Leben Jesu sich den Sündern zuwendet und ihnen sein Herz aufthut, so kann der Glaube an die Gottheit Christi nur aus dem entstehen, was der Mensch Jesus an uns wirkt«.

Grund unserer Zuversicht zu Gott ist«¹). Also das Gottvertrauen die Ursache, der Glaube an Jesum die Folge, jenes diesem voraufgehend. Die Auffassung ist nicht durchaus neu. Man könnte sie, mit wie viel Recht, mag dahingestellt bleiben, beispielsweise präformiert finden bei Schleiermacher, der sich freilich erheblich vorsichtiger äussert in der bekannten Erklärung: »Die Gewissheit . . ., dass durch die Einwirkung Christi der Zustand der Erlösungsbedürftigkeit aufgehoben und jener (Zustand schlechthiniger Leichtigkeit und Stätigkeit frommer Erregungen) herbeigeführt werde, ist eben der Glaube an Christum«. Er »kann nicht eher in einem einzelnen sein, bis in ihm durch einen Eindruck, den er von Christo empfängt, ein Anfang, wenn auch nur ein unendlich kleiner, eine reale Ahnung gesetzt ist von der Aufhebung des Zustandes der Erlösungsbedürftigkeit«²). Aber wenn nun auch Herrmann mit Gottschick den hier ganz leise und zart angeschlagenen Ton viel lauter erklingen und einen bestimmten Glauben an Jesum zweifelsohne durch die neue Stellung zu Gott bedingt sein lässt, so redet er doch anderseits wieder so, als ob die letztere erst durch ein credere in Christum vermittelt wäre. Er schildert den Vorgang, gleichviel, ob zutreffend oder nicht, jedenfalls genau und sorgfältig, bemüht den psychologischen Zusammenhang aufzudecken. »Wer die Thatsache des persönlichen Lebens Jesu auf sich wirken liess und dadurch zu dem **Vertrauen auf ihn** erweckt wurde, kann sich dem Gedanken einer Macht über alle Dinge, die mit Jesus ist, nicht entziehen. Von dieser Macht fühlt er sich selbst in dem, was er an Jesus erlebt, ergriffen . . . . Er hat durch Jesus . . . . den lebendigen Gott selbst, der auf ihn wirkt. Wer das gewonnen hat, ist ein Christ«³. Dasselbe wird in einer Reihe ähnlicher Wendungen weiter ausgeführt⁴). Danach müsste man annehmen, das Gott-

---

1) Die Kirchlichkeit der sogenannten kirchlichen Theologie, S. 7.
2) Der christliche Glaube, 3. Ausg., § 14, S. 88.
3) A. a. O. S. 82.
4) Vgl. S. 75: »Wir fassen dann Vertrauen zu seiner unbezwinglichen Zuversicht, er könne die Menschen, die ihm nicht den Rücken kehren, emporheben und selig machen. In diesem Vertrauen zu seiner Person und seiner Sache ist der Gedanke einer Macht über alle Dinge enthalten, die dafür sorgt, dass der Jesus, der in der Welt untergegangen ist, den Sieg über die Welt behält. Der Gedanke einer solchen

vertrauen wäre die Folge, der Glaube an Christus die Ursache, dieser jenem vorausgehend. Der Schein eines Widerspruchs stellt sich ein. Man wird nun denselben nicht lösen wollen, indem man entscheidet, das eine mal handle es sich um den Glauben an den Menschen Jesus, das andere mal um den Glauben an die Gottheit Christi. So lässt sich unmöglich trennen. Es braucht nicht noch einmal daran erinnert zu werden, dass bei der Bedeutung, die eben der Mensch Jesus in Anspruch nimmt, es ihm gegenüber kein anderes Vertrauen giebt, als ein solches, das bereits die Gewissheit von einer besondern Beziehung seiner Person zu Gott in sich schliesst, mag man nun diese Gewissheit mehr intellektualisierend formulieren als das Fürwahrhalten seiner Gottheit oder in mehr evangelischer Weise als die Zuversicht, dass er Gottes Gaben, Sündenvergebung und ewiges Leben gewähren könne und wolle.

Also in der Frage nach dem Verhältnis des Gottvertrauens und des Christusglaubens bleibt bei Herrmann etwas unaufgeklärt. Bisweilen wird aber auch das Problem überhaupt dadurch verschleiert, dass man die zwei in Betracht kommenden Faktoren einfach als völlig identisch behandelt. Den Eindruck eines derartigen Verfahrens könnte man vielleicht schon aus einzelnen Äusserungen A. Ritschls gewinnen. Zwar wird hier und dort in dem Hauptwerk ausdrücklich und speziell der Glaube an Christus besprochen [1]); die Zuversicht auf die väterliche Vorsehung Gottes rückt in die Stelle einer »Folge« [2]): wer durch jenen sich der Gemeinde einreiht, erlebt in dieser die individuelle Heilsgewissheit [3]). Indessen oft genug werden die zwei Grössen kurzweg zusammengefasst [4]). Dadurch erschwert sich der Autor wesentlich

---

Macht haftet ebenso fest in uns wie der uns überwältigende Eindruck der Person Jesu. Es ist das der Anfang eines Bewusstseins von einem lebendigen Gott«. Und S. 91: »Durch die Macht Jesu wird er gezwungen eine Macht über alle Dinge für wirklich zu halten, die diesem Manne den Sieg giebt. Und aus der Freundlichkeit Jesu gegen den Sünder, der sich durch ihn demütigen lässt, schöpft er den Mut, zu glauben, dass in dem ganzen Vorgang ihn die Liebe Gottes sucht«.

1) Vgl. beispielsweise; Rechtf. u. Vers., 3. Aufl., III, 557 ff.
2) Ebd., III, 580 ff. 3) Ebd., III, 183.
4) Das geschieht bereits in der Definition des Glaubens an Christus. Wenn gleich diese lautet: »Der Glaube ist weder das Fürwahrhalten

die Erklärung der Thatsache, dass der Glaube in der dogmatischen Litteratur bald als Mittel bald als Ergebnis der Rechtfertigung erscheint [1]). In dieser Hinsicht hat beispielsweise Thomasius weit leichteres Spiel. Obwohl er auch nicht das Gottvertrauen und den Glauben an Jesus auseinanderhält, unterscheidet er doch zwischen der fiducia als »der offenen Hand, die sich nach der Gnade ausstreckt«, und der fiducia als der geschlossenen Hand, die sie ergriffen hat. Die erstere geht der Rechtfertigung voraus; die zweite ist ihr Werk [2]). Freilich eine Distinktion, die, so alt sie ist, doch schwerlich sich halten lassen wird, die sich selbst richtet, sobald man die Bilder abstreift, und nicht viel besser ist als gar keine.

Nun können sich allerdings die Vertreter einer Terminologie, die das Vertrauen auf Gott und den Glauben an Christus als völlig identisch bezeichnet, — und sie finden sich gleichmässig in jeder theologischen Schule — mit einem gewissen Recht auf den Sprachgebrauch der Reformatoren berufen. Namentlich wo diese eine Definition der fides salvifica aufstellen, wo sie die Form derselben beleuchten, denken sie nicht daran, einen Unterschied zu machen, zum Zeichen dafür, wie innig die zwei zur Erörterung stehenden Elemente bei ihnen verknüpft sind. Dennoch ist es nicht schwer zu zeigen, dass beide in ihren Schriften des

---

seiner (Jesu) Geschichte .... er ist darauf zu bestimmen, dass Christus, als der Träger der vollkommenen Offenbarung Gottes, solidarisch mit dem Vater, in der Machtübung der Liebe und der Geduld über die Welt seine Gottheit als Mensch zur Seligkeit derer bewährt hat, die er zugleich als seine Gemeinde durch seinen Gehorsam vor dem Vater vertreten hat und vertritt«; so heisst es doch auch wieder: »An Christus glauben hat den Sinn, dass man den Wert der in seinem Wirken zu unsrer Versöhnung mit Gott offenbaren Liebe Gottes in dem Vertrauen aneignet, welches in der Richtung auf ihn sich gerade Gott als seinem und unserem Vater unterordnet, worin man des ewigen Lebens und der Seligkeit gewiss ist« (Rechtf. und Vers., 3. Aufl., III, 558). Vgl. ferner ebd., S. 135: »Der Glaube, welcher in der Beziehung auf die an Christi Wirken geknüpfte Verheissung sich die Sündenvergebung aneignet, ist zu verstehen als das Vertrauen auf Gott und Christus mit den Merkmalen der Beruhigung, der inneren Befriedigung, des Trostes«. Vgl. überhaupt III, 96 ff.; III, 133 ff.; Unterr. in der christl. Rel., § 60.

1) Vgl. Rechtf. u. Vers., 3. Aufl., III, 96 f.
2) Thomasius, Christi Person und Werk, 3. Aufl. II, 389.

öfteren gesondert auftreten. Sie müssen auch wenigstens begrifflich auseinandergehalten werden. Denn geschieht das nicht, so läuft man Gefahr, entweder den Glauben an Christus auf das Gottvertrauen zu reduzieren oder umgekehrt. Im ersteren Fall sinkt man unwillkürlich auf das Niveau der Auffassung zurück, die durch das Operieren mit dem Begriff der »Religion Jesu« charakterisiert wird. Im andern ergeben sich mindestens zwei Möglichkeiten. Die eine: man bringt es gegen alle Wahrscheinlichkeit fertig, das Vertrauen auf Christum zu beschränken auf den Menschen als solchen, und das ganze Christentum läuft nun hinaus, da kein Verhältnis zu einer überweltlichen Macht eintritt, auf eine Art positivistischer Heroenverehrung. Die zweite: man geht davon aus, dass der Glaube an Jesum die Anerkennung irgend einer Beziehung zur Gottheit involviere, versäumt es aber, die religiöse Erneuerung, die daraus erwächst, besonders zu betonen, und das ganze Christentum quiesciert jetzt mehr oder weniger in einem unfruchtbaren Fürwahrhalten übernatürlicher, speziell auf die Person Christi bezüglicher Lehren. Wie oft hat nicht die Dogmatik die Meinung begünstigt, als ob dem wirklich so wäre! Ist es nicht eigentümlich, dass noch heute in einer Reihe von Lehrbüchern der verschiedensten Schulen eine so wichtige Funktion wie die des Gottvertrauens ist, bisweilen auch nicht einmal dem Namen nach vorkommt? Man gebe sich nur die Mühe, sich die vorliegende Litteratur darauf anzusehen. Wie weit stehen wir da hinter Schleiermacher zurück, der, nachdem er erkannt zu haben meinte, dass die Religion in schlechthinigem Abhängigkeitsgefühl bestehe, diesen Begriff auch resolut in den Mittelpunkt seiner Darstellung rückte!

Durch die angestellten Erwägungen dürfte der Anklage vorgebeugt sein, dass es sich um ein müssiges und scholastisches Spiel handle bei der Unterscheidung zwischen Gottvertrauen und Glauben an Christum. Es ist auch nicht mehr nötig, besonders zu warnen vor einer Verwechslung derselben mit Distinktionen, wie sie etwa Thomasius vornimmt, oder wie die ist zwischen notitia, assensus und fiducia. Dagegen verhält sie sich neutral; damit hat sie nichts zu thun. Und es erscheint nunmehr statthaft die logische Relation beider Faktoren einer genaueren Prüfung zu unterziehen. Einen geeigneten Ausgangspunkt bildet vielleicht eine flüchtige Betrachtung einzelner reformatorischer Schriften.

II.
Umschau innerhalb der symbolischen Litteratur.

Gehen wir zuerst die **Augustana** und **Apologie** durch, so ist es nicht schwer die darin niedergelegte Anschauung aufzudecken. Die Begriffe treten in scharf ausgeprägten, sich gleichbleibenden Formen auf, und der Sachverhalt liegt klar und deutlich zu Tage.

Wiederholt wird das Gottvertrauen als solches zur Sprache gebracht. Abgesehen von dem deutschen Synonym »rechter Glaube an Gott« [1]) werden dafür die Ausdrücke gebraucht: »credere Deo« [2]), »fiducia Dei« [3]) oder »fiducia erga Deum« [4]). Dabei wird die letztere gelegentlich als ein Besonderes neben der fides aufgezählt [5]). Definitionen oder Umschreibungen werden gegeben durch Wendungen wie »omnia bona a Deo expectare et petere« [6]), petere a Deo et certo expectare auxilium in omnibus rebus gerendis iuxta vocationem« [7]), »statuere quod Deus exaudiat« [8]), sentire se Deo curae esse« [9]), »confidere se respici aut exaudiri a Deo« [10]). Identisch damit ist die Gewissheit, dass Gott »iuvare, eripere, servare« will [11]), dass die menschlichen Angelegenheiten durch Gottes Ratschluss und nicht durch Zufall bestimmt und

---

1) Aug. ed. Müller, XVI.
2) Aug. XXIV, 7; Apol. ed. Müller, II, 24; III, 107; III, 221; XIX, 73; XXIV, 28.
3) Apol. II, 8; II, 17; II, 33.
4) Aug. II, 1; XVIII, 9; XX, 38; Apol. II, 3; II, 14; II, 18; II, 23; XIX, 72; XXIV, 26.
5) »Regnant in corde omnes cupiditates et humana consilia, quum abest fides et fiducia erga Deum? (Aug. XX, 38). Im deutschen Text steht: »ausser dem Glauben und ausserhalb Christo«.
6) Aug. XXIV, 7.   7) Aug. XXVII, 49.
8) Apol. IV, 27; IV, 34.
9) Aug. XX, 24; Apol. III. 20; IV, 18; IV, 35.
10) Apol. III, 230; IV, 35; XIX, 72; XIX, 73.
11) Apol. III, 243; XIX, 72.

regiert werden ¹). Als Gegensatz erscheint wohl die »fiducia rerum praesentium« ²), das »quaerere humana auxilia« ³), das »confidere humanis praesidiis« ⁴), das »quaerere voluptates corporis, sapientiam et iustitiam carnalem« ⁵). Beachtenswert und von hervorragendem Interesse ist endlich, dass das so beschriebene Gottvertrauen gewöhnlich da zur Erwähnung kommt, wo auf den Höhepunkt des christlichen Innenlebens hingewiesen, wo das Ideal, zu welchem Gott sein oberstes Geschöpf bestimmt hat, geschildert und der Abstand des empirischen Menschen davon charakterisiert wird. Es bildet einen wesentlichen Bestandteil der perfectio christiana ⁶) so gut als der justitia originalis ⁷). Es hält die sancti in Trübsalen aufrecht ⁸). Der Ausfall desselben konstituiert mit die Erbsünde ⁹). Wo es fehlt, herrschen in dem Gemüte alle Begierden und Leidenschaften ¹⁰). Die natürliche Vernunft ¹¹), das Fleisch ¹²), der freie Wille ¹³), die menschlichen Herzen an sich ¹⁴), Leute wie Epikur ¹⁵) können es nicht prästieren. Dennoch gehört es zum wahren und rechten Gottesdienst ¹⁶). Gott verlangt es ausdrücklich ¹⁷). Es wird von den Geboten der ersten Tafel vorgeschrieben ¹⁸). Es ist einer der affectus cordis, der motus spirituales, welche die nova vita ausmachen und zur Erfüllung des Dekalogs beitragen ¹⁹). Deshalb wird es auch gewöhnlich mit der Gottesfurcht und der Liebe zu Gott zusammen genannt ²⁰) und kann unter Umständen als mit diesen sich völlig deckend erscheinen ²¹).

Etwas anders der Glaube an Christus. Er wird, wo es nicht

---

1) Apol. III, 46.   2) Apol. II, 8; III, 49.
3) Apol. III, 49.   4) Aug. XX, 37.
5) Apol. II, 26.   6) Aug. XVI; Apol. III, 232.
7) Apol. II, 17.   8) Apol. III, 243.
9) Aug. II, 1; Apol. II, 8.   10) Aug. XX, 38.
11) Apol. II, 26; IV, 18; IV, 27.   12) Apol. III, 49; III, 114.
13) Apol. XIX, 73.   14) Apol. XIX, 72. Aug. XVIII, 9.
15) Apol. IV, 35.   16) Apol. III, 107; XXIV, 26; XXIV, 28.
17) Apol. III, 107.   18) Apol. II, 14; IV, 8; IV, 34.
19) Apol. III, 4 ff.; IV, 45. Nach Apol. III, 15 fordert das Gesetz ein zweifaches: »spirituales motus et externa bona opera«.
20) Apol. III, 221; IV, 8; IV, 18; IV, 27; IV, 34; III, 46; XIX, 72, 73 etc. etc.
21) Vgl. beispielsweise den ganzen Zusammenhang, Apol. IV, 29 ff.

einfach bei dem deutschen Ausdruck sein Bewenden hat [1]), in der Regel bezeichnet als fides in Christum [2]), credere in Christum [3]), credere Christo [4]). Nur selten und vereinzelt kommen abweichende termini vor wie cognitio Christi [5]) oder fiducia in Christum [6]), fiducia debita Christo [7]), fiducia meritorum Christi [8]), fides quae apprehendit mediatorem Christum [9]), fiducia nominis Christi [10]), fiducia pontificis Christi [11]), fiducia in Christi intercessionem [12]).

Beschrieben wird er in den meisten Fällen als der Glaube daran, dass uns um Christi willen die Sünden vergeben werden, als die fides, quae credit remitti peccata propter Christum [13]). Nicht ganz so häufig, aber noch immer oft genug wird er charakterisiert als die Gewissheit, dass Gott um Christi willen uns gegenüber beschwichtigt sei, als das credere Deum nobis placatum esse propter Christum [14]). Wieder etwas seltener kommt die Periphrase vor: credere Deum propitium esse propter Christum [15]); und nur sporadisch solche wie: sentire Deum nobis reconciliatum esse propter passionem Christi [16]), confidere quod propter Christum reconciliemur Patri [17]), credere se recipi in gratiam a Deo propter Christum [18]), statuere nos placere Deo propter Christum [19]), credere

---

1) Aug. VI, XV ist beispielsweise nur im deutschen Text vom Glauben an Christus die Rede.

2) Aug. XX, 22; XXIV, 28; XXV, 4; XXVIII, 52; Apol., IV, 1; IV, 43; IV, 47; IV, 76; III, 38; III, 45; III, 67; III, 135; III, 136; III, 169; III, 170; III, 176; III, 182; III, 197; VII u. VIII, 25; VI, 49; XII, 16; XII, 77; XII, 35; XII, 64; XII, 26; XXIV, 26; XXIV, 60; XV, 27; XV, 42 f.; XXIII, 30.

3) Aug. III, 4; Apol. III, 175.
4) Apol. XXIII, 34.
5) Apol. XXIV, 12.
6) Apol. III, 35, 76.
7) Apol. XXVII, 34.
8) Apol. XXI, 19.
9) Apol. III, 257.
10) Apol. IV, 98.
11) Apol. IV, 82.
12) Apol. XXI, 31.
13) Aug. XXVI, 4. 5. Apol. IV, 51. 62. 97; III, 33. 74. 82. 118. 139; XI, 59; XII, 35. 44. 45. 60. 63. 65. 72. 95; XIV, 21; XX, 85; XXIV, 12. 49. u. a.
14) Aug. XXVII, 49. Apol. IV, 45. 69. 87. 97; III, 53. 96. 102. 109. 117 (vgl. III, 158); III, 171. 178. 255. 265; XII, 80; XV, 6.
15) Apol. IV, 45. 100; III, 82. 224. 258. 265; XXIII, 36.
16) Apol. III, 26.
17) Apol. XII, 76.
18) Aug. XXVII, 37.
19) Apol. III, 51.

illo sacrificio se redemtos esse¹), credere se coniunctos Christo vivificari²), sentire nobis donari merita et iustitiam Christi³). Nichts Neues wird hinzu gebracht, wenn als Objekt des Glaubens dreierlei angeführt wird: promissio, merita Christi, propitiatio⁴), oder wenn das credere in Christum gleichgesetzt wird dem assentiri promissioni⁵). Denn die letztere ist nichts anderes als das Versprechen, dass Christus kommen und dass um seinetwillen Sündenvergebung gewährt werden solle⁶), oder dass Gott um Christi willen gnädig sein wolle⁷). Und was es mit dem credere evangelio⁸) für eine Bewandtnis hat, beweist die Erklärung: evangelium, quod est proprie promissio remissionis peccatorum et iustificationis propter Christum⁹).

Nach alledem kann man, das einzelne zusammenfassend, den Satz aufstellen: für die Augustana und Apologie ist der Glaube an Christum seinem Kern nach die Gewissheit, dass Gott durch das Verdienst Christi versöhnt sei und um dessetwillen Sündenvergebung gewähre. Dasselbe Ergebnis bringt Eichhorn zum Ausdruck, wenn er urteilt, die Lehre der Apologie sei, »dass der Glaube auf Christi Leistung als Sühne für unsere Sünden vertraut« ¹⁰). Dieser Glaube an Christus ist nun der eigentlich rechtfertigende; er ist wesentlich die fides salvifica. Speziell er wird genannt, wo von der justificatio die Rede ist ¹¹). Wenn das Gottvertrauen ein charakteristisches Merkmal des Christenstandes ist,

---

1) Apol. XIII, 8.   2) Apol. XXIII, 10.
3) Apol. XXIV, 12.   4) Apol. IV, 53.
5) Apol. IV, 102. 113. Vgl. IV, 48.
6) Apol. IV, 5.   7) Apol. III, 59.
8) Apol. VII. VIII, 28.   9) Apol. IV, 43.
10) Eichhorn, die Rechtfertigungslehre der Apologie. Studien und Kritiken, 87, S. 442.
11) Es ist unmöglich und auch wohl unnötig alle Belegstellen aufzureihen. Aufs Geratewohl seien folgende herausgegriffen: Aug. IV, 1. 2; V, 3; XX, 9; XX, 23; XXIV, 28; XXV, 4; XXV, 28; XXVIII, 52. Apol. IV, 1; Apol. IV, 43. 47 und XII, 16, wo von der justitia fidei in Christum gesprochen wird; Apol. IV, 76; III, 38; III, 67; III, 136; III, 170; VII. VIII, 25 u. s. w., u. s. w. Auch nach Eichhorn erfolgt die Begnadigung, »sobald der Sünder sein Vertrauen auf Christi Werk als Sühne setzt« (a. a. O., S. 443). Vgl. S. 444: »Der Glaube an die promissio Dei propter Christum erlangt die Begnadigung. Dieser Ausdruck giebt Melanchthons Lehre ebenso genau als kurz wieder«.

so erscheint er als das Mittel diesen zu realisieren. Das heisst, er rechtfertigt, indem er zugleich — mag in foro coeli sich zutragen, was auch immer will, das interessiert uns hier nicht — in der Brust des Menschen eine Wandlung bewirkt, die Funktionen der freudigen Zuversicht gegen Gott, der Liebe zu Gott und Verwandtes auslöst [1]).

Damit ist bereits gesagt, wie das Verhältnis des Glaubens an Christus zum Gottvertrauen beschaffen ist. Jener ist es, der das letztere hervorbringt. Das kann man schon angedeutet finden in den zahlreichen Äusserungen von der Art wie »fides, quae credit propter Christum remitti peccata, consolatur conscientiam et ex terroribus liberat« [2]) oder in den vielerörterten Stellen, wo dem Glauben das vivificare und regenerare zugesprochen und die Rechtfertigung der Wiedergeburt gleichgesetzt wird [3]). Deutlicher kommt es noch zum Ausdruck, wenn es heisst, die fides habe »accessum ad Deum« [4]), oder wenn ihr nachgesagt wird, dass sie zur Erfüllung des Gesetzes verhelfe [5]), dass sie die »spirituales motus« [6]), die »affectus cordis erga Deum« [7]) erzeuge. Aufs bestimmteste wird aber schliesslich das Causalverhältnis dadurch anerkannt, dass zu den »effectibus fidei« unter anderem das »statuere, nos Deo curae esse« gerechnet wird [8]): wozu sich noch eine stattliche Reihe ganz unmissverständlicher Sätze gesellt wie etwa folgende: »Fides specialis, qua credit unusquisque sibi remitti peccata propter Christum et Deum placatum et propitium esse propter Christum, consequitur remissionem peccatorum et iustificat nos. Et quia in poenitentia, hoc est in terroribus, consolatur et erigit corda, regenerat nos et affert spiritum sanctum, ut deinde legem Dei facere possimus, videlicet diligere Deum, vere statuere, quod Deus exaudiat...« [9]). »Quia... fides.... parit novam vitam in cordibus, necesse est, quod pariat spirituales

---

1) »Consequimur remissionem peccatorum, quum erigimus corda fiducia misericordiae propter Christum promissae«. (Apol. IV, 80).
2) Aug. XII, 5. Vgl. Aug. XX, 22. 26; XXV, 30; Apol. III, 157. 193. 266; VI, 49. 56 u. a.
3) Apol. IV, 45; IV, 62. 79. 80. 81; III, 135; III, 262; III, 265; XII, 36. 60; XXIV, 71. 73; XX, 85; XXIV, 12 u. a.
4) Apol. III, 170. 193. 237.   5) Apol. IV, 45; III, 149. 172.
6) Apol. III, 4; III, 129. 230.   7) Apol. III, 9. vgl. III, 6.
8) Apol. III, 24.   9) Apol. IV, 45.

motus in cordibus . . . incipimus Deum timere, diligere, petere et expectare ab eo auxilium, gratias agere . . .« ¹). »Quum autem audito evangelio et remissione peccatorum fide erigimur, concipimus spiritum sanctum, ut iam recte de Deo sentire possimus et timere Deum et credere ei« ²). »Et dum inter terrores erigimur et consolationem concipimus, simul crescunt alii motus spirituales, notitia Dei, timor Dei, spes, dilectio Dei et regeneramur, ut ait Paulus, ad agnitionem Dei .... id est, concipimus veram notitiam Dei, ut vere timeamus eum, vere confidamus nos respici, nos exaudiri« ³). Dagegen: »Sine fide (humana natura) non invocat Deum, a Deo nihil expectat, non tolerat crucem, sed quaerit humana praesidia, confidit humanis praesidiis« ⁴).

Bei der so statuierten intimen ursächlichen Verknüpfung zwischen Christusglauben und Gottvertrauen darf es dann nicht Wunder nehmen, dass je und je, aber nicht oft, per synecdochen das eine für das andere, das Ganze für seine Teile und umgekehrt gesetzt wird. Namentlich in der ersten Ausgabe der loci ist das der Fall. Der oberflächliche Leser könnte sogar daraus den Eindruck gewinnen, dass das Gottvertrauen an und für sich das rechtfertigende sei. Eine genauere Betrachtung zeigt doch, dass auch hiernach die »fides, qua creditur evangelio ostendenti Christum«, »iustitia nostra« sei, »quia Christus accipitur pro eo qui placarit patrem« ⁵). Und dieser Glaube ist es weiter, der die freudige Zuversicht gegen Gott ermöglicht: »Qui evangelio crediderit adeoque bonitatem Dei cognorit, eius cor iam erigitur, ut et fidat Deo et timeat Deum« ⁶). Die Visitationsartikel

---

1) Apol. III, 4.   2) Apol. III, 14.
3) Apol. III, 230.
4) Aug. XX, 37. Vgl. noch Aug. XX, 24: »Jam qui scit se per Christum habere propitium patrem, is vere novit Deum, scit se ei curae esse, invocat eum«. Und XX, 25: »Nam diaboli et impii non possunt hunc articulum credere, remissionem peccatorum. Ideo Deum tamquam hostem oderunt, non invocant eum, »nihil boni ab eo expectant«.
5) Loci theol., prima eorum aetas, de caritate et spe.
6) Ibid. Vgl. de iustificatione et fide: »Nam ut potentiam Dei intelligit Petrus in resurrectione Christi, ut bonitatem, ut misericordiam intelligit, quum credit pro se Christum victi-

ihrerseits führen die beiden Funktionen zwar miteinander aber in bedeutsamer Reihenfolge an: »Est autem fides credere quod Deus nobis condonat peccata propter Christum et quia condonat peccata adsit, regat et gubernet nos et sit salvaturus. Sunt etiam monendi homines, fidem esse non tantum credere remissionem peccatorum, sed etiam hoc accedere oportere, ut credamus, nos post condonationem peccatorum defendi et regi a Deo« [1]).

Blicken wir zurück, so stellt sich uns das Bild eines fest geschlossenen in sich zusammenhängenden psychologischen Vorgangs als dasjenige des Heilsprozesses dar. Voraussetzung ist ein durch Sünde und Schuld beunruhigtes Gewissen, ein Gemüt, das geängstet wird durch die terrores peccati und die terrores mortis, wobei die ersteren die letzteren bedingen [2]). In einem so beschaffenen und vorbereiteten Herzen wird dann durch Wort und Sakrament die affektvolle Überzeugung geweckt, dass der zürnende Richter durch das Werk Christi versöhnt sei und um dessetwillen Sündenvergebung gewähre; und daraus erwächst alsbald die freudige Gewissheit, dass der Gott, der in seinem Zorn besänftigt worden ist und daraufhin bereits so viel gethan, nun auch weiter sorgen wolle und erhören, alles Gute schenken und zu ewiger Seligkeit verhelfen: wie denn das placatus oft umschlägt in das propitius und die promissio vitae aeternae mit der remissio peccatorum verbunden gedacht wird [3]). Indem auf diese Weise die fiducia Dei und zugleich dilectio und timor Dei hergestellt sind, ist die Rechtfertigung perfekt geworden: die Reihe der religiösen Erscheinungen ist abgeschlossen, und die der sittlichen kann eröffnet werden.

Die Schilderung, die Melanchthon entwirft, lässt an Klarheit nichts zu wünschen übrig. Sie wirft für den Prediger und Seelsorger deutliche Weisungen ab, selbst wenn solche nicht ausdrücklich vorgetragen werden: er soll danach zunächst das Gesetz

---

mam ac satisfactionem fuisse«. Und: »promissionem misericordiae Dei specta, eius fiducia nihil dubita quin iam non iudicem in coelis sed patrem habeas, cui tu sis curae, non aliter atque sunt parentibus filii inter homines«.

1) Corp. Ref. XXVI, 10.
2) »Illa potentia peccati, ille sensus irae vere est poena, donec adest; mors sine illo sensu irae proprie non est poena«. (Apol. VI, 56).
3) Apol. III, 235 ff.

treiben, dann Jesum als den für die Menschen Genugthuenden und Sündenvergebung erwirkenden schildern und auf Grund dessen die Liebe und väterliche Vorsehung Gottes verkündigen. Man wird auch nicht leugnen können, dass die Darstellung vielfach wirklicher Erfahrung entspricht. Mit Hülfe der angegebenen vermittelnden Vorstellungen sind wohl hunderte zu der richtigen Stimmung Gott gegenüber gelangt. Wer möchte das bestreiten? Allein es fragt sich, ob der gezeigte Weg der einzig mögliche ist; ob die von der Augustana und Apologie ausgeprägte Form des Glaubens an Christus die ursprüngliche, aller Differenzierung voraufgehende ist? ob sie nicht zu eng und einseitig und deshalb unrichtig genannt werden muss? ob sie ausreicht das ganze religiöse Verhältnis zu Jesus zu umschreiben?

Zu derartigen sich von selbst einstellenden Bedenken wird man ja auch noch von anderer Seite angeregt. Geht man nämlich von den Melanchthonschen Symbolen zu den beiden Katechismen und den Schmalkaldischen Artikeln über, so umgiebt einen plötzlich eine ganz andere Atmosphäre. Es waltet da eine viel grössere Mannigfaltigkeit und Freiheit; das, was man schablonenhaft nennen könnte, ist verschwunden; die Begriffe sind beweglicher; sie verändern und wandeln sich leichter; so dass man die Auffassung Luthers nicht gut wird fixieren können ohne seine gesamten Schriften in Betracht zu ziehen.

Vor allem mag nun festgestellt werden, dass nach denselben ebenfalls und erst recht als vollständiger und abgerundeter Glaube nur derjenige gelten kann, der zugleich ein Vertrauen auf Gott und ein solches in bezug auf Christum in sich schliesst. »In omni fide, so wird wohl ausdrücklich erklärt, debet inesse fiducia misericordiae erga Deum. Illa autem complectitur fidem remissionis peccatorum propter Christum«[1]). Dem entsprechend wird denn auch der Glaube bezeichnet als »Nicht daran zweifeln, er sei Dein gnädiger Gott und Vater, habe Dir alle Sünde vergeben und Dich selig gemacht in der Taufe. Zum anderen doch daneben wissen, dass solches alles nicht umsonst oder ohne Genugthuung seiner Gerechtigkeit geschehe«[2]). Es werden Parallelismen gebildet wie folgender: »Das ist das rechte Erkenntnis, wenn Du dafür hältst und weisst, dass Gott

---

1) Gal. I, 344.   2) E. A. 1. XVII, 175.

und Christus Dein Gott und Dein Christus sei« [1]). Oder: »Glauben wir durch Christum Vergebung der Sünden und ein ewiges Leben, so soll es ja sein; glauben wir, dass Gott um Christi willen uns gnädig und barmherzig sei, so will er gnädig und barmherzig sein« [2]). Überhaupt wird das ganze religiöse Verhalten des Christen gern kurzerhand beschrieben als »Zuversicht auf Gottes Gnade und Barmherzigkeit durch Christum« [3]); als »herzlich Vertrauen zu Gott durch Christum, dass Christi Leiden und Sterben Dir angehöre und Dein eigen sein solle« [4]); als »ein Grundfest der Ding, die uns von Gott verheissen sein, dadurch Gott und alles, das sich menschlichem Verstand und Sinnen nicht unterwirft, erkannt wird, und baut nicht auf eigen Thun noch Creaturen Werk, sondern auf Christi Thun und hält fest dafür, es sei einer darum fromm, dass Christus alles für ihn than hab, durch welches er gedenk selig zu werden, nicht aus seinem Verdienst« [5]).

Indessen werden auch häufig genug die zwei Funktionen, das Gottvertrauen und der Glaube an Christus, neben einander und getrennt zur Sprache gebracht. Identisch mit der Zuversicht, dass Gott »helfen und mit allem Guten reichlich überschütten will« [6]), mit der Gewissheit, dass er »für uns sorge und uns als seine Kinder liebe«, mit dem »Sich alles Guten zu ihm versehen«, bildet das erstere »die rechte Ehre und Gottesdienst« [7]). Es ist neben der Gottesfurcht dasjenige, worauf alles in der Schrift »gerichtet« ist. Es ist speziell die Gemütsverfassung, die vom ersten Gebot gefordert wird [8]). An und für sich wird es erwähnt und charakterisiert in einer Reihe von Reden und Schriften [9]), am Anfang der Kurzen Form, in den Auslegungen des ersten Artikels. Es ist im wesentlichen synonym mit dem »Glauben an Gott Vater« überhaupt. Doch muss im Vorübergehen wenigstens angedeutet werden, dass gelegentlich der rechte Gottesglaube nicht nur beschrieben wird durch Aussagen des Vertrauens, sondern

---

1) LII, 215.   2) V, 74.   3) IV, 118.
4) XLVII, 12; VI, 349.   5) XXII, 35.
6) Gr. Kat., Auslegung des 1. Gebots.
7) Gr. Kat., Auslegung des 1. Gebots.
8) Ibid.; vgl. V, 235.
9) Vgl. beispielsweise V, 93: VII, 98; IX, 69; XX, 283 f.; LII, 391 u. a.

zugleich oder bloss durch solche des Abhängigkeitsgefühles; und aus diesem wird dann ebenfalls die Festigkeit des Herzens und aequa mens abgeleitet, darauf der Reformator so grossen Wert legt, und weiterhin sittliche Tüchtigkeit und Leistungsfähigkeit. Auf die Erklärungen des Apostolicums soll nicht extra verwiesen werden, wo der Inhalt des ersten Artikels mit gedeutet wird als die Überzeugung, »dass ich Gottes Geschöpfe bin, das ist, dass er mir gegeben hat und erhält Leib, Seele und Leben, Gliedmasse klein und gross, alle Sinne, Vernunft und Verstand« [1]). Interessanter noch sind einzelne Predigten wie beispielsweise die über Luc. 10, 23—37. Da wird die Forderung erhoben: man solle nicht zweifeln, dass Gott es sei, der einen zu einem Vater, Ehemann oder Eheweib, einer Magd oder einem Knecht gemacht habe. Das verhelfe zu einem feinen gewissen Geist. »Der Knecht kann sagen: Ich bin des Herrn Knecht. Gott spricht selbst: Hans, Du bist der Knecht; dazu alle Engel sagen: ja, es ist wahr. Wenn das Herz so fein gewiss ist, so wird es ihn darnach wohl lehren, wie er seinem Herrn dienen soll und treu sein«. »Also auch eine Frau im Hause, wenn sie in dem Sinne daher gehet: alle Engel und Gott selbst muss sagen, dass ich des Mannes Eheweib bin; alles, was die Frau thut als ein Weib, das sind eitel köstliche, gute Werke, und sie kann sich auch rühmen, dass alle ihre Werke Gott wohlgefallen, ob sie gleich den Himmel nicht damit kann verdienen. Das ist denn so eine feine, köstliche, unaussprechliche Gabe, dass, wenn das heilige Evangelium sonst gar nichts lehrete denn dies, sollte man es dennoch billig teuer, hoch und wert halten« [2]).

Neben dem Gottvertrauen ist aber sehr oft vom Glauben an Christus als solchem die Rede; und eben bei dessen Beschreibung und Erläuterung tritt nun die, vielleicht intensiverem religiösem Leben entsprechende, grössere Mannigfaltigkeit der Anschauungs- und Darstellungsweise Luthers deutlich zu Tage. Es ist wahr: bei ihm so gut als bei Melanchthon spielt eine Rolle der Gedanke, dass Christus für die Sünden der Menschheit genug gethan habe, dass durch sein Werk die Gerechtigkeit Gottes beschwichtigt sei, dass um seines Verdienstes willen Vergebung gewährt werde. Der Glaube an den Heiland wird wohl bezeichnet als das »credere

---

1) Gr. Kat.   2) XVIII, 119 ff.

in Jesum Christum, pro peccatis tuis crucifixum« [1]), als die Überzeugung, »er sei der Mann, den Gott ansiehet für uns und durch sein allein Verdienst uns Sünde vergiebt, hold wird und selig macht« [2]), als die Gewissheit, Christus sei gekommen, »dass er für die Sünden der Welt genug thäte« [3]), als ein Nichtzweifeln daran, »dass er . . . meine Sünde auf sich genommen und mich mit Gott dem Vater versöhnt hat, dass meine Sünden sein sind und seine Gerechtigkeit mein, dass da eine Vermischung und Wechsel sei, dass Christus ein Mittler zwischen mir und dem Vater ist« [4]). Es gehört mit dazu die Erkenntnis, »dass unsere Sünde Christus selbst gebüsset hat« [5]). Aber der Christusglaube nimmt nicht nur die eine Gestalt, sondern noch viele andere an, und es ist oft gesagt worden, dass die Satisfaktionsvorstellung nicht die bevorzugte ist. Er wird beispielsweise auch gedeutet als die feste Zuversicht, dass Jesu Tod, Teufel und Hölle überwunden und uns aus ihrem Bann erlöst hat [6]). Es wird also weniger daran gedacht, dass eine göttliche Eigenschaft oder Art zu wirken stillgestellt worden ist als an die Befreiung aus der Hand fremder Mächte. Und Köstlin hat nun wohl ganz recht, wenn er sich dagegen verwahrt, dass diese zweite Form auf die erste reduziert

---

1) Gal., I, 194.   2) XXVIII, 5.
3) XLVII, 145.   4) XII, 97.
5) XXIII, 41. Vgl. auch XVII, 115 f., wo die Gleichung aufgestellt wird: Glaube = »ihn dafür halten, der Deine Sünde auf ihm getragen und ausgelöschet hat und Dich dem Vater versöhnet«; VIII, 255, wo der Glaube erwähnt wird, »dass wir durch das Blut Christi erlöst sind und Vergebung haben«. Dazu die erläuternde Bemerkung: »Die Sünde ist durch Christi Blut getilgt, dass wir nicht dürfen dafür bezahlen noch genug thun«. LVIII, 357: Glaube = »gewiss halten, dass wir um Christi willen gerecht, das ist, Gott angenehm sind«; LVIII, 361: »dass Gott die Sünden nicht anrechnen wolle um Christus willen«; LXV, 176: »dass ihm seine Sünden um Christus willen vergeben sind«; u. s. w., u. s. w.
6) Vgl. beispielsweise IV, 44; XII, 208 f.; VI, 23; XI, 298; I, 272; XIX, 13 u. s. w. Treffend Köstlin: »Nur ist ihm damit (mit der Satisfaktion) noch viel zu wenig von der Gnade Christi gesagt und das Leiden Christi nicht genug geehrt, da Christus nicht allein für die Sünde genug gethan, sondern uns auch von des Todes, Teufels und der Hölle Gewalt erlöst und ein ewig Reich der Gnaden und täglicher fortwährender Vergebung aufgerichtet habe«. (Luthers Theologie. 2. Ausg. II, 418).

werde ¹). Nicht um etwas Synonymes handelt es sich sondern um ein Ergänzendes. Dass dem so ist, geht allein schon aus dem Umstand hervor, dass die Errettung von den finstern Gewalten mit Vorliebe auf die Auferstehung, nicht auf den Tod Jesu zurückgeführt wird: durch sie sind jene überwunden worden ²). Ein ander mal wird der Glaube an Christus im allgemeinen gekennzeichnet als die Überzeugung, dass die ganze Geschichte Jesu uns zu gut verlaufen sei ³), eine Charakteristik, von der man eben so gut sagen kann, dass sie sich neutral verhält gegen die bisher erwähnten, als auch dass sie beide in sich zusammenfasst. Oder aber es kommen Wendungen vor, in denen nicht auf eine Gott geleistete Satisfaktion aber auch nicht auf Befreiung von des Teufels Macht reflektiert wird, sondern auf die Liebe, die der Vater uns beweist, indem er Jesum in Welt und Tod gesandt hat. So wenn der Glaube identifiziert wird mit dem »Dafürhalten, dass Gott seinen eingeborenen Sohn für uns dahin gegeben, und uns also geliebet, dass wir um desselben willen nicht verloren sein sondern das ewige Leben haben sollen« ⁴); oder wenn er hingestellt wird als die Gewissheit, »Gott sei gnädig und barmherzig und beweise solche Barmherzigkeit und Liebe gegen uns damit, dass er seinen eingeborenen Sohn läst Mensch werden und auf ihn wirft alle unsere Sünde« ⁵). Noch eine neue Bildung tritt uns entgegen in dem Satz: »Da siehest du, was der Glaub eigentlich ist, wenn Du ihn recht definieren und malen willst. Anders nichts denn das für gewiss und wahr halten, was Christus Dir zusaget« ⁶).

---

1) Ebd. II, 423.
2) VI, 23; XI, 298; XII, 208; XIX, 13: »dass ihn der Teufel getötet hat, dass er vom Tode erstanden und dem Teufel den Kopf zertreten hat«; vgl. XXIII, 248 u. a. Dabei soll aber nicht verschwiegen werden, dass bisweilen auch der Glaube an Jesum als einen Versöhner aus der Gewissheit der Auferstehung abgeleitet wird. »Glauben die Auferstehung Christi ist nichts anderes als glauben, dass wir einen Versöhner vor Gott haben«. (XII, 171, vgl. 173).
3) XXII, 17; vgl. XII, 205 u. a. 4) XII, 333.
5) IV, 116, vgl. L, 180 u. a. Hierher gehören wohl auch viele der Stellen, wo gehandelt wird vom »Glauben, dass Christus für uns gegeben sei«. (XIII, 203; III, 421; XLVIII, 6).
6) V, 214 vgl. 207: »Hie stehet's, was der rechte Glaube sei, nämlich anders nichts denn glauben, was Christus redet und verheisset, dass es wahr und ohne allen Falsch sei«.

Also das Vertrauen auf Jesus so viel wie Vertrauen auf die Wahrheit seiner Rede.

Doch die Liste ist noch lange nicht erschöpft. Der Glaube an Christus erscheint weiterhin als die Überzeugung, »dass Jesus Gottes Sohn sei«[1]), dass er der Messias[2]), uns ein Christus[3]), unser Heiland[4]), dass er ein »solcher Mann« (nämlich eitel Gnade, Sänfte und Güte) sei[5]). Er wird in schlichtester Weise beschrieben als »ein ganz Vertrauen im Herzen zu Christo«[6]), als ein Nichtzweifeln »an seiner Gnade und Hülfe«[7]), als ein »Sichverlassen auf allen Schatz, den er hat«[8]), als Fürwahrhalten, dass er unser sei mit allem Gut[9]), mit seiner »Gerechtigkeit, Frömmigkeit, Heiligkeit«[10]), als »Zuversicht solcher trefflicher Herrlichkeit, dadurch wir mit Christo und durch ihn mit dem Vater ein Ding sind«[11]), als Bekenntnis zur Gotteskindschaft durch Christum[12]), als Glaube an »Jesum Christum als unsern Seligmacher«[13]). Manchmal wird als sein Inhalt angegeben, dass Jesus »nicht im Himmel müssig sitzet oder mit den Engeln Kurzweil treibet sondern solch Regiment allenthalben kräftiglich führt, alle Herzen in der Hand hat und seine Christenheit wahrhaftig regieret und führt, rettet, schützet und erhält«[14]), dass er »göttliche ewige Gewalt über alle Creaturen hat«[15]), »dass wir aus dem Verderben und Sterben wiederbracht und wiedergeschaffen sind in ein neu ewig Leben«[16]), dass Jesus »uns trösten, helfen und aus allen Nöten erretten, gerecht und selig machen kann«[17]). Last not least sei noch erwähnt das bekannte, viel besprochene: »ich glaube, dass Jesus Christus sei mein Herr«. Der Sinn des Ausdrucks ist ja von Luther selbst festgestellt: »Das Wort Herr lautet hier aus der Massen freundlich und ist ein lieblich, tröstlich Wort, nämlich, dass wir einen solchen Mann an ihm haben, der uns kann helfen und retten (durch Vergebung der Sünden und Auferstehung von den Toten, wie der Glaube beschleusst) in allen Nöten und wider alle Feinde«[18]). Noch ge-

---

1) VIII, 223; LVIII, 98; XLVII, 15; XLV, 385; VI, 23.
2) XIV, 303. 3) X, 4. 4) LII, 27; XIV, 243.
5) X, 4. 6) XVIII, 245. 7) XIV, 208.
8) XV, 178. 9) VII, 305. 10) XVII, 115.
11) L, 255. 12) LVIII, 361. 13) VII, 240.
14) XL, 56. 15) XIV, 303. 16) XX, 128.
17) LII, 27. 18) XX, 146.

nauer lässt sich die Bedeutung dahin angeben, dass Jesus uns vom Reich des Bösen erlöst hat und uns fürder bewahrt, schirmt, regiert und zu Unschuld, Gerechtigkeit und Seligkeit führt [1]), oder aber, dass er, weil er uns vom Teufel befreit und sich's so viel hat kosten lassen, weiterhin uns eine »helfende Gewalt« sein will [2]). Im übrigen ist wohl nicht nötig besonders zu bemerken, dass die aufgezählten Formen des Christusglaubens keineswegs alle sind, die überhaupt vorkommen. Es galt bloss die ungeheure und überraschende Mannigfaltigkeit durch eine Reihe von Proben zu illustrieren.

Fragt man nun nach dem Verhältnis der beiden in Betracht kommenden Faktoren zu einander, so verkennt Luther durchaus nicht, dass ein gewisses Mass des Gottvertrauens geweckt werden kann durch die Begabung des Individuums mit Leib und Leben, durch bestimmte Vorgänge in der Natur. Grossem Muster folgend, verweist eine Predigt beispielsweise auf die natürliche Ausrüstung des Menschen, auf die Vögel im Walde und die Blumen im Feld als Anregungsmittel für die rechte religiöse Stimmung [3]). Die Regel ist aber doch, dass **Christus die objektive Basis, der Glaube an ihn die subjektive Grundlage** bildet. Dieser also ist es, der die freudige Zuversicht dem Vater gegenüber erzeugt. Das deuten allein schon die zahlreichen Stellen an, die ihm nachrühmen, dass es zu einem fröhlichen, sichern Gemüt verhilft [4]). Es sollte und müsste erschlossen werden aus den Reden, die Gotteskindschaft und Zugang zu Gott auf ihn zurückführen [5]). Es wird aber auch mit aller nur wünschenswerten Klarheit direkt ausgesprochen. Man muss Christo trauen, um Gott trauen zu können [6]). »Wer an Christum nicht gläubt, der gläubt auch nicht an Gott«. »Des Glaubens Werk und Frucht ist ein fröhlich Gewissen .... und eine kecke Zuversicht zu Gott« [7]). »Ich glaub, dass in den Vater glauben und zu dem Vater niemand kommen mag .... denn allein in und durch Jesum Christum, seinen einen Sohn, das ist, **durch Glauben in seinen Namen und Herrschaft**« [8]).

---

1) Gr. u. kl. Kat.   2) XX, 147.   3) V, 89 ff.
4) XVIII, 13; LIII, 191 f.; IX, 48; X, 244; XLVII, 24 u. s. w., u. s. w.
5) VII, 25. 246. 279; X, 203; XV, 152 u. s. w., u. s. w.
6) XLIX, 18 ff.   7) XV, 31 f.   8) XXII, 17.

Wenn es nun aber auch stets der Glaube an Christus ist, der das Gottvertrauen hervorbringt, so kann doch noch immer, eben weil jener gar mannigfaltige Formen annimmt, das logische Band zwischen beiden Grössen im einzelnen recht verschieden beschaffen sein. Es sei gestattet dies wiederum durch einige Beispiele zu veranschaulichen. Bisweilen, nicht oft, bildet den Übergang vom einen zum andern der Gedanke, dass Gott zwar dem Sünder an sich nicht Huld erweisen könne, dass er dies aber selbstverständlich thut, nachdem er durch das Werk Christi irgendwie befriedigt worden ist. »Impossibile est conscientiam expectare aliquid a Deo nisi primum statuat sibi Deum propitium esse propter Christum« [1]). Hierher gehören auch Vorstellungen wie die, dass wir auf Grund der Leistung Jesu, seiner im Glauben angeeigneten Gerechtigkeit und Heiligkeit Anwartschaft haben auf göttlichen Beistand und himmlische Hülfe. Es ist gelegentlich davon die Rede, dass wir die Sündlosigkeit Christi dem Gericht entgegenhalten. Oder der »Glaube an Gott« wird abgeleitet aus einem »tröstlich, lebendig Verlassen auf Christus Verdienst« [2]). Dass dabei vielfach ausgegangen wird von der Auffassung, es bestehe zwischen Gott und Mensch ein Rechtsverhältnis, wird man angesichts einzelner Wendungen [3]) ebenso gewiss nicht leugnen können, als man der scharfsinnigen Abhandlung Gottschicks [4]) wird zugestehen müssen, dass mitunter auch an rein sittliche Beziehungen gedacht wird. Es wird vielleicht am besten sein nicht allzu genaue Bestimmungen treffen zu wollen.

Oder aber es stellt sich folgender Zusammenhang dar: wer an Christum glaubt, der weiss eben damit, dass Tod, Teufel, Hölle, Gesetz unschädlich gemacht sind; er braucht sich also vor ihnen nicht mehr zu fürchten und kann sich ruhig der feststehenden göttlichen Liebe und Fürsorge getrösten [5]). Es werden

---

1) Gal. I, 344, vgl. XVII, 175. 177: »dass solches alles nicht umsonst oder ohne Genugthuung seiner Gerechtigkeit geschehe«; VII, 109; VIII, 255.
2) XXVIII, 417; vgl. XXII, 135; XV, 31 ff. u. a.
3) VII, 193: »Es muss so grosse Bezahlung der Sünde hier sein als Gott selbst ist, der durch die Sünde beleidigt ist«.
4) Zeitschrift für Theol. u. Kirche, VII, 352 ff.
5) X, 244, vgl. XXXVI, 75; XII, 208: »Wo kommt denn her, dass Du noch Dich vor dem Tod so fürchtest, vor Gott fliehst und vor seinem Gericht erblasst?«; XI, 314 f.; XX, 298 u. a.

Gespräche mitgeteilt zwischen dem geängsteten Frommen und dem Satan, darin dieser an die erlittene Niederlage erinnert wird; jener aber »richtet den Kopf auf«, »fasst Mut« und »trotzt auf Christum« wider die finstern Mächte [1]).

Viel häufiger begegnet uns eine andere Verbindung. Wo der an Christum Glaubende nicht auf das Verdienst des Herrn reflektiert, auch nicht auf seinen Sieg über feindliche und bedrohliche Gewalten, sondern darauf, dass sich in der Aussendung und Hingabe Jesu eine ausserordentliche Liebe Gottes bekundet, da wird die Gewissheit von der Bethätigung der letzteren die Grundlage des Gottvertrauens. »Es muss ja daraus folgen, wenn ich weiss, dass Christus um meinetwillen vom Vater gesandt und mir gegeben ist, dass ich frei und fröhlich möge schliessen, er sei mein gnädiger freundlicher Vater und wisse gar von keinem Zorne mehr. Denn durch solch Werk, dass er seinen Sohn sendet, hat er uns (wie jetzt gesagt) alle sein Herz und Willen eröffnet, dass man nichts siehet denn eitel überschwengliche, unausgründliche Liebe und Barmherzigkeit« [2]). »Also hat Gott die Welt geliebet . . . . . . das sind je tröstliche Worte der Gnade und des Lebens. Gott gebe, dass wir sie recht mit dem Herzen fassen. Denn wer sie gefasset hat, den wird weder Teufel, Sünde noch Tod schrecken können sondern wird fröhlich sein und in gewisser Zuversicht sagen: ich bin unerschrocken; denn ich habe Gottes Sohn, welchen mir Gott aus Liebe geschenket hat« [3]). Und: »Fragest Du aber, wo der Glaube möge gefunden werden oder herkommen? das ist freilich das nötigste zu wissen. Zum ersten, ohne Zweifel kommt er nicht aus Deinen Werken noch

---

1) IV, 44. Eine merkwürdige Modifikation des im Text angedeuteten Zusammenhangs ist in nachstehender Satzreihe zu erkennen: »Wenn Du Christum hast, den ich Dir zu glauben fürgestellt, so hast Du das ewige Leben und sollt des ewigen Todes los sein. Sind wir denn des ewigen Todes los, so sind wir auch des zeitlichen Todes los und ist aller Verdienst und Schuldregister, so der zeitliche Tod mit sich bringet, hinweg, als da ist die Sünde; und ist die Sünde weg, so ist auch das Gesetz weg. Ist nun das Gesetz weg und erfüllet, so ist Gottes Gericht und Zorn auch weg, indem der Teufel, Tod und die Hölle ausgelöschet und alles beigelegt und vertragen, sonst hiesse es nicht das ewige Leben. Gläubst Du nun an Christum, so hast Du es alles vertragen«. (XLVII, 368).
2) L, 180.   3) IV, 119.

Verdienst, sondern allein aus Jesu Christo, umsonst versprochen und gegeben, wie St. Paulus Röm. 5, 8 sagt: Gott macht uns seine Liebe fast süss und freundlich in dem, dass Christus für uns gestorben ist, da wir noch Sünder waren. Als sollte er sagen: sollte uns das nicht eine starke, unüberwindliche Zuversicht machen, dass, ehe wir darum gebeten oder gesorget haben, ja noch in Sünden für und für wandelten, Christus für unsere Sünden stirbt?«[1]).

Nicht ganz selten ist ferner nachstehender verwandter Ideenkonnex: sobald wir gewiss sind, dass Gott selbst es ist, der sich in dem überaus milde und freundlich uns begegnenden Jesus darstellt, wissen wir auch, dass der Allmächtige es wohl mit uns meint und auf unser Bestes bedacht ist. »Wenn ich erkenne, dass mir Christus gedienet habe mit allem seinem Leben, und erkenne, dass der Christus Gott ist; so erkenne ich jetzund, dass das Gottes Wille sei und der Vater habe es Christo so aufgelegt, er soll es thun; also klettre ich durch Christum zum Vater: das machet denn, dass mir eine Zuversicht wächst zu ihm, dass ich ihn für einen lieben Vater halte«[2]). Man muss an die Offenbarung Gottes in Christo glauben, um Gott glauben zu können. Man gewinnt die rechte Vorstellung von ihm nur, wenn man ihn in Jesu anschaut[3]). In diesem allein kann man den Vater »gewiss treffen«[4]).

---

1) XX, 212. Vgl. XVIII, 184: Der Glaube macht uns freudig, denn wir sagen uns: »Ach, Du barmherziger Gott, wie ein freundlicher, holdseliger Vater bist Du doch, der Du so väterlich und herzlich mit uns armen Sündern handelst, wirfst Deinen eigenen Sohn, Jesum Christum, Dein höchstes und bestes Gut dem Tod, Teufel u. s. w. in den Rachen!« Siehe auch XL, 375.

2) XII, 260. Vgl. auch die bei Herrmann mitgeteilte Äusserung: »Das ist der erste Hauptpunkt und führnehmste Artikel, wie Christus im Vater ist: dass man keinen Zweifel habe, was der Mann redet und thut, dass das geredet und gethan heisst und heissen muss im Himmel für allen Engeln, in der Welt für allen Tyrannen, in der Hölle für allen Teufeln, im Herzen für alle bösen Gewissen und eignen Gedanken. Denn so man des gewiss ist, dass was er denket, redet und will, der Vater auch will; so kann ich alle dem Trotz bieten, was da will zürnen und böse sein. Denn da habe ich des Vaters Herz und Wille in Christo«.

3) XIII, 99.   4) XLIX, 18 ff.

Abermals um neue Nuancen handelt es sich, wenn das Gottvertrauen abgeleitet wird aus der Überzeugung, dass Jesus »Befehl« hat uns zu retten«, dass er es »thun kann« [1]) oder aus dem Bewusstsein, dass er unser »Fürsprecher«, unser »Bischof« ist [2]) und anderem.

Doch mindestens eins muss noch besonders zur Sprache gebracht werden. Indem der Christ glaubt, dass Jesus sein Herr sei, dass der selbe Mächtige, der ihn aus dem Bereich der Sünde errettet, nun fürsorglich über ihm waltet und ihn zu Leben und Seligkeit führt, ist er auch gewiss, dass ihm nur Gutes widerfahren kann, erlangt ein ruhiges festes Herz und sieht freudig und mutig zu Gott auf [3]). Es kann dies allerdings nicht erwähnt werden, ohne dass alsbald hinzugefügt wird: aus vielen Predigten gewinnt man den Eindruck, als ob manchmal an Stelle des Aufblicks zum Vater einfach derjenige zu Christus träte. Der Fromme gewahrt bloss noch das freundliche Antlitz Jesu, der von der Höhe herab schirmend und schützend über ihm waltet mit der Liebe, die er hienieden bewährt hat, und fragt, seines Heiles sicher, nun nichts mehr nach Himmel und Erde.

So sind die Beziehungen zwischen dem Gottvertrauen und dem Glauben an Christum gar verschiedene. So mannigfaltig die Formen des letzteren sind, so mannigfaltig erscheint die Art der Verknüpfung. Es ist eine fast unübersehbare Fülle von Bildungen, die sich drängen, sich gegenseitig ablösen, die — wie ausdrücklich bemerkt werden muss — oft ineinander übergehen, sich verwickeln, wieder abtrennen; und es ist unmöglich, sie alle auf einen bestimmten Typus zu reduzieren. Höchstens lässt sich sagen, dass man vom deutschen Reformator scheidet mit der Frage, welches denn die eigentliche Wurzelform des Glaubens an Christus sei.

Nicht viel anders als bei Luther oder Melanchthon liegen die Dinge bei Calvin; doch möge es gestattet sein, hier etwas kürzer zu verweilen.

---

1) XL, 316.   2) VII, 109.
3) Vgl. beispielsweise XLVII, 183. Da wird auseinandergesetzt: wenn ich nicht daran zweifle, dass der, welchen Gott zum Herrn der Herrlichkeit eingesetzt hat und liebt, mir günstig sei, »so will ich mich für der Welt auch nicht fürchten und kann mich zu Gott auch versehen, dass kein Unglück mir schaden soll«. Siehe auch XII, 208.

Als vollständige Beschreibung des Glaubens wird in der Institutio folgende dargeboten: »Nunc iusta fidei definitio nobis constabit, si dicamus esse divinae erga nos benevolentiae firmam certamque cognitionem, quae, gratuitae in Christo promissionis veritate fundata, per spiritum sanctum et revelatur mentibus nostris et cordibus obsignatur« [1]). Und im Catechismus genevensis heisst es: »Sic autem definire licet, ut dicamus certam esse ac stabilem cognitionem paternae erga nos Dei benevolentiae, sicut per evangelium patrem se nobis, Christi beneficio, ac servatorem fore testatur« [2]). Es wird also das, was wir Gottvertrauen und Glauben an Christum nannten, in eins zusammengefasst, wie denn auch als Gegenstand der fides angegeben werden »Dei misericordia« und »Christi perfectio« [3]) und gegen die römische Kirche der Satz aufgestellt wird »Fides in Dei et Christi cognitione, non in ecclesiae reverentia jacet« [4]). Dass Calvin dennoch unter Umständen zwischen den zwei Funktionen begrifflich unterscheidet, beweist mit beredter Deutlichkeit die Äusserung: »Aliud est sentire Deum fictorem nostrum sua nos potentia fulcire, providentia regere, bonitate fovere omnique benedictionum genere prosequi: aliud vero gratiam reconciliationis in Christo nobis propositam amplecti« [5]).

Und zwar haftet nun das Interesse des Autors namentlich und ganz besonders am Gottvertrauen. Im Anfang des Genfer Catechismus wird die Erklärung abgegeben, dass dasselbe »humanae vitae praecipuus finis«, das höchste Ziel des menschlichen Lebens sei. Es wird wohl bezeichnet als Erkenntnis Gottes des Vaters, als »acquiescendi in eo securitas« [6]), als fiducia [7]) — der Ausdruck wird nur selten auf Christus angewandt [8]) —, als »fiducia paternae benevolentiae [9]), als »salutis fiducia« [10]), vielleicht auch »electionis fiducia«, »vitae aeternae fiducia« und wird beschrieben als pleine fiance, que Dieu se montrera notre père [11]), als die Überzeugung, dass

---

1) Institutio, III, 2, 7. 2) Cat. genev. I. Niemeyer. p. 137.
3) Instit., III, 11, 16. 4) Instit., III, 2, 3.
5) Instit., I, 2. 6) Instit., II, 8, 16.
7) Instit., III, 2, 16.
8) So beispielsweise Instit., III, 24, 7.
9) Cat. genev., III, Niemeyer, p. 157.
10) Cons. Tigur., Niemeyer p. 206; Consens. genev., Niem., p. 223.
11) Conf. gall., Art. XIX. Vgl. in Opera IX den Art. XV.

Gott uns günstig und wohlgesonnen sei und alles Gute geben wolle [1]).

Der Glaube an Christum dagegen heisst Erkenntnis des Sohnes, die dann im Schema der Lehre von den drei Ämtern ausführlich dargelegt wird, fides in Christum, credere in Christum. Er hat zum Inhalt den im Gewand des Evangeliums sich darstellenden Christus [2]), die Versöhnung in Christo [3]), die perfectio Christi [4]), die iustitia Christi [5]), die vita in Christo manifesta [6]), vor allem die oft erwähnten promissiones [7]), die aber wieder sämtlich in Christo zusammengefasst sind: »non sine causa in Christo promissiones omnes concludimus« [8]). Er wird mitunter charakterisiert als die Gewissheit, dass Christus uns »frater et propitiator« sein wolle [9]), dass wir durch sein Blut von allen Flecken gereinigt werden [10], als die Überzeugung, dass der Sohn Gottes unser Heiland sei [11]), und noch mehr Deutungen kommen vor.

Das Verhältnis beider Grössen wird natürlich dahin bestimmt, dass der Glaube an Christus die Ursache, das Gottvertrauen die Wirkung ist. Der Genfer Reformator spricht sich darüber wiederholt aus. Nur durch jenen gelangt man zu diesem [12]). Die feste und sichere Erkenntnis des göttlichen Wohlwollens ruht auf der Gewissheit, dass die Verheissung in Christo wahr sei [13]). Es fällt die Bemerkung: »Summa autem haec fuit, Christum, nobis Dei benignitate datum, fide a nobis apprehendi ac possideri, cuius participatione duplicem potissimum gratiam recipiamus: nempe ut, eius innocentia Deo reconciliati, pro judice jam propitium habeamus in coelis patrem, deinde ut, eius spiritu sanctificati, innocentiam puritatemque vitae meditemur« [14]). Und ein ander mal: »In summa vere fidelis non est nisi qui, solida persuasione Deum sibi propitium benevolumque patrem esse persuasus, de eius benignitate omnia sibi pollicetur, nisi qui, divinae erga se benevolentiae

---

1) Instit., III, 2. 16; III, 20, 12.   2) Instit., III, 2, 6.
3) Instit., I, 2.   4) Instit., III, 11, 16.   5) ibid.
6) Consens. genev., Niemeyer, p. 223.
7) Instit., III, 2, 16, vgl. Cat. genev., V. Niem., p. 162 u. a.
8) Instit., III, 2, 32.   9) Instit., praef.
10) Cat. genev., V. Niem., p. 163.
11) Cat. genev., I. Niem., p. 129.
12) Instit., II, 6, 4; III, 2, 1.   13) Instit., III, 2. 7.
14) Instit., III, 2, 1.

promissionibus fretus, indubitatam salutis expectationem praesumit«[1]). Eigentümlich ist, dass Calvin dabei noch besonders gern der Mitwirkung des heiligen Geistes gedenkt. Nach einer Äusserung des Genfer Catechismus, die nicht vereinzelt bleibt, sind bei der Entstehung der fröhlichen Zuversicht gegen Gott im Spiel: die promissiones, die mediatio Christi und der spiritus sanctus [2]).

Was die Übergänge von der einen Funktion zur andern betrifft, so treten sie vielleicht, namentlich wenn man die Aufmerksamkeit speziell auf die Äusserungen konzentriert, die vom Glauben handeln, innerhalb der systematischen Werke nicht so deutlich zu Tage wie bei Luther. Es wäre der Mühe wert einmal daraufhin die Predigten des Genfer Reformators anzusehen. Doch ist allein schon aus den angeführten Citaten zu erkennen, dass mindestens zwei Arten vorkommen. Manchmal ist die Vorstellung thätig, dass Gott durch Christus versöhnt sei, häufiger vielleicht noch die andere, dass er in der Erfüllung seiner Verheissungen, in der Hingabe seines Sohnes uns eine unaussprechliche Liebe bezeugt hat. Beides dokumentiert in prägnanten Sätzen die Vorrede zur Institutio: »Quid fidei convenientius quam Deum sibi polliceri propitium patrem, ubi Christus frater ac propitiator agnoscitur? quam omnia laeta ac prospera secure ab eo expectare, cuius inenarrabilis erga nos dilectio eo progressa est, ut proprio filio non pepercerit?«. Oder es wird darauf hingewiesen, dass, weil Gott an sich unsichtbar und verborgen sei, man das richtige Verhältnis zu ihm nur gewinnen könne, indem man in Christo sein Bild anerkennt und ihn da sucht [3]).

Bei der innigen Verknüpfung, die nun aber zwischen beiden Grössen besteht, ist es wohl möglich, dass abwechselnd entweder das Gottvertrauen oder der Glaube an Jesus als der rechtfertigende Glaube, als der Heilsglaube, kurzum als der Glaube angesehen wird. Im ersteren Fall — und er tritt oft genug ein [4]) — rückt der Glaube an Christus als »Erkenntnis Christi«

---

1) Instit., III, 2, 16.
2) Cat. genev., III. Niem., p. 152—153.
3) Instit., II, 6, 4; III, 2, 1.
4) Gelegentlich wird ausgesagt, dass von Rechtswegen nur dem einen Gott gegenüber von Glauben die Rede sein könne. (Instit. III, 2, 1).

in die Stellung eines blossen »Fundaments« des rechtfertigenden Glaubens [1]). Es sieht so aus, als ob er nicht mehr wäre, denn eine intellektuelle Voraussetzung dazu. Im andern Fall — und er ist nicht ganz selten [2]) — entsteht der Schein, als ob das Gottvertrauen das Nebensächliche, nur ein accessorisches, nachträgliches Erzeugnis des rechtfertigenden Glaubens wäre. »Ex fide, heisst es in bezug auf Paulus, deducit fiduciam et ex hac rursus audaciam« [3]); und: »Hic praecipuus fidei cardo vertitur, ne quas Dominus offert misericordiae promissiones extra nos tantum veras esse arbitremur, in nobis minime: sed potius eas intus complectendo nostras faciamus. Hinc demum nascitur fiducia illa, quam alibi pacem idem vocat« [4]). Das sind Wendungen, die A. Ritschl zu der Frage veranlassen, ob für die Institutio das Vertrauen einen wesentlichen Bestandteil des Glaubens bilde oder nicht. Er hat sie bekanntlich in seinem Hauptwerk [5]) zögernd beantwortet, in der Geschichte des Pietismus [6]) affirmativ entschieden. Das Richtige dürfte sein, dass nach Calvin das auf den verschiedenen modis des Christusglaubens beruhende Gottvertrauen der rechtfertigende Glaube sei. Eines soll nicht sein ohne das andere. »Verum quidem est in unum Deum fidem respicere: sed illud quoque addendum est, ut agnoscat quem ille misit, Jesum Christum« [7]).

Bei Zwingli darf man sich nicht wundern, wenn die Betrachtung der von ihm stammenden Symbole verhältnismässig wenig abwirft für eine Verhandlung über den Glauben. Er verweilt eben vielfach lieber bei der Beschreibung Gottes und seiner Wirksamkeit, als dass er den Vorgängen im religiösen Subjekt seine Aufmerksamkeit widmet. Doch fehlt es — namentlich, wenn nicht ausschliesslich die in die Niemeyersche Sammlung aufgenommenen Werke berücksichtigt werden, — keineswegs an einschlägigen Bestimmungen.

---

1) Vgl. die bereits angeführte Definition des Glaubens (Instit., III, 2, 7). Siehe auch Cat. genev., I.: »Fiduciae in Deo collocandae fundamentum ac principium est eum in Christo novisse«.

2) Vgl. beispielsweise Instit., III, 1, 2 oder die Gleichung in Cons. genev., Niem, p. 219: fides in Christum = coelestis regni janua.

3) Instit., III, 2, 15.   4) Instit., III, 2, 16.

5) Rechtf. u. Vers., 3. Aufl., III, 98.

6) Gesch. des Piet. I, 88.   7) Instit., III, 2. 1.

In der »Expositio« und in »De providentia« wird die Regel aufgestellt, dass der Glaube nur Gott zum Objekt haben könne [1]). Die fides, heisst es anderswo, ist »in Deum fiducia« [2]). Sie wird gekennzeichnet als ein »treulich in Gottes Barmherzigkeit vertrauen« [3]), als »ea vis animi eaque firmitas ac certitudo, qua inconcusse fidit invisibili Deo« [4]), als »ea lux et securitas animi, qua scit se agnoscere unum illum ac verum Deum, unum illum salutem suam et copiae cornu esse; eundem quoque tam divitem esse, ut omnia possit et habeat, deinde tam benignum ac liberalem, ut volens det et dare gaudeat«. [5]). Wer solches Vertrauen zu Gott hat, ist eben damit gewiss, dass er von ihm erwählt ist, den Allmächtigen zum Vater hat, Erbe des ewigen Lebens ist [6]). Es bildet das charakteristische Merkmal der wahren Religion: falsa religio sive pietas est, ubi alio fiditur quam Deo [7]).

Auf der andern Seite wird nun aber der Glaube wieder definiert als eine bestimmte Überzeugung in bezug auf Jesum. Es ist von einem »fidere Christo« [8]), von der »fides in Christum« [9]) die Rede. Diese wird umschrieben durch »credere Christum pro vobis occisum et sanguinem eius pro vobis effusum« [10]); sie ist die zuversichtliche Annahme, »die Sünde werde uns allen durch Christum verzigen« [11]), die Gewissheit, dass »Christus für seine Kirche den Tod getragen, auferstanden sei und triumphiert habe« [12]). Sie ist gemeint, wenn vom Glauben an das Evangelium als dem heilbringenden gesprochen wird [13]). Denn »Summa des Evangeliums ist, dass unser Herr Christus Jesus, wahrer Gottes Sun, uns den Willen seines himmlischen Vaters kundgethon und mit seiner Unschuld vom Tod erlöset und Gott versünt hat« [14]). Und:

---

1) Expositio, De Deo et cultu eius. De providentia. Op., Turici, 1841. IV, 118 ff.
2) Fidei expos., 70.   3) Christenliche Ynleitung.
4) Expositio, Vorrede, vgl. De providentia. Opera, Turici, 1841, p. 122.
5) De provid. Op., p. 121.   6) Fidei ratio, Niem., p. 22. 23.
7) Commentarius de vera et falsa religione.
8) »Qui Christo fidit, ei remittuntur peccata« (Expositio, 95).
9) Commentarius. Opera, Turici, 1832. I, 202.
10) Commentarius. Op., I, 197.
11) Ynleitung, Werke. Zürich, 1828, I, 551.
12) Expositio, 81.
13) 67 Art., XV.; Commentarius, Op., I, 195.   14) 67 Art., II.

Gott hat »sinen Sun für uns menschliche Natur verordnet annemen und für uns hinzugeben in den Tod ...... Welcher den Handel festiglich gloubt und sich in die türen Fruchtbarkeit des Lydens Christi verlasst, der hat iezt dem Evangelio gegloubt, der wird selig«[1]). »Est enim, fügt der Commentarius hinzu, Evangelium, quod in nomine Christi remittuntur peccata«[2]). Bisweilen wird ferner der Glaube an Jesum gedeutet als die Überzeugung, dass dieser Gottes Sohn sei, als ein Sichstützen auf ihn, den »autor und dator salutis«, den »liberator ac servator«[3]), als »niti Christi gratia«[4]) im allgemeinen und ähnliches. Auf jeden Fall ist er nicht sowohl einförmig als mehrgestaltig und hat teils die Darstellung Gottes in Jesu, teils die Versöhnung, teils die Erlösung vom Tode oder die rettende Kraft Christi überhaupt und anderes zum Inhalt.

Selbstverständlich wird von Zwingli ebenfalls die logische Relation so gedacht, dass das Gottvertrauen durch den Glauben an Christus bedingt sei[5]). Dahin weisen allein schon die Redensarten »Niti misericordia et bonitate Dei per Christum«[6]), »fidere Deo per Christum«[7]), »auf Gott vertrauen durch Christum«[8]). Es wird aber weiterhin geradezu ausgesprochen: »qui Christo fidunt, novi homines facti sunt. Quomodo? ..... quum per illuminationem coelestis gratiae mens Deum agnoscit, iam novus homo factus est. Qui enim prius confidebat sapientia sua, in operibus, opibus aut viribus, iam in solum Deum sperat«[9]). Indessen nimmt es sich auch manchmal so aus, als ob beide Faktoren völlig identisch wären. Ja, aus einer Stelle könnte man sogar die Anschauung schöpfen, dass das Gottvertrauen die Voraussetzung für den Christusglauben sei. In der Expositio wird nämlich einmal auseinandergesetzt, die Sakramente vermöchten nur fidem historicam zu bewirken, das heisst, die affektlose Überzeugung,

---

1) Ynleitung. Werke, I, 549. 2) Op., I, 192.
3) Expositio, 67. 4) Comment., Op. I, 245.
5) Freilich ist nicht ausgeschlossen, dass es auch in etwas durch die Betrachtung der Welt geweckt und angeregt werden könne. Vgl. unter anderem die »Kurzen Belehrungen über die Bildung edler Jünglinge« und Baur »Zwinglis Theologie«, I, 365.
6) Fidei Expos., Niem. p. 47. 7) Expos., 95.
4) Ynleitung. Werke, I, 551. 553.
9) De providentia. Op., I, 210.

dass Jesus geboren und gestorben sei. Erst derjenige, in dem der heilige Geist die auf Gott gerichtete fiducia geschaffen, den er das »Mysterium der göttlichen Güte« gelehrt hat, gelangt eben damit zu der tröstlichen Gewissheit, dass der Heiland für **ihn** gelitten habe [1]). Wie diese Auffassung mit der ganzen Theologie des Züricher Reformators zusammenhängt, ist nicht schwer zu erraten.

Das spezifisch rechtfertigende ist übrigens bald das Gottvertrauen, bald der Glaube an Christum, bald das Ineinander von beidem.

Von den andern sogenannten reformierten Bekenntnisschriften seien nur noch einzelne besonders erwähnt.

Die Helvetica prior legt offenbar den Hauptnachdruck auf die freudige Zuversicht gegen Gott. Die fides iustificans wird von ihr charakterisiert als ein »gewisser, fester, ja ungezwifelter Grund und Begrüffung aller Dinge, die man von Gott verhoffet, welcher aus ihm die Liebe und demnach allerlei Tugenden und guter Werke Früchte wachsen macht« [2]). Dass aber ein derartiges Verhalten mit einer bestimmten auf Christum gerichteten Gewissheit irgendwie verwandt ist, bezeugt der Satz: »Die ganze biblische Schrift sieht allein daruff, das menschlich Geschlecht verstande, **dass ihm Gott günstig sye und wol wölle und dass er diese sine Gutwilligkeit durch Christum sinen Sun dem ganzen menschlichen Geschlecht offentlich dargestellt habe**« [3]). Genauer wird der hier gestreifte Christusglaube weiterhin bezeichnet als die Anerkennung, dass Jesus »allein unser Mittler, Fürsprech, Opfer, Hohepriester, Herr und Küng ist«, als die Überzeugung, »dass er allein unser Versöhnung, Erlösung, Heiligmachung, Bezahlung, Weisheit, Schirm und Rettung sei« [4]). Besonders ist dann aber noch die Rede von der Bedeutung, welche die Thatsache der Auferstehung Christi für das Zustandekommen einer freudigen religiösen Stimmung hat. »Und damit wir ein vollkommene Hoffnung und Vertrauen unseres unsterblichen Lebens haben möchten, hat er sin Fleisch, das er vom Tod zum Leben wieder auferweckt, zu der gerechten sines allmächtigen Vaters gesetzt« [5]).

1) Expositio, 70.
2) Helvetica prior, 13.
3) Helvet. prior., 5.
4) Helv. prior, 11.
5) Helv. prior. 11.

In der Helvetica posterior wird andeutungsweise das Gottvertrauen erwähnt bei der Besprechung der Einheit Gottes [1]), bei den Ausführungen über das rechte Gebet [2]), über die Providenz [3]), bei der Charakterisierung der Sünde als »diffidentia Dei« [4]). Bestimmter wird je und je auf die fides Christi oder fides in Jesum Christum verwiesen, die gelegentlich umschrieben wird mit »credere, Christum, Dominum nostrum, unicum et aeternum, generis humani adeoque totius mundi esse servatorem« [5]), oder mit »credere, Christum venisse servandis peccatoribus et ad poenitentiam vocandis«, »se in horum esse numero, qui per Christum liberati servantur« [6]). Fragt man, welches die rechtfertigende Funktion sei, so stösst man auf eine in sehr allgemeinen und weitfaltigen Ausdrücken gehaltene Definition derselben als »firmissima fiducia et evidens ac constans animi assensus, denique certissima comprehensio veritatis Dei, propositae in scripturis et symbolo apostolico, atque adeo ipsius summi boni et praecipue promissionis divinae et Christi, qui omnium promissionum est colophon« [7]). Aus diesem etwas intellektualistisch gefärbten Glauben wird das Gottvertrauen insofern abgeleitet, als es in bezug auf ihn heisst: »conscientiam quoque pacificat et liberum ad Deum aditum aperit, ut cum fiducia ad ipsum accedamus et obtineamus ab eo utilia et necessaria« [8]).

Der Heidelberger Catechismus wirft das Problem auf »was ist wahrer Glaube?« und erteilt die Antwort: »Es ist nicht allein eine gewisse Erkenntnis, dadurch ich alles für wahr halte, was uns Gott in seinem Wort hat offenbaret, sondern auch ein herzliches Vertrauen, welches der heilige Geist durchs Evangelium in mir wirket, dass nicht allein andern sondern auch mir Vergebung der Sünden, ewige Gerechtigkeit und Seligkeit von Gott geschenkt sei, aus lauter Gnaden, allein um des Verdienstes Christi willen« [9]). Hier handelt es sich augenscheinlich vorwiegend um die fides in Christum. Sie wird ebenfalls beschrieben, wenn der Glaube an die Sündenvergebung dahin gedeutet wird, »dass Gott um der Genugthuung Christi willen aller meiner

---

1) Helv. post., Niem., p. 470.   2) Niem., p. 473.
3) Ibid., 474.   4) 477.
5) Niem., p. 486.   6) Niem., p. 522.
7) Niem., p. 496.   8) Niem., p. 497.
9) Heidelb. Cat., Niem., S. 396.

Sünden, auch der sündlichen Art, mit der ich mein Leben lang zu streiten habe, nimmermehr gedenken will, sondern mir die Gerechtigkeit Christi schenket, dass ich ins Gericht nimmermehr soll kommen«[1]). Welchen Einfluss indessen der so gekennzeichnete »Glaube an den einigen Seligmacher Jesum« auf die Belebung des Gottvertrauens hat, lässt die Erläuterung des ersten Artikels wenigstens vermuten: »Was glaubst Du, wenn Du sprichst: ich glaube in Gott Vater, den allmächtigen, Schöpfer Himmels und der Erden? — Dass der ewig Vater unsers Herrn Jesu Christi, der Himmel und Erden samt allem, was darinnen ist, aus nichts erschaffen, auch dieselbigen noch durch seinen ewigen Rat und Fürsehung erhält und regieret, um seines Sohnes Christi willen mein Gott und mein Vater sei, auf welchen ich also vertraue, dass ich nicht zweifel, er werde mich mit aller Notdurft Leibs und der Seelen versorgen, auch alles Übel, so er mir in diesem Jammerthal zuschicket, mir zu gut wenden«[2]).

Vielleicht ist es nicht ganz überflüssig hier noch einen Blick zu werfen auf den Kommentar des Zacharias Ursinus zu dem Heidelberger Catechismus. An einer gern angezogenen aber auch gemissbrauchten Stelle der Explicatio heisst es nämlich: »Reperit autem quisque in se haec, quae et aliis explicare potest: 1. Credit vera et divina esse omnia, quae in scriptura continentur. 2. Sentit se obligari ad ea firmiter credenda et amplectanda. Si enim vera et divina esse fatemur, iustum est, ut eis assentiamur. 3. Praecipue intuetur, amplectitur et sibi applicat promissionem gratiae seu de gratuita remissione peccatorum, iustitia et vita aeterna per et propter Christum, sicut dicitur: qui credit in filium Dei, habet vitam aeternam. 4. Hac fretus fiducia firmiter acquiescit in praesenti gratia Dei et ex ea sic concludit de futura: cum iam me amet Deus et mihi det tanta bona, etiam servabit me in aeternum, quia est immutabilis et dona eius sunt absque poenitentia«[3]). In diesem bemerkenswerten Passus erscheint der Glaube an Christus als die zuversichtliche Überzeugung, dass uns durch Jesus und um seinetwillen Sündenvergebung, Gerechtigkeit und ewiges Leben zu teil werde. Daraus wird dann eine Funktion

---

1) Heidelb. Cat., Niem., S. 405.
2) Heidelb. Cat., Niem., S. 398.
3) Z. Ursinus, Explicatio catecheseos. Op., 1612. p. 107, a.

abgeleitet, die auf Grund bereits erwiesener Wohlthaten sich der Gnade Gottes für Gegenwart und Zukunft getröstet und im wesentlichen als mit dem spezifischen Gottvertrauen identisch angesehen werden kann. Eine weitere Betrachtung und Beleuchtung symbolischer Schriften dürfte von keinem grossen Wert mehr sein¹). An die Stelle trete der flüchtige Hinweis auf eine allerdings nicht unbekannte Eigentümlichkeit in der späteren Entwicklung der reformierten Dogmatik. Es ist auffallend, dass in dieser der Begriff des Gottvertrauens allmählich zurückgedrängt, um nicht zu sagen, ignoriert wird und sogar speziell der Glaube an Christus mehr und mehr den Charakter der trostreichen, freudig affektvollen Überzeugung einbüsst: er wird zu einem blossen Fürwahrhalten oder zu einem unbefriedigten Wollen, Verlangen und Suchen herabgedrückt. Darauf haben bereits in verschiedener Weise Schneckenburger²) und Albrecht Ritschl³) besonders aufmerksam gemacht.

Zwar Theologen wie etwa Danaeus halten sich, wo es gilt eine Beschreibung der fides im allgemeinen zu entwerfen, mög-

---

1) Die Basileensis prior erwähnt das Gottvertrauen nicht ausdrücklich. Sie deutet es höchstens an, wo sie von Gott und seiner Sorge für uns oder der Erwählung redet. Der rechtfertigende Glaube ist das Vertrauen »in das vergossen Blut, das Lämlin Gottes« wie die wahren Glieder der Kirche diejenigen sind, die »veriehend, dass Jesus sei Christus, das Lämlin Gottes, so da hinnimmt die Sünde der Welt«. Die Tetrapolitana lässt auf das »habere annunciato evangelio fidem« das »Deum filiali fiducia invocare« folgen. Die Confessio Belgica definiert die fides iustificans als »fides, quae Jesum Christum cum omnibus suis meritis amplectitur eumque sibi proprium vindicat nihilque deinceps extra illum quaerit« (Art. XXII). Die Beziehung zum Gottvertrauen legt der Satz dar: Obedientia Christi, quae nostra fit, quando in eum credimus . . . . . . »procul a conscientia abigit omnem metum, omnem horrorem, omnem denique formidinem, quo propius ad Deum accedamus« (XXIII). Nach der Scoticana I ist der regenerierende Glaube die »fides in Dei promissionem«, qua »Jesum Christum cum gratuitis eius donis et benefeciis in ipso promissis apprehendimus« (Art. III). Er vermittelt den heiligen Geist. Dieser aber ist der Urheber der bona opera, zu denen unter anderem das »Deo fidem dare« gehört (Art. XIII u. XIV). u. s. w., u. s. w.

2) Schneckenburger, Vergleichende Darstellung, II, § 26.
3) Geschichte des Pietismus.

lichst genau an die Definition Calvins[1]). Aber der Umwandlungsprozess kündigt sich vielleicht doch insofern schon an, als man nicht mehr in bezug auf ihn mit der gleichen Bestimmtheit wie beim Reformator selbst behaupten kann, das rechtfertigende Verhalten sei das auf die Erkenntnis Christi gegründete Gottvertrauen, sondern es besser kurzweg als den Glauben an Jesum charakterisiert. In diesem werden drei Elemente unterschieden: die »cognitio seu notitia promissionum Dei salutarium per Christum«, die »certa de earum veritate persuasio« und endlich »earundem applicatio«, welch letztere freilich mitunter eher schon im Lichte einer Folge als eines integrierenden Bestandteiles erscheint. Unter allen Umständen werden aus ihr erst nachträglich abgeleitet die »libertas ad Deum«, die »confidentia in Deo« und der »aditus ad Deum«[2]).

Anders noch stellt sich der Sachverhalt bei Gomarus dar. Der Heilsglaube nimmt da ein stark intellektualistisches Gepräge an. Er wird ausgegeben für eine »virtus supernaturalis a Deo ... electorum cordibus ... infusa ..., qua verbi divini veritatem et inprimis Jesum esse Christum filium Dei unicum ac perfectum omnium vere credentium ideoque et suum servatorem agnoscunt«[3]). Von dieser »fides, per quam iustificamur« werden als Wirkungen unterschieden: 1) die »fides, qua credimus nobis per Christum remissa esse peccata«; 2) als Consequenz aus dem unter 1 genannten die »fiducia remissionis peccatorum acceptae«[4]). Das Gottvertrauen kommt in der Schilderung des Rechtfertigungsverlaufs nicht besonders zur Erörterung, und auch in »De providentia Dei« wird mehr die Thätigkeit Gottes als die entsprechende menschliche Funktion dargestellt. Höchstens könnte man finden, dass es in der »fiducia remissionis peccatorum acceptae« mit enthalten sei, insofern diese wohl als »securitas adversus pericula«[5])

---

1) Danaeus, Isagoge christiana, IV, 8.
2) Isag. christ., IV, 14.
3) Gomarus, De fide salvifica., Op., III, 98.
4) Gomarus, De fidei, per quam iustificamur, natura. Op., II, 370. Vgl. auch »De gratia conversionis«, Op., I, 129: »Fides, quae ad remissionem peccatorum obtinendam percipitur, est agnitio veritatis Evangelii de Jesu Christo filio Dei omnium viva fide credentium servatore ..... Ex cuius fidei vivae sensu ac conscientia oritur certa remissionis peccatorum notitia in mente et ex ea fiducia illius in corde«.
5) Opera, II, 372.

oder als »firma animi adversus calamitatum pericula spes ex fide auxilii divini concepta«[1]) bezeichnet wird.

Ungefähr den selben Standpunkt wie Gomarus nimmt Gisbert Voetius ein. Er unterscheidet drei Glaubensakte, einen vorbereitenden, den eigentlich rechtfertigenden und einen nachfolgenden. Der erste, »qui est disponens ad iustificationem«, hat es mit der Wahrheit der Verheissungen im allgemeinen zu thun, mit der Vorstellung, dass Christus der Heiland aller sei, die ihn aufnehmen und sich aneignen; der zweite, »qui est formaliter iustificans«, kommt zum Ausdruck in dem Satz: ich nehme Jesum im Glauben auf und eigne mir ihn an; dem dritten, »qui non iustificat, sed supponit iustificatum«, entspricht die Gewissheit, dass auch mir die Sünden vergeben sind, dass Christus auch mein Heiland sei, weil ich ihn im Glauben aufgenommen und mir angeeignet habe[2]). Erst zu dem letzten Akt gehören dann eine Reihe von Begleiterscheinungen, unter denen neben caritas auch spes und patientia genannt werden. Man hat wohl einiges Recht diese für die Surrogate des Gottvertrauens anzusehen.

Etwas weiter noch geht der in die Bahnen des Pietismus einlenkende F. A. Lampe. Er hat über den Glauben mehrere Abhandlungen geschrieben, von denen zwei besonders beachtenswert sind. In der einen wird die Erklärung abgegeben: »Per actum formalem fidei intelligimus illam voluntatis determinationem, qua electus, vocatus et regeneratus efficaciter vult, ut totum

---

1) Opera, II, 308.

2) »Est ergo actus fidei quacunque ratione ita dictus triplex, praesuppositus seu disponens, formalis et consecutivus. Ille est de generali veritate promissionum: Christus est servator omnium, qui illum evangelio propositum recipiunt et sibi applicant, etiam meus est et erit, si illum recipiam: qui actus est disponens ad iustificationem . . . . Iste est: ego illum fide recipio et mihi applico: qui actus est formaliter iustificans: huic enim et nulli alteri respondet effectus unionis actualis et sensitivae cum Christo et iustificationis; qui enim sic credit, tum et quotiescunque credit unitur Christo ac iustificatur, quomodo extensa manu et accepto munere beneficii particeps sit, qui vacuus accesserat. Hic est: certum est remissa mihi esse peccata et Christum esse servatorem meum, ego enim illum fide recepi et mihi applicui: qui actus est reflexivus, certam reddens conscientiam eamque pacificans, qui non iustificat sed supponit iustificatum«. (De praxi fidei, Disputationes selectae, II, 501).

testimonium evangelii in seipso impleatur, id est, ut per Christum tanquam unicum mundi redemptorem, ea via decentissima, quam evangelium revelat, illuminetur, iustificetur, sanctificetur atque perfecte salvetur« ¹). Danach sowie nach den hinzugefügten Erläuterungen ist der Heilsglaube, als dessen Objekt Christus, und zwar zunächst der Hohepriester, ferner aber auch der König und Prophet genannt wird, vor allem ein »Wollen« im Sinne eines Verlangens, ein »Hungern und Dürsten« nach Gerechtigkeit; die »essentia« desselben wird gefunden »in desiderio, fame, confugio ad Christum«. In einer andern Dissertation steht dann erst die Frage zur Debatte, ob dazu das Vertrauen gehöre. Es wird unterschieden zwischen der fiducia, »quae in eo collocatur, ut Christum tamquam bonum voluntatis motu persequamur, intueamur, amplectamur, nobis applicemus« und der fiducia, »quae certo statuit, non solum aliis, sed mihi quoque remissionem peccatorum, aeternam iustitiam et vitam donatam esse« ²). Von der zuletzt erwähnten wird nun ausdrücklich behauptet, dass sie keinen eigentlichen und notwendigen Bestandteil des Heilsglaubens bilde. Mit andern Worten: ganz abgesehen davon, dass von dem Gottvertrauen im engeren Sinn nicht die Rede ist, giebt sich deutlich die Tendenz kund auch aus dem Glauben an Christus das Element des Zuversichtlichen völlig auszumerzen. Der Verfasser beruft sich dabei auf Zacharias Ursinus, was er freilich nicht kann ohne dessen Äusserungen durch eine sophistische Exegese Gewalt anzuthun.

Erheblich vorsichtiger spricht sich Coccejus aus. Allerdings eine Definition, die er aufstellt, klingt bedenklich. Mindestens Verkümmerung ins rein Intellektuelle scheint vorzuliegen, wenn der Glaube im allgemeinen gekennzeichnet wird als »assensus in verbum foederis, quod Deus fecit cum peccatoribus in Christo, et cum illo in revelationis divinae instrumentum scripturam et universaliter omnia revelata cognita ac deinceps cognoscenda a voluntate sanctificata imperatus« ³). Indessen wird nicht nur gelegentlich die aus dem Zufluchtnehmen bei Jesus erwachsende spes selbst fides genannt« ⁴); es heisst noch ausdrücklich: »Est in fide

---

1) F. A. Lampe, De verae fidei actu formali.
2) F. A. Lampe, De fiducia.
3) Coccejus, Summa theologiae, p. 473.
4) Ibid., De fide Novi Testamenti, p. 724.

et fiducia, hoc est, cordis in Deum et Christum reclinatio, apprehensio arcis Dei«[1]). Es wird auseinandergesetzt, zum Glauben gehöre nicht allein das Hungern und Dürsten, sondern ferner das »feste Urteil der Seele«, dass, wie alle, die Christum haben, Gerechtigkeit und Leben erlangen, so jeder einzelne, wenn er, auf das Wort Gottes gestützt, Jesum als den Heilsfelsen ergreift, ewige Seligkeit gewinnen werde. »Cum qua fame et siti, fährt der Autor fort, quanquam magnam afferat angustiam, compunctionem contritionemque spiritus, tamen semper coniuncta est resolutio, qua animam tuam Christo ut fido creatori committas ad salutem«[2]).

Aber auch ein Schriftsteller wie Heidegger, obgleich er bei der Darstellung des Heilsprozesses des eigentlichen Gottvertrauens kaum Erwähnung thut, wenigstens nicht in der Form wie etwa bei der Erklärung des Dekalogs[3]), obgleich er die »confidentia seu acquiescentia et tranquillitas animi« erst aus der schon perfekt gewordenen fides iustificans ableitet[4]), hält doch im Prinzip entschieden daran fest, dass allen drei einzelnen Akten des Glaubens, die er unterscheidet, fiducia beiwohne[5]).

---

1) P. 475.   2) P. 476.
3) Heidegger, Corpus theologiae christianum, I, 519.
4) »Sic fiduciam persuasionis actum fidei iustificantem praecedere, fiduciam apprehensionis eundem constituere et fiduciam acquiescentiae in eo seu fructum Christi et iustitiae eius receptae, quo spiritualis securitas, confidentia perseverans et consolatio omnis in nobis efficitur et magis magisque exuberat, eum consequi intelligere est«. (ibid. II, 254) vgl. II, 214.
5) Heidegger, Corp. theol., II, 255. Die vorgeschlagene Definition des Glaubens lautet: »Fides proprie est virtus supernaturalis a Deo homini infusa, qua is Christum redemptorem et salutaria eius beneficia, prout illa verbo evangelii offeruntur et sacramentis obsignantur, non tantum cognoscit iisque assentitur sed etiam cum fiducia apprehendit et sibi sigillatim adiudicat atque applicat«. (II, 242.) Als Objekt des Glaubens werden angeführt »Christus redemptor et eius beneficia« (II, 245). Die einzelnen Akte sind: a) »fiducialis persuasio de veritate et bonitate promissionum, quas ad se quoque pertinere credens confidit; b) actus receptionis et apprehensionis Christi seu salvatoris, quo fidelis cognita et approbata veritate et bonitate promissionum velut ad se pertinentium ad Christum confugit, illum recipit, amplectitur et in illo unice recumbit; c) confidentia seu acquiescentia et tranquillitas animi ex . . . . Christi ipsius apprehensione oriunda«. (II, 253.)

Geht man von den reformierten Dogmatikern wieder zu der lutherischen Scholastik über, so macht sich vielleicht die Entartung des Glaubensbegriffs nicht so deutlich bemerkbar wie bei jenen. Wenn auch das heilbringende Verhalten lediglich eine bestimmte Überzeugung inbezug auf Christus ist, so heben doch die meisten, gerade wie Heidegger, sehr energisch hervor, dass dieser der Charakter des Zuversichtlichen zukomme. Die Abweichung von den Reformatoren überhaupt tritt jedoch darin zu Tage, dass die fides salvifica nicht mehr ein so eng und fest zusammenhängendes Gefüge von fiducia in Christum und fiducia erga Deum ist; und der Unterschied insbesondere von Melanchthon bekundet sich in dem Umstand, dass der Glaube an Jesum nicht nur ein Mittel ist, das rechtfertigt, indem es das Gottvertrauen erzeugt, sondern mehr oder weniger Selbstzweck wird. Es ist ja eine auch sonst in der Geschichte des menschlichen Geisteslebens zu beobachtende Erscheinung, dass das Werkzeug schliesslich höher geschätzt wird als die Zwecke, denen es dienen soll, das Gold für wertvoller gilt als die Güter, die dafür erworben werden können.

Um die aufgestellte Behauptung zu belegen, werden einige wenige Beispiele genügen.

Die Konkordienformel macht einen sehr ausgiebigen Gebrauch von dem Wort »Glauben«. Häufiger wohl als in den Symbolen der ersten Generation wird der Ausdruck auf die Anerkennung dieser oder jener Lehre angewandt. Dass die Schrift die einzige Richtschnur sei[1]), dass ein Unterschied bestehe zwischen der Erbsünde und der menschlichen Natur[2]), dass der Verstand blind sei in göttlichen Dingen[3]), dass Christus zur Hölle gefahren sei[4]), das alles und vieles andere wird »geglaubt«. Doch ist die fides salvifica insbesondere die »Gabe Gottes, dadurch wir Christum, unsern Erlöser, im Wort des Evangelii recht erkennen und auf ihn vertrauen, dass wir allein um seines Gehorsams willen aus Gnaden Vergebung der Sünden haben, vor fromm und gerecht von Gott dem Vater gehalten und ewig selig werden«[5]). Oder aber das vom Evangelium geforderte rechtfertigende Verhalten wird gekennzeichnet als die Zuversicht des Menschen, »dass Christus alle Sünden gebüsset und bezahlet und ihme ohne allen seinen

---

1) Epitome, Einleitung.   2) Epitome, I, Affirmat., 1.
3) Epitome, II, Affirmat., 1.   4) Epitome, IX.   5) Epitome, III.

Verdienst erlanget und erworben habe Vergebung der Sünden, Gerechtigkeit, die vor Gott gilt, und das ewige Leben«[1]). Vom Gottvertrauen wird weder hier noch sonst ausführlich geredet. Bestenfalls lassen sich vereinzelte Anklänge daran vernehmen in Aussagen wie etwa folgende: »Solch geistliches Essen aber ist nichts anderes als der Glaube, nämlich Gottes Wort (darinnen uns Christus . . . . fürgetragen wird) hören, mit Glauben annehmen und uns selbst zueignen und auf diesen Trost, dass wir einen Gott und ewige Seligkeit um des Herrn Jesu Christi willen haben, uns mit gewisser Zuversicht und Vertrauen festiglich verlassen und in aller Not und Anfechtung halten«[2]).

Chemnitz, dessen einschlägige Betrachtungen im »Examen concilii Tridentini« und in den »Loci theologici« der Hauptsache nach übereinstimmen, kennt zwar die Funktion des getrosten Sichverlassens auf die Hülfe und Fürsorge Gottes sehr wohl. Bei der Erläuterung des ersten Gebots erwähnt er das »confidere Deo« und entwirft davon ein schönes Bild, wenn er sagt: »De fide apprehendente remissionem peccatorum hoc loco non dicemus, illa enim proprie pertinet ad doctrinam evangelii; sed illa fiducia proprie huc pertinet, quae cognata est spei, ut sc. confugiamus ad verum Deum, non eamus post Deos alienos; ut statuamus Deum et velle et posse iuvare; ut iuxta verbum et promissiones speremus ab ipso auxilium vel successum in bonis et mitigationem in malis; ut modum relinquamus consilio Dei, ne ex diffidentia aliquid faciamus contra Deum, sed fiducia promissionum maneamus in obedientia mandatorum Dei«[3]). Aber es ist charakteristisch, dass eben am Anfang der angezogenen Stelle ausdrücklich hervorgehoben wird, das zu schildernde Gottvertrauen gehöre nicht in das Bereich der »doctrina evangelii«. Es »steht auf einem andern Blatt« als die fides iustificans. Diese, die das »assentiri universo verbo Dei nobis tradito« voraussetzt[4]), hat lediglich zum Objekt die »promissio gratiae propter mediatorem«[5]). Sie setzt sich wohl aus notitia, assensus, desiderium und fiducia zusammen; doch ist die letztere nur eine solche, »quae firma persuasione ex verbo Dei statuat, Deum tunc tibi donare, communicare et applicare beneficia pro-

---

1) Epitome, V.   2) Sol. decl., VII, 62.
3) Loci theologici. MDXCI, II, 41.   4) Loci, II, 298.
5) ibid., 299. cf. Examen, Pars I, Loc. IX, sect. II, 5. 7.

missionis gratiae et te hoc modo vere apprehendere et accipere ad iustitiam et vitam aeternam ea, quae gratuita evangelii promissio offert« ¹). Also das Band zwischen der Zuversicht auf des Vaters Vorsehung und dem Heilsglauben im engeren Sinn ist gelockert. Dass es ganz zerrissen sei, wäre zu viel behauptet. Der Autor giebt noch immer je und je zu verstehen, dass für die Herstellung eines neuen Gemütsverhältnisses zu Gott die fides salvifica etwas bedeutet. Das bekundet sich unter anderm auch darin, dass er aus dieser eine Reihe von Folgen ableitet, die »παρρησία, quae habet accessum ad Deum, pax conscientiae, gaudium spiritus, ut cor sentiens novam vitam et laetitiam in Deo suaviter acquiescat in promissione gratiae, etiam in cruce, persecutione, in ipsa denique morte et habeat indubitatam spem gloriae Dei« ²). Ein ander mal wird ausgeführt, der Mensch vermöge gar nicht Hülfe von oben zu erbitten und zu erwarten, wenn er nicht erst sich die Gewissheit angeeignet habe, dass Gott beschwichtigt sei. »An Deus sit placatus«, das ist die grosse, wichtige Haupt- und Centralfrage. Sie muss erst affirmativ entschieden sein, ehe man sich der Liebe Gottes getrösten kann ³). Indessen gerade in dem selben Zusammenhang wird das Bauen auf göttlichen Beistand als blosse nachträgliche »Übung« des Glaubens hingestellt, und es heisst bezeichnenderweise: »Est sane differentia inter fidem apprehendentem Christum, qui est finis legis ad iustitiam omni credenti et inter exercitia fidei, quae circa alia obiecta versantur«.

Gegen Joh. Gerhard hat A. Ritschl die Anklage erhoben, dass er das Vertrauen auf Gottes Vorsehung lediglich in der natürlichen Erkenntnis begründet sein lasse. Das ist im wesentlichen richtig. Obgleich der Heilsglaube sich aus notitia, assensus und fiducia zusammensetzt, so dass er kurzweg als »fiducialis meriti Christi apprehensio« ⁴) bezeichnet werden kann, beschränkt er sich

---

1) Loci, II, 300. cf. Examen, Pars I, Loc. IX, sect. II, 18.
2) Loci, II, 301. cf. Exam., I, IX, II, 18.
3) »Nisi enim fides prius statuat, Deum esse placatum et reconciliatum, non potest tranquilla conscientia peti et expectari auxilium. Quando enim calamitates testimonium dicunt de ira Dei et praecipue quando exauditio differtur, tunc conscientia ante omnia de hac quaestione angitur: an Deus sit placatus. Haec quaestio est principium, medium et finis in petitione et expectatione corporalium, et tunc fides placide et patienter potest expectare, quando statuit Deum esse reconciliatum«.
4) Joh. Gerhard, Loci theologici, III, 321, 7.

auf das statuere, »nos propter Christum mediatorem Deo placere et peccata propter eundem nobis remitti« ¹). Nur muss der Billigkeit halber hinzugefügt werden, dass auch bei diesem Dogmatiker sich deutliche Reminiscenzen bemerkbar machen an die Fähigkeit der fides salvifica eine freudig hoffende und erwartende Stimmung Gott gegenüber zu erzeugen, insofern als der »accessus in confidentia« zu ihren exercitiis gerechnet ²) und die »fiducia spei« für eine Konsequenz derselben ausgegeben wird. »Nemo enim liberationem ex cruce et revelationem gloriae certitudine spei expectare potest, nisi prius fide statuat, Deum per et propter Christum sibi reconciliatum esse« ³).

Ähnlich wie Joh. Gerhard urteilt Quenstedt. Ein Element des Rechtfertigungsglaubens bildet die fiducia, die aber »nihil aliud est quam .... apprehensio meriti $\Theta\varepsilon\alpha\nu\vartheta\rho\omega\pi ov$ appropriativa ad te et me in individuo«. Dazu die Bemerkung: »Accipitur autem hic fiducia non pro $\pi\alpha\rho\rho\eta\sigma\iota\alpha$ seu confidentia ex meriti Christi receptione orta; haec enim fidem iustificantem ipsamque iustificationem demum sequitur. Nam homo iam iustificatus, divinae misericordiae propter Christum firmiter innitens, accedit sine trepidatione ad Deum et dicit: Abba Pater« ⁴).

Baier nennt bei der Schilderung des Heilsprozesses als religiöse Folge der fides iustificans, die dem »credere Christum pro se esse passum et mortuum« gleichgesetzt wird, nur noch die spes ⁵). Und Hollaz beachtet die das Verhalten des Gemüts gegen Gott umwandelnden Wirkungen des Glaubens an das Verdienst Jesu so gut wie gar nicht. Bloss wo er durch die Kontroverse dazu veranlasst wird, erwähnt er als »effectus« der »fiducia defixa in merito Christi ut causa impetrandae apud Deum gratiae et remissionis peccatorum« die »fiducia impetratae propter Christum remissionis peccatorum« ⁶), oder er rechnet unter die »bona opera«, die »fructus fidei salvificae« sind, die »puritas cordis et corporis, pax conscientiae, laetitia spiritualis, caritas in Deum et proximum, spes bonorum coelestium, accessus ad Deum per suspiria et preces, patientia malorum victrix etc.« ⁷). Im übrigen unterlässt er es

---

1) Ibid., III, 331, 77.   2) Ibid.   3) Ibid.
4) Quenstedt, Theologia didactico-polemica, IV, 283.
5) Baier, Compendium, ed. Preuss, pag. 396.
6) Hollaz, Examen theologicum acroamaticum. 1763. pag. 1183 u. 1184.
7) Ibid. p. 1187.

nicht, auf die heilsame Bedeutung des »desiderium« aufmerksam zu machen.

Buddeus kommt in nichts über die orthodoxen Scholastiker hinaus.

Pietistische Systematiker, in Sonderheit die Hallischen, zeigen, wie das bei den Erfahrungen A. H. Franckes nicht anders zu erwarten ist, eher wieder ein grösseres als geringeres Verständnis für die praktische Wichtigkeit des Bauens und Pochens auf die unser Bestes verwirklichende göttliche Weltregierung. Die Verknüpfung einer derartigen Zuversicht mit der auf das Verdienst Jesu gerichteten wird wenigstens keine losere; man könnte sogar versucht sein aus einzelnen Wendungen das Gegenteil zu beweisen [1]). Das wahrhaft charakteristische ist indessen bekanntlich nicht darin zu finden, sondern in der Eigentümlichkeit, dass der Glaube überhaupt mehr und mehr auf seinen sittlichen Wert angesehen, dass er besonders als Quelle der Heiligung geschätzt oder mit moralischen Erscheinungen als gleichgeartet koordiniert und vermengt wird: hinter denselben treten die religiösen Vorgänge mehr und mehr zurück, oder sie verstecken sich darunter.

Breithaupt wiederholt zunächst in dem Kapitel »de gratia miseranti quatenus iustificat«[2]) die alten bekannten Äusserungen über die notitia, den assensus, die das meritum Christi ergreifende und desiderium voraussetzende fiducia und die daraus folgende $\pi\alpha\varrho\varrho\eta\sigma\iota\alpha$, quae fruitur accessu ad Deum«. Wenn er dabei gleich als eigentlich rechtfertigendes Element allein die Überzeugung vom Verdienste Jesu[3]) gelten lassen will, so lässt er doch jedenfalls aus dieser Gottvertrauen im allgemeinen und analoge Erscheinungen

---

1) Vgl. Ritschl, Geschichte des Pietismus. 1884. II, 397 f.: »Auch ist sein (Breithaupts) Bestreben bemerkenswert, die Lehre von der Vorsehung Gottes von der Sandbank der natürlichen Theologie in das Fahrwasser der positiven Offenbarung überzuführen«.

2) Breithaupt, Institutiones theologicae. Ed. secunda, II, 140 ff.

3) »Praecise autem ipsa (fides iustificans) in scripturis sacris constitutum habet proprium objectum, Christum ipsiusque meritum, seu promissionem de gratuita remissione peccatorum propter illud, cuius respectu et apprehensione fiduciali iustificat coram Deo: nec caetera objecta quaelibet apprehendi possunt fiducia, nisi assumto isthoc reconciliationis fundamento; multo minus fides vera versatur circa Dei misericordiam tantum generaliter, sed praecise officio mediatoris intercedente«. (Institutiones theologicae, II, 140).

wie »libertas« und »pax erga Deum« hervorgehen¹). Aber sein Eifer richtet sich nun namentlich darauf zu zeigen, dass der Glaube ethisch fruchtbar sei und sein müsse²). Dies gilt in ganz besonderm Masse von der »fiducia erga Deum«. Wenigstens macht der Autor einmal einen Ansatz dazu, zwischen der letzteren und der fides »quae nititur promissione misericordiae propter Christum« so zu unterscheiden, dass jene als »simul sanctificans«, diese als »iustificans« bezeichnet wird³).

Freylinghausen legt dem Glauben im allgemeinen, den er seinerseits auflöst in »Erkenntnis«, »Beifall« und »Zuversicht« auf das »von Gott Gewusste«, »sonderlich aber auf die geoffenbarte Gnade in Christo«⁴), die doppelte Kraft der Rechtfertigung und Heiligung bei⁵). Und zwar fällt hierbei das durch die fides in Jesum ermöglichte »Vertrauliche Zunahen zu Gott« und ähnliches durchaus ins Bereich der sanctificatio⁶). Überhaupt wird das Gottvertrauen gern als specifisch moralische Leistung erwähnt. Wo beispielsweise der Verfasser die Pflichten und den Trost bespricht, die sich aus der Lehre von der Vorsehung ergeben, bezeichnet er es als unsere Pflicht, »aller ängstlichen und misstrauigen Sorgen wegen des Zeitlichen uns zu entschlagen, als dadurch seine Vorsorge geleugnet wird«⁷), freilich auch als unsern Trost, »dass uns ohne den Rat und Wissen unsers Vaters im Himmel nichts begegnen könne, dass alle Dinge uns zum Besten mitwirken müssen⁸).

Höchst interessant ist die Auffassung, die S. J. Baumgarten vertritt, der »Überleiter vom Pietismus zum Rationalismus«⁹). Die Objekte des Glaubens sind nach ihm 1) die Versöhnung Christi, 2) die Gnade und Liebe Gottes als Wirkung der Versöhnung, 3) alle besondern Ratschlüsse und Friedensgedanken Gottes¹⁰). Was nun »eigentlich« rechtfertigt, »in der engsten Bedeutung oder in dem genauesten Verhältnis, adaequate und strictissime genommen«,

---

1) Ibid. u. II, 194 ff.
2) Vgl. beispielsweise Institutiones I, 297. 342; II, 115 ff. 143; III, 92 u. s. w., u. s. w.
3) Institutiones theologicae, III, 249. vgl. 498 f.
4) Freylinghausen, Grundlegung der Theologie. 3. Aufl. S. 311.
5) Ebd. S. 314. Vgl. Gass, Geschichte der prot. Dogmatik, II, 493.
6) S. 315.   7) Grundlegung der Theologie, S. 53.
8) Ebd, S. 53 f.   9) Bosse in Haucks Realencyklopädie.
10) S. J. Baumgarten, Evangelische Glaubenslehre, 1759. III, 452.

ist das zuversichtliche Vertrauen auf die göttlichen Verheissungen von der Versöhnung Christi und unserer dadurch erworbenen Seligkeit oder die zuverlässige, freudige Erwartung dieser verheissenen Wohlthat um der Versöhnung Christi willen. Welches Vertrauen der Beweggrund und Antrieb ist, dadurch Gott exigitive vermittelst seiner Wahrheit genötigt und bestimmt wird einen solchen Menschen zu begnadigen« [1]). Im weiteren Sinne ist jedoch das heilvermittelnde Verhalten »allein der wahre, lebendige übernatürliche, d. i., in der Sinnesänderung und Wiedergeburt von Gott angerichtete Glaube oder die neue Fertigkeit der überwiegenden Neigung zu Gott und des Vertrauens zu demselben: welcher von Gott angerichtete Glaube niemals tot oder leblos, d. i., ohne Bewegungskraft, Wirksamkeit, Vermögen und Bemühung zu wirken, Veränderungen hervorzubringen, rechtmässige Handlungen zu verrichten sein kann« [2]). Hier stehen also Gottvertrauen und Christusglaube einander gegenüber wie Weiteres und Engeres. Das Interesse des Autors ist aber unzweifelhaft durchaus dem ersteren zugewandt, wie denn die Wiedergeburt einfach definiert wird als »die Entzündung des Glaubens in dem Menschen . . . . oder die Hervorbringung der Fertigkeit seine Wohlfahrt von Gott zu erwarten und herzuleiten, folglich denselben als den eigentlichen Bestimmungsgrund aller rechtmässigen und vorteilhaften Veränderungen anzusehen und zu gebrauchen« [3]). Dabei ist jedoch besonders bemerkenswert, dass die Zuversicht gegen Gott der Neigung zu diesem gleichgestellt und vor allem als Quelle moralischer Handlungen in Anschlag gebracht wird. Sie hat selbst an und für sich sittlichen Wert, und, wo die praktischen Konsequenzen der Lehre von den gött-

---

1) Evangelische Glaubenslehre, II, 815.
2) Ev. Glaubenslehre, II, 815. Vgl. III, 450: »Forma fidei consistit in dominante versus Deum inclinatione ex bonorum ab ipso expectatione; quae tribus partibus absolvitur, primum viva Dei bonorumque ab ipso expectandorum cognitione, secundo assensu ex convictione sufficiente orto et cum consensu, desiderio et conatu voluntatis coniuncto et tertio fiducia in Deo reposita, seu ipsa felicitatis a Deo expectatione, quae non solum ad fidem pertinet, sed essentiam eius potissimum constituit«. Dazu dann aber: »Der gerechte und seligmachende Glaube in einer eingeschränkteren Bestimmung hat es eigentlich mit der Gerechtigkeit oder Versöhnung Christi und mit der Frucht der Zurechnung derselben zu thun«. (III, 455). 3) Ev. Glaubenslehre, II, 77.

lichen Eigenschaften zur Besprechung kommen, wird sie oft genug als wichtige Pflicht namhaft gemacht[1]).

Die von Baumgarten gezogenen Linien prägen sich bei einzelnen Rationalisten dann immer stärker und schärfer aus.

Zwar aus einer Schrift, wie etwa das »Lehrbuch« von Teller ist, lässt sich wenig entnehmen. Sie erklärt den Glauben bald als »ein kräftiges und überzeugendes Erkenntnis Jesu Christi«, bald als »ein die ganze Seele beherrschendes Verlangen nach ihm«, bald als »einen Geschmack an der Vereinigung mit ihm«, bald als »ein herzhaftes Vertrauen zu ihm«[2]), und ist vor allem darauf bedacht, bestimmte und scharf umgrenzende Definitionen zu vermeiden, um nur ja nicht Anlass zu einem »Wortstreit« zu geben.

Reichere Auskunft gewährt dagegen beispielsweise Töllner. Abgesehen von den Bemerkungen in der »Dogmatischen Theologie«, hat er eine besondere Abhandlung darüber veröffentlicht, warum Gott die »fides in Christum« wolle. Der Glaube, zu dem neben notitia und assensus das »Verlangen nach der Gnade Gottes in Christo« und, die »Zueignung und wirkliche zuversichtliche Erwartung derselben aus Christo und um Christi willen« gehören, ist nach ihm im weitesten Sinne Zustimmung gegen die in der Schrift enthaltenen Zeugnisse, im engeren »Beifall gegen die in Jesu Christo, dessen Lehre und Genugthuung gegründete Verheissung der Gnade Gottes gegen die sündigen Menschen«[3]). Oder aber er wird gekennzeichnet als Glaube »an die ganze Lehre Christi und von Christo, aber vornehmlich an die von ihm durch seine Leiden gestiftete Erlösung«[4]), welch letztere, wie man weiss, eigentümlich gedeutet wird. Aus der so beschriebenen Überzeugung gehen hervor: einerseits das Gottvertrauen, das von dem Sichverlassen auf Gottes Gnade in Christo unterschieden wird, anderseits »williger Gehorsam gegen Gott und Jesum Christum«[5]). Dasselbe gelangt zum Ausdruck, wenn gesagt wird, der Glaube an Jesus sei »ein fruchtbares Mittel zur Beruhigung und Heiligung des Menschen«[6]).

---

1) Ev. Glaubenslehre, I, 256. 265. 280. 305. 319. 335. 385. 400.
2) Teller, Lehrbuch des christlichen Glaubens. 1764. S. 360.
3) Töllner, Dogmatische Theologie, 1776. II, 334.
4) Töllner, Gründe, warum Gott den Glauben an Jesum Christum will. Vermischte Aufsätze. II, 2, 217.
5) Dogmat. Theologie, II, 343 ff.
6) Gründe, warum u. s. w. Verm. Aufs., II, 2, 238.

Der Zusammenhang zwischen Ursache und Wirkung wird auch klar und deutlich dargelegt. Es ist nicht möglich, heisst es einmal, anzunehmen, dass Gott die Sünden nur vergiebt, nachdem er »vorher seinen höchsten Unwillen über dieselben erwiesen«, ohne zugleich »das ernstliche Vorhaben Gottes zu erkennen, über seine Gesetze zu halten und ohne daher mit einer heiligen Furcht vor Gott erfüllt zu werden. Und es ist nicht möglich, die göttliche Schenkung und Ausrüstung eines solchen Vermittlers unsrer Begnadigung wahrhaftig zu glauben, ohne von einer dankbaren Liebe gegen Gott durchdrungen zu werden, und ohne vornehmlich die vollkommenste Überzeugung von der Versöhnlichkeit Gottes und also ein recht starkes Vertrauen zu Gott zu fassen. Mit Furcht aber und Liebe und Vertrauen gegen Gott ist der Gehorsam gegen Gott unzertrennlich verbunden«[1]). Aus dem Schlusssatz allein erhellt schon zur Genüge, dass der Accent durchaus auf die sittlichen Consequenzen fällt, nicht auf die religiösen. Das bekundet sich unmissverständlich noch in einer weiteren Reihe von Sätzen. Der »Glaube an die Genugthuung Christi ist nötig als ein Mittel zur Heiligung, davon die Seligkeit abhängt«[2]). Er ist ein »recht schickliches« Werkzeug dazu. Gott will ihn »aus keinem andern Grunde« als aus diesem[3]). Er »rechtfertigt nicht, indem und sofern er tröstet, sondern indem und sofern er heiligt«[4]). Schliesslich wird sogar die These aufgestellt und verteidigt, dass, weil die Heiligung des Menschen nicht »schlechterdings an den Glauben allein geknüpft« ist, dieser »nicht von einer absoluten Notwendigkeit zur Seligkeit« sei.

Auf Töllner beruft sich Doederlein. Vielleicht betont er etwas weniger als jener die spezifisch moralischen Wirkungen; dafür aber zeigt er deutlicher, wie die fides in Christum sich allmählich verändert von dem Augenblick an, da der Zweck, dem sie dient, eine Wandlung erfährt. Der Glaube an Jesum wird als ein vierfacher geschildert, je nach den Objekten, mit denen er es zu thun hat. Er bezieht sich 1) auf die historia, 2) die decreta religionis, 3) die promissiones felicitatis propter Christum impetrandae, 4) die lex[5]). Die unter No. 3 angedeutete Form heisst fides iustifica, weil sie

---

1) Gründe etc. Verm. Aufs., II, 2, 226.
2) Dogm. Theol., II, 130 ff.
3) Gründe etc. Verm. Aufs., II, 2, 223.   4) Ebd., S. 247.
5) Doederlein, Institutio Theologi christiani, 1797. § 317 ff.

hauptsächlich rechtfertigt[1]). Sie kann aber nie sein ohne die vierte Art, deren Wesen darin besteht, dass sie das Gesetz anerkennt, von dem sündigen Leben loslöst und zur Erfüllung der göttlichen Gebote antreibt[2]). Der ganze Glaube an den Heiland nun erzeugt[3]) die felicitas christiana, als deren Bestandteile unter anderem παρρησία und spes genannt werden[4]), und zwar einmal, insofern mit demselben die Gewissheit der Sündenvergebung verknüpft ist, dann aber noch, insofern der sittliche Eifer, den er in sich schliesst, eine »mira voluptas« begründet. Endlich spricht sich Doederlein, ganz wie Töllner, dahin aus, dass die Seligkeit zum Teil auch solchen zufallen könne, die in kein persönliches Verhältnis zu Jesus getreten sind[5]).

Völlig modifiziert erscheint dann der Glaube an Christum bei Theologen wie Tieftrunk. Es wird genügen eine einzige Stelle anzuführen. »An eine Versöhnung durch den Tod Jesu glauben heisst nichts anderes als sich dem Pflichtgesetz mit der Festigkeit des Muts weihen, dass man entschlossen sei, demselben, wie Jesus, gehorsam zu sein, bis zum Tode, ja bis zum Tode am Kreuz. Wer diese Denkungsart hat und in derselben beharret, der hat an ihr, indem sie für den unendlichen Fortschritt in der Besserung der Sinnesart steht, die Versicherung seiner Entsündigung, Vergebung, Begnadigung, Genugthuung oder Rechtfertigung vor dem Gesetze, d. i., vor dem göttlichen Gerichte. Das heisst nun den Versöhnungstod moralisch auslegen; wer ihn aber so auslegt, dass ein dieser Deutung widerstreitendes Resultat herauskommt, dieses aber doch als Religionslehre aufstellen will, der besudelt das Christentum (als Religion Jesu genommen) mit heidnischem Aberglauben und Götzendienst; welches der Tod aller Religion ist; denn einen ärgerlicheren Satz kann keine Glaubensart haben als diesen, dass man durch einen müssigen Glauben an den verdienstlichen Tod eines anderen seine Sündenschuld loswerden kann«[6]). So ist an die Stelle der Zuversicht auf eine von Jesus gewährte Gabe allmählich die Gewissheit von der unbedingten Ver-

---

1) Doederlein, Institutio Theologi Christiani, 1797. § 318: »Eam fidei partem, quia praecipue iustificatio ab ea pendet, fidem iustificam haud precario dixeris«. 2) Institutio, § 319.
3) Institutio, § 312. 323. 4) Institutio, § 297. 5) Institutio, § 312.
6) Tieftrunk, die Religion der Mündigen, 1800. I, 355 f.

bindlichkeit einer Forderung getreten [1]). Und es lässt sich in groben Umrissen etwa folgendes Bild des ganzen Prozesses, der sich vollzogen hat, entwerfen.

Zunächst sind das Gottvertrauen und der Glaube an Christus aufs innigste verknüpft: dieser zielt darauf ab jenes zu erzeugen. Allmählich wird aber das Verhältnis beider Faktoren wesentlich gelockert. Als dann die Bande wieder fester angezogen werden sollen, als wieder grösserer Wert gelegt wird auf die praktischen Folgen der fides in Jesum, da werden die religiösen Wirkungen mehr und mehr mit sittlichen identifiziert, und schliesslich treten die letzteren fast ganz an Stelle der ersteren. Indem sich jedoch der Zweck verändert, erfährt auch das Mittel, das heisst, der Christusglaube, eine starke Modifikation.

In der Schleiermacherschen Dogmatik spielt das zur Untersuchung stehende Problem insofern eine durchaus untergeordnete Rolle, als das gesamte Heilserlebnis im Schema des gestörten und wiederhergestellten Abhängigkeitsgefühls beschrieben wird.

Eine in der Gegenwart vorhandene Spannung wird dadurch gekennzeichnet, dass, während einzelne Theologen den Schein nicht vermeiden, als ob Gottvertrauen und Christusglaube völlig identisch wären [2]), Frank das erstere so gut wie gar nicht berücksichtigt und die kategorische Erklärung abgibt: »Objekt des Glaubens kann kein anderes sein als was das Centrum des Erlösungswerks

---

1) Auch für Bretschneider ist »der Glaube an die Versöhnungsanstalt« »zugleich Glaube an die unverletzliche Heiligkeit des Sittengesetzes«; und es ist »klar, dass wahre Tugend, auf Glauben an die Heiligkeit des Gesetzes und auf Liebe zu Gott gegründet (iustitia spiritualis), aus diesem Glauben, den man den seligmachenden nennen kann, hervorgehen müsse«. (Bretschneider, Dogmatik. 3. Aufl. II, 327. vgl. II, 556.) Einfacher wieder beschreibt Wegscheider die fides salvifica als »constans animi ad Deum eiusque voluntatem strenue sequendam conversi habitus« (Institutiones Theologiae, 7. Aufl. § 159); oder als »animus ad Christi exemplum eiusdemque praecepta compositus et ad Deum sanctissimum ac benignissimum conversus, quo omnia cogitata et facta ad Deum eiusque voluntatem sanctissimam pie referant«. (Ibid. § 155.)

2) Dass dies nicht etwa als Eigentümlichkeit der Ritschlschen Schule bezeichnet werden kann, beweist, abgesehen von manchem anderen, die Dogmatik Kaftans, wonach als das rechtfertigende Element der mit »der Aneignung der göttlichen Offenbarung« zusammenfallende »Glaube an Christus« erscheint. Vgl. u. a. § 69.

ist, jener heilsmittlerische Gehorsam des Gottmenschen, wodurch er als der andere Adam geleistet hat, was dem gefallenen Menschengeschlechte behufs seiner Wiedereinrückung in den fürgöttlichen Stand zu leisten oblag« [1]). Etwas weniger eng hatte Hofmann die fides definiert als »die durch Gottes Wort gewirkte Gewissheit seines sich vollbringenden oder in Jesu Christo wesentlich vollbrachten Heilsratschlusses, also die Gewissheit, dass Jehovah, wie es im A.T., dass Jesus Christus, wie es im neuen heisst, unsere Gerechtigkeit ist« [2]). Lautere Anklänge noch an die fiducia in Deum finden sich in dem Abschnitt, der von dem »Wesen des christlichen Verhaltens« [3]) handelt. Ein kommentarlos zu erwähnendes Kuriosum ist das Dekret E. Königs: »Der Glaubensakt des Christen .... das in der Denksphäre zustande kommende Anteilnehmen an einem Wissen von Zeugen« [4]).

III.
Umschau innerhalb der Neutestamentlichen Litteratur.

Den Eingang bildet wohl am besten eine Betrachtung der **synoptischen Evangelien**.

Es ist freilich nicht ganz leicht, um nicht zu sagen unmöglich, in bezug auf die zu erörternde Frage die Jesu eigentümlichen Aussprüche und die der Berichterstatter scharf und mit absoluter Sicherheit auseinanderzuhalten. Allgemein fällt ja auf, dass in den gut verbürgten Herrenworten verhältnismässig wenig vom Glauben die Rede ist: die Aufmerksamkeit wird noch auf manches

---

1) Frank, System der christlichen Wahrheit, II, 335.
2) Hofmann, Schriftbeweis, I, 649. 3) Ebd. II, 2, 286 ff.
4) E. König, Der Glaubensakt des Christen, S. 42.

andere gelenkt. Doch ist es unzweifelhaft, dass Christus neben der rückhaltslosen Liebe, neben der Freiheit von der Welt und ihren Gütern, die ja nur die Kehrseite eines Sichverlassens auf Überweltliches ist, entschlossenes Gottvertrauen verlangt hat [1]). Das bezeugen nicht bloss seine Ermahnungen zum kindlichen Gebet [2]), zur Ruhe und Gelassenheit bei der Selbstverantwortung [3]), zur Furchtlosigkeit in Not und Gefahr [4]): er hat auch in wunderbaren Worten, die tiefstes Verständnis bekunden für das Innenleben der armen und kleinen Leute, der Mühseligen und Beladenen, gewarnt vor der Sorge für den morgenden Tag und freudige Zuversicht gefordert auf die allezeit freundlich waltende Vorsehung des Vaters; ὀλιγόπιστοι nennt er scheltend solche, die sich ängstlich härmen und beunruhigen um das leibliche Auskommen [5]). Oder aber er klagt über eine γενεὰ ἄπιστος, wo nicht aus der Gewissheit himmlischen Beistandes die Kraft geschöpft wird irdische Übel zu beseitigen [6]), und giebt die Anweisung niemals zu zweifeln an der Erfüllung auch der kühnsten auf Gott gesetzten Hoffnungen und Erwartungen [7]). »Wie habt Ihr keinen Glauben?« oder »Wo ist Euer Glaube?« lautet die vorwurfsvolle Frage, als die Jünger bangen im Sturm [8]); während bei Matthäus da abermals das Wort ὀλιγόπιστοι fällt [9]), ein Ausdruck, der in dem selben Evangelium auch dem über die Wasser schreitenden und verzagenden Petrus gegenüber angewandt wird [10]). Es bedarf keiner weiteren Belege: im Ernste wird ja doch von niemand bestritten, dass Jesus das Gottvertrauen dargelebt und gepredigt hat. Es bildet einen Bestandteil der neuen Gerechtigkeit, wie es in der alten nicht fehlte; nur dass es hier und dort verschieden begründet wird und darum auch anders beschaffen ist.

Nicht so einmütig fällt das Urteil aus über die Bedeutung

---

1) »Als Glauben wird in der ältesten Überlieferung zunächst das Gottvertrauen bezeichnet«. (Weiss, Lehrbuch der biblischen Theologie. 6. Aufl. S. 96, c.) »Glaube ist also in erster Linie Vertrauen auf Gott«. (Holtzmann, Lehrbuch der Neutestamentlichen Theologie. I, 239.) Vgl. Beyschlag, Lehrbuch der Neutestamentlichen Theologie. I, 116.
2) Mt. 7, 7—11 = Lc. 11, 9—13.
3) Mt. 10, 19; Mc. 13, 11; Lc. 12, 11; 21, 14.
4) Mt. 10, 28 ff. = Lc. 12, 6 f.   5) Mt. 6, 30. Lc. 12, 28.
6) Mt. 17, 17; Mc. 9, 19; Lc. 9, 41.
7) Mt. 17, 20; 21, 21; Mc. 9, 23; 11, 22 ff; Lc. 17, 5 f.
8) Mc. 4, 40; Lc. 8, 25.   9) Mt. 8, 26.   10) Mt. 14, 31.

der fides in Christum innerhalb der ersten Verkündigung. Wenn in der Gemeinde früh die Gewissheit zum Ausdruck kam, dass Jesus der Messias sei, so lässt sich doch nicht in stringenter Weise darthun, dass er selbst eine solche Überzeugung ausdrücklich als Glauben gefordert hat. Der vorliegende verlässliche Wortlaut führt nicht so weit; und es ist die Frage, ob der Begriff eines religiösen Glaubens an Jesum überhaupt Raum hat in der Lehre des Herrn. Zwar Mt. 18, 6 = Mc. 9, 42 findet sich das bedeutsame $τῶν\ πιστευόντων\ εἰς\ ἐμέ$; aber die Authentie des Ausdrucks ist bekanntlich angefochten. Lc. 18, 8 heisst es: $ὁ\ υἱὸς\ τοῦ\ ἀνθρώπου\ ἐλθὼν\ ἆρα\ εὑρήσει\ τὴν\ πίστιν\ ἐπὶ\ τῆς\ γῆς$; indessen abgesehen davon, dass die Wendung vereinzelt dasteht, hat man geltend gemacht, dass das Wort Glaube hier im absoluten Sinn gebraucht werde ähnlich wie Lc. 8, 12. 13. Dem dritten Evangelium allein gehört ebenfalls die Erwiderung an, die der Verklagte auf die Frage »Bist Du der Christus?« erteilt: $ἐὰν\ ὑμῖν\ εἴπω,\ οὐ\ μὴ\ πιστεύσητε$. Dagegen finden sich mancherlei Spuren des Hinweises auf einen Glauben an die Macht Jesu Wunder zu thun und Heilungen zu vollziehen. So beispielsweise Mt. 8, 10. 13 = Lc. 7, 9, wo auf die Äusserung des Hauptmanns von Kapernaum über die Gewalt eines blossen Wortes aus dem Munde des Herrn die Erklärung folgt: »bei niemand in Israel habe ich solchen Glauben gefunden«. Ferner Mt. 9, 22 = Mc. 5, 34 = Lc. 8, 48, wo Jesus der von der Berührung seines Gewandes Genesung erwartenden Frau zuruft: »Dein Glaube hat Dir geholfen« [1]). In der Dublette zur Jerichoperikope heisst es Mt. 9, 28: »Glaubet Ihr, dass ich imstande bin dies zu thun?« und 9, 29: »Nach Eurem Glauben geschehe Euch«. Mt. 15, 28 wird dem herandrängenden kananäischen Weiblein das Wort zu teil: »Dein Glaube ist gross«; in der Marcusparallele fehlt freilich der Ausdruck. Umgekehrt werden — wiederum bloss bei Mt. (16, 8) — die Jünger »kleingläubige« genannt, weil sie trotz des Speisungswunders sich wegen der fehlenden Brote Sorge machen. Mc. 10, 52 = Lc. 18, 42 kehrt das an einen Hülfesuchenden gerichtete »Dein Glaube hat Dir geholfen« wieder. Der Satz tritt auch auf Lc. 7, 50 und 17, 19, wo er freilich auf Rechnung des Evangelisten zu

---

1) Vgl. jedoch zu Mt. 9, 22 Weiss, Lehrbuch der biblischen Theologie, 6. Aufl., S. 94, c.

kommen scheint. Vielleicht wäre endlich zu erwähnen Mc. 5, 36 = Lc. 8, 50: »Fürchte Dich nicht, glaube nur«. Es ist wenigstens möglich dies Wort zu deuten als eine Aufforderung zur Zuversicht auf die Heilkraft Jesu; nur darf man dabei nicht vergessen, dass der Herr selbst die an seine Person herantretende Zeichensucht gelegentlich entschieden verurteilt hat, und dann, dass in der zuletzt angezogenen Stelle und in einigen andern möglicherweise lediglich von dem auf Gott gerichteten Glauben die Rede ist [1]). »Das Vertrauen auf die Wunderhülfe Jesu« .... ist nach Weiss überhaupt »zuletzt auch nur ein Gottvertrauen« [2]). Und Holtzmann stimmt überein, wenn er schreibt: »Der zunächst .... seiner Person geltende Glaube der Hülfesuchenden .... wird von ihm nur angenommen und anerkannt als der Wundermacht Gottes geltend« [3]).

Sonst wird bei den Synoptikern das Wort Glaube von Jesus selbst noch angewandt auf die Aneignung der frohen Botschaft. So in der kurzen von Marcus gezogenen Lehrsumme: »Thut Busse und glaubet an das Evangelium« [4]). Mt. 24, 23. 26 — Mc. 13, 21 spricht er von dem Glauben daran, dass der Christus hier oder da sei, Lc. 24, 25 von dem Glauben an alles, was die Propheten geredet haben, Mt. 21, 32 von einem dem Johannes glauben. Ganz allgemein wird das Wort $\pi\iota\sigma\tau\iota\varsigma$ gebraucht Lc. 22, 32: »Ich aber habe für Dich gebeten, dass Dein Glaube nicht ausgehe«. Ähnlich Lc. 12, 46: Er wird »ihm sein Teil bei den Ungläubigen geben«. Mt. 24, 51 steht dafür: »bei den Heuchlern«. Im Sinne von Treue kommt $\pi\iota\sigma\tau\iota\varsigma$ vor Mt. 23, 23, in analoger Bedeutung $\pi\iota\sigma\tau\acute{o}\varsigma$ Mt. 24, 45; 25, 23; Lc. 12, 42; 16, 10. 11. 12; 19, 17. Lc. 16, 11 heisst $\pi\iota\sigma\tau\varepsilon\acute{u}\varepsilon\iota\nu$ so viel wie anvertrauen. Aus dem Nachtrag zum Marcusevangelium seien endlich der Vollständigkeit halber die Äusserungen erwähnt: »Wer geglaubt hat und getauft wurde, wird gerettet werden; wer nicht geglaubt hat, wird verdammt werden. Die aber gläubig geworden sind, werden folgende Zeichen begleiten«.

Abgesehen von den auf Jesus zurückgehenden oder ihm in

---

1) Vgl. die Gruppierung der Citate bei Holtzmann, Lehrbuch der Neutestamentlichen Theologie. I, 238.
2) Weiss, Lehrbuch der biblischen Theologie, 6. Aufl., S. 96, c.
3) Holtzmann, Lehrbuch der Neutestamentlichen Theologie. I, 238.
4) Mc. 1, 15.

den Mund gelegten Worten sind dann noch bei den Synoptikern folgende einschlägige Stellen zu verzeichnen: Mt. 9, 2 = Mc 2, 5 = Lc. 5, 20: es wird auf den Glauben an die Wunderkraft des Herrn reflektiert. Mt. 13, 58 = Mc. 6, 6: »Er that daselbst nicht viele Wunder wegen ihres Unglaubens«, »er wunderte sich über ihren Unglauben«. Mt. 27, 42: Wenn er vom Kreuz steigt, »wollen wir an ihn glauben«: es handelt sich offenbar um die Annahme, dass er der Messias sei; bei Mc. (15, 32) fehlt jedoch das »an ihn«. Mt 21, 25 = Mc. 11, 31 = Lc. 20, 5 bekunden die Hohepriester und Schriftgelehrten ihre Furcht vor der Frage, warum sie dem Johannes nicht geglaubt haben. Mt. 27, 43 wird von Christus gesagt: πέποιθεν ἐπὶ τὸν θεόν. Lc. 1, 20 wird Zacharias getadelt, dass er den Worten des Engels nicht geglaubt hat, und Lc. 1, 45 die selig gepriesen, die geglaubt hat, dass das vom Herrn geredete zur Vollendung kommen wird. Lc. 24, 11 und 41 bezieht sich der Glaube auf die Auferstehung Christi, und ähnlich ist es Mc. 16, 11 ff.

In Anbetracht dieses ganzen Befundes wird man sich nicht wundern, wenn es als unwahrscheinlich oder unrichtig bezeichnet wird, dass Jesus eine religiöse Überzeugung inbezug auf seine Person geradezu geboten habe. Forscher von durchaus verschiedener Richtung stimmen darin überein. Auch Schlatter, der sonst den auf Gott und den auf Christus gerichteten Glauben nicht unterscheidet, meint: »Bei Matthäus ruft Jesus niemand zu: glaubt an mich, weil und wie er niemand zuruft: ich bin der Christus« [1]).

Dennoch und trotz alledem wird es nicht gut geleugnet werden können, dass Jesus überhaupt, und namentlich in der späteren Zeit, Wert gelegt hat auf eine ganz bestimmte Beurteilung seiner selbst. So sicher es ist, dass sich die Gewissheit »vom Himmel« [2]) zu sein aus seinem Bewusstsein nicht herauslösen lässt, dass er sich für den Messias (im formalen Sinn des Wortes) gehalten und in der zweiten Hälfte seiner Wirksamkeit ausgegeben hat, so fest wird auch stehen, dass ihm etwas daran lag als solcher anerkannt zu werden. Dies konnte aber immer nur durch einen Glaubensakt geschehen. Ob Jesus auf den Vor-

---

1) Schlatter, Der Glaube im N.T. 2. Bearbeitung. S. 147.
2) Mt. 21. 25 = Mc. 11, 30 = Lc. 20, 4.

gang speziell das Wort πίστις angewandt hat oder nicht, ist schliesslich gleichgültig: auf den Ausdruck kommt es nicht an, sondern auf die Sache, und deren Realität wird sich nicht anzweifeln lassen. Man braucht nicht daran zu erinnern, dass schon das, wenigstens geduldete, Vertrauen auf die Wunderkraft Christi eigentlich nur ein Vorspiel bildete zu der Annahme seiner Messianität; man braucht nicht auf einzelne Stellen zu verweisen, deren Zeugnis, obgleich sie zum Teil angefochten werden, doch nicht überhört werden darf [1]). Dass die ganze Thätigkeit Jesu darauf angelegt war eine hochgespannte Schätzung und Würdigung seiner Person hervorzurufen, beweist allein deutlich ihr unmittelbarer Erfolg einerseits, ihr tragischer Ausgang anderseits. Und es fragt sich nun: was konnte die niemals ausdrücklich verlangte, aber lange und langsam vorbereitete Überzeugung, dass im Nazarener der Messias erschienen sei, für das Innenleben seiner Anhänger bedeuten?

Mit dem blossen »Herr, Herr sagen« war es, das steht fest, nicht gethan. Es sollten Früchte gezeitigt werden; aber wie mochten solche aus einer bestimmten Beurteilung der Person Jesu hervorgehen? Christus selbst hat uns darüber keine Auskunft erteilt; er hat das Gebot aufgestellt eines kindlichen Verhaltens gegen Gott und eines brüderlichen gegen die Menschen; er hat eben darin die Seligkeit suchen gelehrt; er hat auch durch das, was er war und that, dazu verholfen jenes Geheiss zu erfüllen, so dass, was erst als Forderung auftrat, nachträglich zur Gabe wurde; aber er hat nicht ausdrücklich gesagt, dass und wie der Genuss des Geschenks abhängig sei von einem Glauben an ihn. So dass der Fragende auf blosse Vermutungen angewiesen bleibt, die indessen nicht völlig haltlos in der Luft schweben.

Um das Problem zunächst noch scharf zu umgrenzen: nicht darum handelt es sich, welche sittlichen Wirkungen die Überzeugung von der Messianität Jesu auslösen konnte, sondern darum, was sie zu leisten vermochte für die Belebung des Gottvertrauens, dessen ausserordentlicher Wert bereits von der Synagoge anerkannt war [2]).

---

1) Vgl. beispielsweise Mt. 10, 32 f. = Lc. 12, 8 f.; Mt. 10, 40; Mc. 9, 37; Lc. 9, 48; 10, 16; Mt. 10, 22 = Mc. 13, 13 = Lc. 21, 17; Mt. 19, 29 u. a.

2) Vgl. hierzu die Ausführungen von Schlatter, der Glaube, Cp. 1 u. 2.

Mindestens ein zweifaches fällt da alsbald in die Augen. Es war gewiss schon etwas Wichtiges und Tröstliches, dass überhaupt die Botschaft vom Reich ertönte, das heisst zunächst doch wohl, von einem hohen, durch nichts zu überbietenden Glück. Wie man dasselbe auch immer deuten mochte, so schloss die Verkündigung jedenfalls die Versicherung ein von Gottes grosser entgegenkommender Gnade und Huld. Wo daher dem Evangelium Glaube geschenkt wurde trotz aller Schwierigkeiten, die dem im Wege standen, da mussten zunächst ganz im allgemeinen die Gemüter angeregt werden zu gesteigerter freudiger Zuversicht: die Leiden der Zeit schrumpften zusammen angesichts der bevorstehenden Gabe, die alles Irdische weit in den Schatten stellte; und so wurde bereits in etwas der Seelenzustand verwirklicht, darin eben der Anfang des Heils zu erfahren und zu erleben war. Aber es war nun doch noch von ganz besonderer Bedeutung, dass Jesus, dass gerade dieser Jesus mit seinem eigentümlichen, auffallenden Wesen und Reden und Thun als der Bringer und Errichter des Reiches, als der Vollstrecker des göttlichen Willens, als der Messias auftrat und erkannt wurde: dadurch wurde nicht nur die Auffassung von der Beschaffenheit des ersehnten Gutes neu bestimmt, sondern speziell auch das Urteil über die zur Aneignung Befugten. Längst hatte man ja die angenehme Zeit vorausgesehen; man hatte sie sich in prächtigen Farben ausgemalt, anders, als sie sich jetzt anzukündigen schien; man hatte namentlich anders gedacht über die zum Genuss ihrer Segnungen Berechtigten. Die Berufenen, das waren eigentlich nur die Gerechten, die gewissenhaften Beobachter aller einzelnen geschriebenen Gebote, also die Angehörigen bestimmter Klassen und Kreise. Von der pünktlichen Erfüllung des Gesetzes hingen die göttlichen Gnadenerweise ab, der Eintritt besserer und bester Tage, und man hatte sich's daher nicht wenig kosten lassen diese herbeizuziehen. Auch die Sündenvergebung war im Grunde bloss solchen zugänglich, die etwas waren, die etwas aufzuweisen hatten und mit Ersatzleistungen aufwarten konnten [1]). Der Messias, wofern von ihm die Rede war, wurde wohl gepriesen als der »Stab der Gerechten und Heiligen« [2]), diesen sollte er »geoffenbart«

---

1) F. Weber, Die Lehren des Talmud, 1880, S. 300 f., vgl. auch Holtzmann, Lehrbuch der Neutestamentlichen Theologie.
2) Henoch 48, 4.

werden [1]) und ein gewaltiger Gerichtstag die Unwürdigen und Verdienstlosen ausscheiden und vernichten. Und nun trat der Nazarener auf und predigte das Reich mit seinen Voraussetzungen und Folgen — nicht den Gerechten. Er bot es aus, er lud dazu ein; aber die, an welche er sich wandte, waren nicht die Gesunden sondern die Kranken, nicht die Satten sondern die Hungrigen, nicht die Heroen der Gesetzeserfüllung sondern die Zöllner und Sünder, die Gefallenen, Verworfenen und Verachteten, die »Verkommenden, Versinkenden, Untergegangenen«. Das war gerade das Anstössige an seiner ganzen Wirksamkeit, vielleicht sogar für diejenigen, die dabei nur gewinnen konnten, dass er mit dem hohen Anspruch Güter Gottes darzubieten sich in solche »schlechte Gesellschaft« begab. Das war das Unerhörte und Unwahrscheinliche, dass der Bote und Bevollmächtigte des weltfernen Richters sich just den Schuldbeladenen freundlich zukehrte. Das war, ist man versucht zu sagen, das Unnatürliche, dass er den Himmel an leistungsarme Krüppel verschenkte; denn, wie die Religionsgeschichte beweist, liegt dem natürlichen Denken die Auffassung eines Rechtsverhältnisses zwischen Gott und Mensch viel näher als die Vorstellung des gütigen Vaters. Um das Ärgernis zu überwinden, bedurfte es eines besondern Willensaktes, einer Revolution in der gesamten Anschauungsweise. Sie war sicher nicht leicht; wer sie aber vollzog, wer sich gegen alle Wahrscheinlichkeit zu dem Vertrauen aufschwang, dass dieser Jesus, ebenso wie er, mit »Gottes Geist« oder »Finger« [2]) handelte, wo er Dämonen austrieb, so auch der Beauftragte und Vertreter Gottes war, wenn er die Verlorenen freundlich suchte; wer den verwegenen Glauben fasste, dass Gott selbst durch den unscheinbaren leutseligen Menschensohn redete und handelte, der nicht einmal die Zöllner und Huren von sich stiess: für den wurde es eben damit zur erquickenden Gewissheit, nicht nur, dass das Reich überhaupt gekommen war, sondern auch, dass sogar schwere und schwerste Sünde davon nicht ausschliesse; und der von einem zarten Gewissen leise geängstigte und der von andern

---

1) Henoch 48, 7.
2) Mt. 12, 28. Lc. 11, 20. Der Zusammenhang, in dem das Wort steht, ist nach Jülicher verdorben; das Wort selbst macht ihm den Eindruck der Echtheit.

und sich selbst Aufgegebene fasste neuen Mut [1]), blickte freudig zum Himmel auf trotz seiner Schuld, und, indem er ein überweltliches Glück zuversichtlich erwartete und die Hände danach ausstreckte, genoss er bereits ein solches und eignete es sich an.

Es war ein spezieller Erfolg des Werkes Christi, dass allen Menschen nicht bloss einzelnen Bevorzugten die Kindesstellung Gott gegenüber ermöglicht wurde; aber wie die Dinge lagen und angesichts der Ausdehnung der Sünde konnte diese Wirkung nur da eintreten, wo man seiner Person Glauben entgegenbrachte. Oder anders ausgedrückt: das liebevolle Verfahren Jesu gegen alle Bedürftigen, selbst gegen die augenscheinlich unwürdigsten, erzeugte bei diesen das Gottvertrauen, weil es die Bürgschaft war für ein gleiches Verfahren Gottes; aber es war eine solche Garantie natürlich bloss für diejenigen und mochte darum jene Funktion auslösen allein in solchen, die sich zu der Überzeugung erhoben, dass in des Nazareners Reden und Handeln sich irgendwie das Reden und Handeln Gottes darstelle. Wer das nicht anerkannte, wer das nicht glaubte, für den war die Lebensarbeit Jesu unfruchtbar, für den war dieser lediglich ein Thor oder Schwärmer oder Lästerer und sein Verhalten durchaus nicht das, was es sein sollte, nämlich eine »Gewähr für das entsprechende Verhalten Gottes« [2]). Mochte die angenehme Zeit fern sein oder nah, ein Anrecht auf ihre Güter, auf Vergebung und alles andere behielten nach wie vor nur die Gesetzeseiferer, nicht der empfängliche Mensch an sich; die Sünder blieben in ihren Sünden, Gott und dem Heil noch immer fern; denn der mit dem Anspruch erschienen war

---

1) Mit dem Bewusstsein der Anwartschaft auf das Reich war die Angst gebannt: »Fürchte Dich nicht, Du kleine Herde; denn es hat Eurem Vater gefallen, Euch das Reich zu geben«. (Lc. 12, 32.)

2) In seiner Neutestamentlichen Theologie (I, 236) schreibt Holtzmann: »Die Person Jesu ... ist bei diesem Glauben (gemeint ist das Gottvertrauen) insofern beteiligt, als sein eigenes Verhalten die Gewähr für das entsprechende Verhalten Gottes bildet«. Auf die Rolle des Glaubens an Jesum wird allerdings nicht besonders hingewiesen. Doch wird in einer Anmerkung folgendes charakteristische Wort Osc. Holtzmanns angeführt: »Die natürliche Scheu des Sünders an diese Liebe Gottes zu glauben hat Jesus im Leben durch seinen eigenen, den Pharisäern so anstössigen Verkehr mit den Sündern zu heben gesucht, indem er überall durch das Vertrauen zu seiner Person zu dem Vertrauen auf den sündenvergebenden Gott hinführt«.

ihnen das Himmelreich zu eröffnen, hatte den Schlüssel nicht dazu. So kam in der That ungeheuer viel, ja, für den Schuldbewussten geradezu alles an auf eine gläubige oder ungläubige Stimmung der Person Jesu gegenüber. Das Herrenwort, wonach niemand den Vater erkennt ausser der Sohn und wem es der Sohn will offenbaren [1]), hat zum Korrelat die frühzeitig sich einstellende enorme Schätzung einer fides in Christum.

Indessen noch ein anderes muss geltend gemacht werden, daraus der praktische Wert einer Anerkennung der Messianität Jesu erhellt. Es schloss dieselbe nicht bloss die Überzeugung ein, dass der die Sünder Annehmende der Vollstrecker des göttlichen Willens sei, sondern zugleich die Gewissheit, dass der Zimmermannssohn in einer einzigartigen Lebens- und Liebesgemeinschaft mit Gott stehe. Dass Jesus dieses sein Privilegium betonte, indem er sich den Sohn Gottes nannte, lässt sich mit grösserer Bestimmtheit behaupten, als dass er mit der vielumstrittenen und neuerdings sogar in Frage gestellten [2]) Selbstbezeichnung als »Menschensohn« auf die den Menschen zugekehrte Seite seiner Thätigkeit hinweisen wollte: wozu man sich durch Rücksichten auf die Symmetrie nicht verführen lassen darf. Der Anspruch Christi auf ein besonderes Liebesverhältnis zu Gott war nun aber nicht minder anstössig als der den Aufgegebenen und Verlorenen das Himmelreich zuzutragen. Man darf nicht vergessen: ihn umspielte ja nicht der blendende Glanz, er verfügte nicht über die sichtbaren Machtmittel, durch die sich der Gott teure Erbe Davids legitimieren sollte; er war ein Niedriger unter den Niedrigen; die äusserlich ansehnliche Erscheinung war es sicher nicht, durch die er imponierte; wenn den Füchsen Höhlen eignen und den Vögeln Nester, er hatte nicht, da er sein Haupt hinlegen konnte; er war arm; wenn er die Dürftigkeit vielleicht nicht gesucht hat, so hat er anderseits doch gewiss nichts gethan ihr zu entrinnen; er war bewusst arm: das bezeugen die Aussprüche, darin er die Fähigkeit ihm nachzufolgen erprobt und misst an der Bereitwilligkeit auf allen irdischen Besitz zu verzichten; er hat teil gehabt an den Nöten und Mühsalen der kleinen Leute: Reichtümer und Vorräte waren nicht die Grund-

---

1) Mt. 11, 27. Lc. 10, 22.
2) Freilich auf Grund von keineswegs anfechtbaren Argumenten.

lage seiner Sorglosigkeit und Fröhlichkeit. Das alles empfahl ihn nicht. Denn ein Bestandteil oder eine Folge des Nomismus ist stets die Anschauung, dass das Glück ein Zeichen göttlicher Huld, das Unglück ein Beweis der Gottverlassenheit ist. Wie sehr auch diese Auffassung dem »natürlichen« Denken und Fühlen entspricht, geht unter anderm daraus hervor, dass fast überall in der ausserchristlichen Menschheit der Starke, Schöne, Mächtige, Reiche für das Schoosskind der Gottheit gehalten, während der mit Leiden irgend welcher Art Behaftete als der von ihr Geächtete und Gebrandmarkte beurteilt wird. Man braucht bloss die antike dramatische Litteratur einmal durchzublättern, um gewahr zu werden, wie der Dulder und der Gottverstossene identisch sind, wie beinahe jeder Notschrei zugleich eine Klage enthält über den, gleichviel ob gerechtfertigten oder nur launischen, Hass der Himmlischen. Auch für das Spätjudentum war das Übel ein Ausfluss des richtenden göttlichen Zorns. Insbesondere die Armut galt in pharisäischen Kreisen »als eine schreckliche, alle ägyptischen Plagen übersteigende, Strafe Gottes, dagegen Reichtum als ein sichtbarer Beweis des göttlichen Segens und Wohlgefallens«[1]). Und diesem ganzen tief in der menschlichen Art wurzelnden Vorstellungskreis stellte sich Jesus entgegen: er, der äusserlich nichts war und nichts hatte, gab durch Wort und Handlung zu verstehen, dass er den vertrautesten und intimsten Verkehr mit der höchsten Lebensmacht geniesse und ihr vor andern nah und teuer sei. Das musste ein Ärgernis ohne gleichen abgeben für viele; es thut das, genau besehen, noch immer, auch da, wo man statt von verschwenderisch ausgestatteten Lieblingen Gottes nur von solchen der Natur redet. Wer aber den Anstoss überwand, wer gegen den Schein unter dem Eindruck der geistigen Gewalt, der Persönlichkeit Christi im Glauben das Urteil gewann, dass der unansehnliche geringe Nazarener wie der Bote und Bevollmächtigte Gottes so der Träger und Inhaber höchster göttlicher Huld und Gnade sei, für den rückte allmählich das Bild der Welt in eine neue Beleuchtung. Mangel und Entbehrung trennten nicht vom Vater; denn es war ja gewiss, für den Gläubigen, aber auch nur für den, ganz gewiss, dass der einzigartig Geliebte Gottes sie mitgetragen hatte. Die Not verlor ihren Stachel.

---

1) Holtzmann, Neutestamentliche Theologie, I, 135.

Man konnte unter Regen und Sonnenschein als ein Besitzloser durch die Felder wandeln und sich von ausgerauften Aehren nähren und doch mit dem unsichtbaren Diadem göttlichen Wohlgefallens gekrönt sein und die Anwartschaft auf alle Güter des Himmels als sichern Schatz im Busen tragen. Die Enterbten durften wieder hoffen und vertrauen; darum drängten sie sich auch herbei, einzelne Gemeinden wussten etwas davon zu sagen, mit welchem Ungestüm. Christus hatte sie aufgerichtet.

Es gehörte mit zu seinem Werk, dass er, indem er sich in Knechtsgestalt und unter allen Wechselfällen des Lebens als der Sohn Gottes behauptete und bewährte, dem Mühseligen und Beladenen, dem Menschen an sich, nicht nur dem Starken, Reichen, Glücklichen das Gotteskindschaftsbewusstsein schenkte; doch wohlverstanden: diesen Erfolg hatte seine Thätigkeit nur da, wo die Überzeugung Wurzel geschlagen hatte, dass der arme Mensch Jesus zugleich der teure Sohn, der unermesslich reiche Erbe seines Vaters im Himmel sei. Wo dieser Glaube sich nicht einstellte, da hatte man nichts vom Nazarener trotz aller seiner Heldenarbeit: er war und blieb der geringe, ohnmächtige Rabbi, der sich durch einen Wahn über die Misere seines Daseins hinwegtäuschte, bestenfalls ein sympathischer, aber sonderbarer Schwärmer. So tritt noch einmal zu Tage, welche Bedeutung die Anerkennung Jesu als des Messias hatte; und man kann es jetzt schon verstehen, wieso die erste Gemeinde ihren ganzen neuen Stand meinte zum Ausdruck bringen zu können, indem sie bekannte, dass er der Christus sei.

Die Betrachtung des Gedankenkreises Jesu, wie er sich bei den Synoptikern darstellt, hat sich nicht als unfruchtbar erwiesen. Sie wirft allerdings nur etwas ab unter der Bedingung, dass man sich nicht bloss an den vorliegenden Wortlaut hält, sondern sich zur Reflexion entschliesst über die Art, wie die vom Herrn selbst angebahnte Beurteilung seiner Person wirken musste. Anders liegen die Dinge, wo es sich um die paulinische Litteratur handelt.

Es wird nötig sein, bei Beleuchtung derselben die Pastoralbriefe für eine besondere Untersuchung zurückzustellen, und erlaubt, die übrigen Episteln, die den Namen des grossen Heidenapostels tragen, zusammenzufassen.

Dass darin der Ausdruck »Glaube« oder »Vertrauen« und

verwandte oder gleichbedeutende Bildungen eine hervorragende Rolle spielen, braucht nicht erst gesagt zu werden, und es lohnt sich einmal die einschlägigen Stellen zu überschauen; doch werden zunächst diejenigen ausgeschieden werden müssen, wo das Wort nicht im streng oder spezifisch religiösen Sinn oder nicht ausschliesslich in einem solchen gebraucht wird. Also beispielsweise: 2 Thess. 3, 4: »Wir vertrauen ($πεποίθαμεν$) im Herrn auf Euch; ähnlich Gal. 5, 10; 2 Cor. 8, 22 ($πεποιθήσει\ πολλῇ\ τῇ\ εἰς\ ὑμᾶς$) und 2 Cor. 10, 2. Dasselbe gilt noch für einige weitere Äusserungen. Im Philipperbrief (1, 6) sagt Paulus, er sei überzeugt ($πεποιθώς$), dass der das gute Werk in den Adressaten angefangen habe, es auch vollenden werde. Phil. 1, 25, er sei dessen gewiss ($τοῦτο\ πεποιθώς$), dass das Verbleiben im Fleisch notwendiger ist; Phil. 2, 24, er habe die Zuversicht im Herrn ($πέποιθα$), dass er bald kommen werde; 2 Cor. 2, 3, er vertraue darauf, dass seine Freude der Leser aller Freude sei. Philem. 21 spricht er sein Vertrauen auf den Gehorsam des Empfängers aus. Dazu gesellt sich ferner Röm. 2, 19, wo es heisst: Du glaubst ($πέποιθας$) ein Führer für Blinde zu sein; Röm. 15, 14: Ich bin überzeugt ($πέπεισμαι$), dass Ihr voll guter Gesinnung seid; Röm. 14, 14: $οἶδα\ καὶ\ πέπεισμαι\ ἐν\ κυρίῳ\ Ἰησοῦ\ ὅτι\ οὐδὲν\ κοινὸν\ δι'\ ἑαυτοῦ$; 1 Cor. 13, 7: Die Liebe glaubt ($πιστεύει$) alles. 1 Cor. 11, 18 erklärt der Apostel, er glaube ($πιστεύω$) es, dass bei den Zusammenkünften der Gemeinde Spaltungen eintreten. Von dem $πιστευθῆναι\ τὸ\ εὐαγγέλιον$ ist die Rede 1 Thess. 2, 4; Gal. 2, 7; 1. Cor. 9, 17; Röm. 3, 2. Zu erwähnen sind hier endlich die Stellen, wo $πιστός$ in der Bedeutung von treu angewandt wird, wie 1 Thess. 5, 24; 2 Thess. 3, 3; 1 Cor. 1, 9; 4, 2; 4, 17; 7, 25; 10, 13; 2 Cor. 1, 18; Col. 1, 7; 4, 7; Col. 4, 9; Eph. 6, 22; vgl. Röm. 3, 3 ($πίστις$ als Treue Gottes). Dagegen kann schon nicht mehr als völlig gleichgültig bezeichnet werden Phil. 3, 3. 4, wo das Vertrauen aufs Fleisch ($πεποιθέναι\ ἐν\ σαρκί$) im Gegensatz steht zu dem Pochen auf Christus. Ebenso verhält es sich mit 2 Cor. 1, 15. Fraglich erscheint nämlich, worauf sich da die Zuversicht des Schreibers bezieht, ob darauf, dass er sich in Gottes Gnade den Korinthern gegenüber bewegt habe, oder darauf, dass er ihr Ruhm sei, oder anderes. 2 Cor. 3, 4 giebt der Apostel sein Vertrauen durch Christus zu Gott kund, dass die Adressaten sein Empfehlungsbrief seien. Phil. 1, 14 werden Brüder genannt, die im Herrn auf seine Fesseln vertrauen.

Viel häufiger sind die Stellen, wo das Wort »Glaube« eine streng religiöse Bedeutung hat. Und zwar steht es meistens absolut oder wenigstens ohne genauere Angabe des Objektes und Inhalts. Das ist der Fall inbezug auf das Substantivum πίστις 1 Thess. 1, 3, wo indessen auf das »Werk des Glaubens« hingewiesen wird; 1 Thess. 3, 2. 5. 6. 7. 10 (Erwähnung der Mängel des Glaubens); 1 Thess. 5, 8 (Panzer des Glaubens); 2 Thess. 1, 3. 4 (Glaube in Verfolgungen und Trübsalen); 2 Thess. 1, 11 (Werk des Glaubens); 2 Thess. 3, 2; Gal. 1, 23 (Paulus predigt den Glauben, den er einst verstört); Gal. 3, 2 (aus Gehör des Glaubens haben die Galater den Geist erhalten); Gal. 3, 5 (ähnlich); Gal. 3, 7. 8. 9. 11. 12. 14. 23. 24. 25. 26 (das πίστεως nicht mit ἐν Χριστῷ Ἰησοῦ zu verbinden); Gal. 5, 5. 6 (der Glaube wirksam durch Liebe); Gal. 5, 22 (der Glaube als Frucht des Geistes erwähnt); Gal. 6, 10 (Glaubensgenossen); 1 Kor. 2, 5; 12, 9 (Glaube als Charisma); 1 Kor. 13, 2 (Glaube zum Bergeversetzen); 1 Kor. 13, 13 (Glaube neben Liebe und Hoffnung); 1 Kor. 15, 14. 17; 1 Kor. 16, 13 (steht fest im Glauben); 2 Kor. 1, 24 (nicht, dass wir über Euren Glauben herrschen; Ihr seid fest geblieben im Glauben); 2 Kor. 4, 13; 5, 7 (doch erhellt aus dem Zusammenhang, dass es sich um das Bewusstsein handelt eine Heimat beim Herrn zu haben); 2 Kor. 8, 7 (es ist von einem Überströmen im Glauben die Rede); 2 Kor. 10, 15; 2 Kor. 13, 5; Röm. 1, 5 (Glaubensgehorsam); Röm. 1, 8. 12 (der Glaube, den wir miteinander haben); Röm. 1, 17 (ἐκ πίστεως εἰς πίστιν); Röm. 3, 25 (das ἐν τῷ αὐτοῦ αἵματι nicht auf πίστεως zu beziehen); Röm. 3, 27 (das Gesetz des Glaubens); Röm. 3, 28. 30. 31; 4, 9 (Glaube Abrahams gerade wie 4, 12); Röm. 4, 11. 13. 14. 16 (Glaube Abrahams); Röm. 4, 19 (der Zusammenhang lehrt, dass es sich um den Glauben an die Erfüllung der göttlichen Verheissungen handelt gerade wie 4, 20); Röm. 5, 1; 9, 30. 32; 10, 6. 8. 17; 11, 20; 12, 3 (das Mass des Glaubens); Röm. 12, 6 (ähnlich); Röm. 14, 1 (die im Glauben Schwachen); Röm. 14, 22 (Glauben in Sachen des Opferfleischgenusses); Röm. 14, 23 (ebenso, dazu: was nicht aus dem Glauben gehet, das ist Sünde); Röm. 15, 13; 16, 26 (Glaubensgehorsam); Phil. 1, 25 (es wird von einer Förderung und Freude des Glaubens gesprochen); Phil. 1, 27 (vielleicht nur der Glaube, der ins Bereich des Evangeliums gehört, möglicherweise aber auch der Glaube an das Evangelium); Phil. 2, 17; 3, 9 (der Zusatz »ihn zu erkennen und die Kraft seiner Auferstehung und die Gemeinschaft seiner Leiden« ist schwerlich auf πίστις zu beziehen, ist indessen auch nicht ganz zu übersehen); Kol. 1, 4 (πίστιν ὑμῶν ἐν Χριστῷ Ἰησοῦ); Kol. 1, 23; 2, 7; Eph. 1, 15 (πίστιν ἐν τῷ κυρίῳ Ἰησοῦ); Eph. 2, 8; 3, 17; 4, 5 (ein Glaube); Eph. 4, 13 (Einheit des Glaubens); Eph. 6, 16 (der Schild des Glaubens); Eph. 6, 23 (Liebe samt Glauben); Philem. 6.

Aber auch das Verbum πιστεύειν wird gebraucht ohne genauere Anführung dessen, worauf es sich bezieht. So 2 Thess. 1, 10 (nach dem Kontext handelt es sich allerdings um die Annahme des Zeugnisses Pauli); 1 Kor. 3, 5; 15, 2; 15, 11 (οὕτως ἐπιστεύσατε, es ist von der Auferstehung Christi die Rede); 2 Kor. 4, 13 (πιστεύομεν, doch wird der Ausdruck gleich darauf umschrieben); Röm. 1, 16; 3, 22; 4, 11; 10, 10. 14; 13, 11; 14, 2 (ὁ μὲν πιστεύει φαγεῖν πάντα); Eph. 1, 13; dazu 1 Thess. 1, 7 (τοῖς πιστεύουσιν); 1 Thess. 2, 10. 13; Gal. 3, 22; 1 Kor. 1, 21; 14, 22; Röm. 10, 4; Eph. 1, 19 (ἡμᾶς τοὺς πιστεύοντας, womit vielleicht zu verbinden ist: gemäss der Wirkung der Gewalt seiner Stärke, die er gewirkt hat an Christo, da er ihn von den Toten auferweckte).

Im Sinne von gläubig kommt das Adjektivum πιστός vor Gal. 3, 9; 2 Kor. 6, 15; Kol. 1, 2; Eph. 1, 1; umgekehrt ἄπιστος als ungläubig 1 Kor. 6, 6; 7, 12. 13. 14. 15; 10, 27; 14, 22. 23. 24; 2 Kor. 4, 4; 6, 14. 15.

Ἀπιστία steht als Unglaube Röm. 3, 3; 11, 20. 23. Endlich heisst es Röm. 3, 3: τί γὰρ εἰ ἠπίστησάν τινες;

Es wäre nun freilich nicht richtig anzunehmen, dass überall, wo πίστις und πιστεύειν absolut stehen oder ohne bestimmte Angabe des Objekts und Inhalts, es sich stets um die gleiche Art des Glaubens handle; vielmehr sind es verschiedene Formen, die mit ein und demselben Ausdruck bezeichnet werden. Darüber kann beispielsweise kein Zweifel herrschen, dass an etwas begrifflich anderes gedacht ist Gal. 6, 10, wo die Glaubensgenossen genannt werden, und 1 Kor. 12, 9, wo die πίστις unter den Gnadengaben aufgezählt wird; oder 1 Kor. 13, 2, wo der Apostel von einem Glauben zum Bergeversetzen spricht, und Gal. 1, 23, wo darauf hingewiesen wird, dass der den Glauben einst verstörte, ihn jetzt predige; oder Röm. 14, 2 und 2 Thess. 1, 10: dort »der eine glaubt alles essen zu dürfen«, hier »unser an Euch ergangenes Zeugnis wurde geglaubt«. Indessen ist es nicht möglich in jedem einzelnen Fall mit Sicherheit festzustellen, was genau gemeint ist. Der Versuch dazu könnte gar nicht gemacht werden, ohne dass der Willkür Thür und Thor geöffnet würde!

Es wird genügen zunächst zu konstatieren, was unzweifelhaft ist, dass der Glaube bisweilen mehr den Charakter eines Fürwahrhaltens, einer bestimmten zuversichtlichen Überzeugung von einer Wahrheit hat und andere male mehr den des eigentlichen Gottvertrauens. Das erstere ist nach B. Weiss der Fall nicht nur in den Thessalonicherbriefen überhaupt — eine These, die anfechtbar ist, — sondern überall da, wo von der $\pi i\sigma\tau\iota\varsigma$ schlechthin ausserhalb des Zusammenhanges der Rechtfertigungslehre gesprochen wird. »So, wenn von dem Gläubigwerden der Christen die Rede ist (1 Kor. 3, 5; 15, 2. 11; Röm. 13, 11; sogar Gal. 2, 16: $\dot{\epsilon}\pi\iota\sigma\tau\epsilon\dot{\nu}\sigma\alpha\mu\epsilon\nu\ \epsilon\dot{\iota}\varsigma\ X\varrho\iota\sigma\tau\dot{o}\nu$); wenn sie als die Gläubigen bezeichnet und den Ungläubigen gegenübergestellt werden (1 Kor. 14, 22; 2 Kor. 6, 14 f.); wenn der Glaube schlechthin als das gemeint ist, was sie zu Christen macht (Gal. 1, 23; 6, 10; 1 Kor. 2, 5; 2 Kor. 1, 24; 8, 7; Röm. 1, 8; 11, 20)«[1]). Dagegen hat die $\pi i\sigma\tau\iota\varsigma$ ohne Frage die Bedeutung des Gottvertrauens 1 Kor. 13, 2; ebenso Röm. 14, 1 f.; 14, 22 f.: es handelt sich da um die Zuversicht, dass der Genuss des Götzenopferfleisches nicht von der Liebe Gottes scheiden kann, oder anders ausgedrückt, um die Gewissheit, dass dem Christen alles zum Besten ausschlagen muss. Höchstwahrscheinlich gehören ferner hierher Röm. 12, 3. 6, »wonach das Mass des Glaubens die Austeilung der verschiedenen Gaben bedingt«, und 1 Kor. 12, 9. Weiss nennt auch 2 Kor. 4, 13; doch lässt der Zusammenhang nur das Bewusstsein erkennen, dass der, welcher den Herrn Jesus auferweckt hat, auch uns mit ihm auferwecken wird. Eher liesse sich noch nennen 2 Thess. 1, 4, weil daselbst die $\pi i\sigma\tau\iota\varsigma$ der Geduld zur Seite steht und in Verfolgungen und Trübsalen sich bewährt, 1 Kor. 13, 13, weil sie der Liebe und Hoffnung zugesellt wird, 1 Thess.

---

1) Weiss, Lehrbuch der biblischen Theologie, 6. Aufl. S. 322.

5, 8, wo sie als Panzer, Eph. 6, 16, wo sie als Schild gegen die Geschosse des Bösen erscheint, und andere.

Bei weitem am interessantesten sind natürlich diejenigen Wendungen, in denen genau das Objekt oder der Inhalt des Glaubens angegeben wird. Es kommen folgende Stellen in Betracht: 2 Thess. 1, 10, wo der Glaube an das Zeugnis Pauli eine Rolle spielt; 2 Thess. 2, 12. 13: es handelt sich um ein der Wahrheit glauben, wozu das der Lüge glauben (V. 11) im Gegensatz steht; ein Seitenstück bildet das Citat Röm. 10, 16: »Herr, wer glaubte unserer Kunde?«. Phil. 1, 27 ist möglicherweise zu übersetzen: Glaube an das Evangelium. Gal. 2, 16; 3, 22; Röm. 3, 22. 26; Phil. 3, 9; Eph. 3, 12 wird die πίστις Ἰησοῦ Χριστοῦ erwähnt; Gal. 2, 20 der Glaube an den Sohn Gottes, indem zugleich daran erinnert wird, dass dieser uns geliebt und sich für uns dahingegeben habe. Gal. 2, 16; Röm. 10, 14; Phil. 1, 29; Kol. 2, 5 ist die Rede von dem πιστεύειν εἰς Χριστόν; welcher Glaube an Christus gelegentlich verglichen wird mit dem auf den Stein des Anstosses gesetzten oder auferbauten Vertrauen (Röm. 9, 33; 10, 11). Philem. 5 erinnert Paulus den Adressaten an die πίστις, ἣν »ἔχεις πρὸς τὸν κύριον Ἰησοῦν«. 1 Thess. 1, 8 wird der Glaube der Empfänger an Gott (ἡ πίστις ὑμῶν ἡ πρὸς τὸν θεόν) gepriesen. Röm. 4, 24 beschreibt der Apostel die das Heil vermittelnde πίστις als den Glauben an den, der unsern Herrn Jesus von den Toten erweckt hat; dieser Jesus wird dann noch besonders gekennzeichnet durch den Relativsatz: »welcher dahingegeben wurde um unserer Sünden willen und auferweckt wurde um unserer Rechtfertigung willen«. Röm. 10, 9 lautet die Definition der fides salvifica: »Wenn Du mit Deinem Munde bekennst, dass Jesus der Herr ist, und in Deinem Herzen glaubst, dass Gott ihn von den Toten erweckt hat, so wirst Du gerettet werden«. Heilsame Wirkungen werden desgleichen Kol. 2, 12 abgeleitet aus dem »Glauben an die Kraft Gottes, welcher ihn auferweckt hat von den Toten«. Röm. 4, 5 erscheint der Rechtfertigungsglaube als Vertrauen auf den, der den Gottlosen rechtfertigt. Er wird in Parallele gesetzt oder identifiziert (Gal. 3, 6; Röm. 4, 3) mit dem Glauben Abrahams, der selbst charakterisiert wird als die hoffnungsvolle Zuversicht, dass der Patriarch ein Vater vieler Völker werden sollte (Röm. 4, 18), als die Überzeugung, dass Gott, was er verheissen, auch vollbringen könne (Röm. 4, 21), als Gott glauben im allgemeinen (Gal. 3, 6) oder als dem Gott glauben, der die Toten lebendig macht und ins Dasein ruft, was nicht ist (Röm. 4, 17). Vom »Vertrauen auf den Gott, der die Toten auferweckt«, spricht Paulus weiter 2 Kor. 1, 9, womit zu vergleichen 2 Kor. 4, 13 f.; 5, 6 ff. »Wir glauben, dass wir auch mit ihm (Christus) leben werden« heisst es Röm. 6, 8. In der Stelle 1 Thess. 4, 14 »Wenn wir glauben, dass Jesus gestorben und auferstanden ist,« liegt der Ton durchaus auf der Gewissheit von der Auferstehung Jesu; denn es wird daraus die Zuversicht abgeleitet, dass Gott auch die Entschlafenen mit herbeibringen wird. Auf den Glauben an die Auferstehungsbotschaft bezieht sich auch 1 Kor. 15, 11. Dagegen ist 1 Kor. 15, 14. 17 der Glaube überhaupt gemeint, aber sofern er auf dem Glauben an die Auferstehung Jesu beruht. Vereinzelt steht 2 Kor. 10, 7: »Wenn einer für sich überzeugt ist ($\pi \acute{\epsilon}\pi ο\iota \vartheta ε\nu$) Christus anzugehören«. Endlich findet das durch Jesus vermittelte Gottvertrauen einen grossartigen Ausdruck in dem bekannten: ich bin gewiss ($\pi \acute{\epsilon}\pi ε\iota σμα\iota$), dass nichts uns scheiden kann von der Liebe Gottes, die in Christo Jesu ist, unserm Herrn; wie denn auch die Abhängigkeit des Gottvertrauens vom Glauben an Jesus angedeutet wird Eph. 3, 12: in Christus haben wir die Zuversicht ($\pi α\varrho\varrho ησ\acute{\iota}α\nu$) und Zugang im Vertrauen ($\pi ε\pi ο\iota \vartheta \acute{η}σε\iota$) durch den Glauben an ihn.

Blickt man zurück und fasst man zusammen, so kann man sagen: abgesehen von den Wendungen, in denen der Glaube auf das Evangelium oder die Wahrheit im allgemeinen bezogen wird [1]), hat er zwei Objekte, Christus einerseits, Gott anderseits. Seinem Inhalt nach aber ist er die Gewissheit, dass der Gekreuzigte auferstanden, dass er der Sohn Gottes, dass er der Herr ist; dass der Gott, der ihn auferweckt hat, auch uns auferwecken wird; dass der selbe Gott den Gottlosen rechtfertigt; dass nichts uns scheiden kann von seiner Liebe in Christo, womit die Höhe des eigentlichen Gottvertrauens erreicht ist als der freudigen Zuversicht, dass alles zu unserm Heil ausschlagen muss,

---

1) Ihnen entsprechen Äusserungen wie 2 Thess. 1, 8, wo von einem »dem Evangelium gehorchen gesprochen wird«; Röm. 10, 16: »Nicht alle haben dem Evangelium gehorcht«; Gal. 5, 7: der Wahrheit gehorchen; Röm. 6, 17: der Lehrweise gehorsam werden; 2 Thess. 2, 15 u. a.

dass Gott unser Bestes unter allen Umständen und in allen Lebenslagen realisieren kann und will [1]). Diese mannigfaltigen Formen bilden eine Einheit, wie sie denn sämtlich unter dem Titel des Glaubens subsumiert werden. Wenn sie gleich begrifflich verschieden sind, so hängen sie doch innerlich zusammen; sie gehen auseinander hervor — $\dot{\epsilon}$κ πίστεως εἰς πίστιν —, und es kommt darauf an, sich den Entwicklungsprozess, soweit als möglich, klar und verständlich zu machen.

Dabei muss vor allem gegen die Meinung Protest erhoben werden, als ob für Paulus das Gottvertrauen an sich oder das Vertrauen auf ein bestimmtes göttliches Verhalten dem Menschen gegenüber an und für sich den ganzen rechtfertigenden Glauben ausmachte. Es können und sollen ja alle Gründe in Kraft bleiben, die dafür sprechen, dass die fiducia erga Deum mit zu diesem gehört [2]); dass dem so ist, lässt sich nicht leugnen; aber sie allein konstituiert ihn nicht; sie mag wohl als die Krone und Vollendung desselben bezeichnet werden; die Basis ist indessen eine andere. Man darf sich dagegen nicht auf eine vereinzelte Wendung [3]) im vierten Kapitel des Römerbriefs berufen; man wird überhaupt nicht gut thun, wo einmal eine genauere Bestimmung der fides salvifica erstrebt wird, auf diesen Abschnitt ausschliesslich die Aufmerksamkeit zu richten: waltet darin doch offenbar die Tendenz ob die Übereinstimmung der Rechtfertigungslehre mit den Erfahrungen Abrahams zu beweisen, was natürlich dazu führt, dass die spezifischen Eigentümlichkeiten hinter den Gattungsmerkmalen zurückgestellt werden. Geeigneter zum Ausgangspunkt dürfte vielleicht eine Stelle wie Röm. 10, 9 sein, wo der Apostel mehr aus freier Hand eine Definition entwirft, die formellste, die wir von ihm besitzen, und zwar augenscheinlich mit der Absicht den »rettenden« Glauben in seiner ganzen Einfalt und Schlichtheit zu beschreiben. Da stellt sich als solcher nicht

---

1) Welchen Wert der Apostel auf eine derartige Stimmung legt, beweisen unter anderm zahlreiche Ermahnungen wie: Tröstet die Kleinmütigen (τοὺς ὀλιγοψύχους) (1 Thess. 5, 14); sorget nicht (Phil. 4, 6); freuet Euch, freudig in Hoffnung, geduldig in Trübsal (1 Thess. 5, 16; Röm. 12, 12; Phil. 3, 1; 4, 4) u. a.

2) Vgl. hierzu Weiss, Lehrbuch der Biblischen Theologie, 6. Aufl. S. 319 f. oder Pfleiderer, der Paulinismus, 2. Aufl., S. 168 ff.

3) Röm. 4, 5.

etwa ein Zutrauen zu Gottes Wahrhaftigkeit, Macht und Treue im allgemeinen dar, sondern eine affektvolle [1]) Überzeugung inbezug auf Christus. Sie ist, um ein Bild zu gebrauchen, das rechtfertigende Verhalten in seiner Wurzel, wie denn dasselbe oft kurzweg als $\pi i\sigma\tau\iota\varsigma$ Ἰησοῦ Χριστοῦ bezeichnet wird [2]), während der durch Gen. 15, 6 nahegelegte Ausdruck »Gott glauben« sich regelmässig da einstellt, wo die Auseinandersetzung mit der Geschichte Abrahams stattfindet [3]).

Diese Überzeugung inbezug auf Christus besteht nun aber nicht etwa in dem »Vertrauen auf den in Christo geoffenbarten Gnadenwillen Gottes«, aber auch nicht wie bei Melanchthon in der Annahme, dass durch seinen Tod die Gerechtigkeit Gottes beschwichtigt worden sei. Ob eine derartige Vorstellung nachträglich von Paulus ausgebildet worden ist, kann vorläufig ganz dahingestellt bleiben; dahingestellt kann bleiben, welches die objektive Bedingung der Rechtfertigung ist; sei sie beschaffen, wie sie auch wolle, jedenfalls beruht die subjektive Bedingung derselben, die Gemütsverfassung, welche das Werk oder, um es gleich beim rechten Namen zu nennen, den Tod Jesu für den einzelnen fruchtbar macht, zunächst nicht in der Aneignung einer bestimmten »Theorie« über die Bedeutung des Blutes Christi. Wie hoch, wie ungemein hoch die Passion veranschlagt werden mag, und ob sie gleich einen einzigartigen Wert hat, man glaubt nicht an den Tod des Herrn; davon ist niemals die Rede. Die Äusserung Gal. 2, 20 wird nicht als Argument gegen diese Behauptung ausgespielt werden dürfen; denn die Selbsthingabe Jesu wird hier doch nicht als der Gegenstand angeführt, auf den die $\pi i\sigma\tau\iota\varsigma$ sich bezieht [4]); dieser ist vielmehr der »Sohn Gottes«, der dann nur noch näher bestimmt wird durch die Beiworte τοῦ ἀγαπήσαντός με καὶ παραδόντος ἑαυτὸν ὑπὲρ ἐμοῦ. Dieser Zusatz beweist, dass der Tod Christi durch den Glauben für die Entwicklung des

---

1) ἐν τῇ καρδίᾳ σου — καρδίᾳ γὰρ πιστεύεται.
2) Röm. 3, 22. 26; Gal. 2. 16: εἰδότες δὲ ὅτι οὐ δικαιοῦται ἄνθρωπος ἐξ ἔργων νόμου ἐὰν μὴ διὰ πίστεως Χριστοῦ Ἰησοῦ, καὶ ἡμεῖς εἰς Χριστὸν Ἰησοῦν ἐπιστεύσαμεν, ἵνα δικαιωθῶμεν ἐκ πίστεως Χριστοῦ; Phil. 3, 9; vgl. Gal. 3, 22; Eph. 3, 12.
3) Gal. 3, 6 ff.; Röm. 4.
4) Auf die Eigentümlichkeit des hellenistischen Sprachgebrauchs soll gar nicht extra verwiesen werden.

Glaubens eine ausserordentliche Bedeutung gewinnt, nicht aber, dass er das eigentliche Objekt desselben ist. Ebenso wenig kann man sich auf 1 Thess. 4, 14 berufen; denn abgesehen davon, dass gerade da nicht speziell auf die Rechtfertigung reflektiert wird, zeigt der Zusammenhang deutlich, dass, worauf es ankommt, die Anerkennung der Auferstehung ist, und sinngemäss übersetzte man wohl am besten: »wenn wir glauben, dass der gestorbene Christus auferstanden ist«. Nein, was die Grundlage des Heilsglaubens bildet, oder, anders ausgedrückt, was den Heilsglauben in seiner einfachsten, primären Form ausmacht, das ist die Gewissheit, dass der gekreuzigte Jesus auferweckt worden ist[1]). So wird er gekennzeichnet Röm. 10, 9; so Röm. 4, 24; so Kol. 2, 12; so oder ähnlich mit Ausnahme von Röm. 4, 5 überall da, wo überhaupt inbezug auf ihn genauere Auskunft erteilt wird, und es ist charakteristisch, dass, wenn es zum Vergleich mit des Erzvaters Glauben kommt, auch in diesem etwas dem Entsprechendes als eigentümliches Merkmal hervorgehoben wird: Abraham »glaubte dem Gott, der die Toten lebendig macht, und ins Dasein ruft, was nicht ist«[2]). Immer und immer wieder, wo ein Inhalt der $\pi i\sigma\tau\iota\varsigma$ genannt wird, kommt die Auferweckung zur Erwähnung; so 2 Kor. 1, 9; 4, 13; vielleicht auch Eph. 1, 19; und 1 Kor. 15, 14. 17 wird es geradezu ausgesprochen, dass der ganze Glaube, einschliesslich des Bewusstseins der Sündenver-

---

1) Das bezeugt auch in seiner Weise Schlatter, wenn er schreibt: »Dagegen bleiben Wendungen wie: an die Erlösung, Vergebung der Sünden, Auferstehung (der Christen) glauben der Sprache der Briefe fremd. Man erhält diese Gaben Christi durch Glauben; aber der Glaube Christi besteht nicht nur in der Erwartung der Gabe, sondern fasst den, der sie giebt. Auch die Objektssätze, die den Inhalt des Glaubens angeben, werden ausschliesslich dem entnommen, was Gott und Christus ist. Die Schlüsse aus dem Werke Jesu, durch welche wir uns dem Inhalt desselben zum Bewusstsein bringen, dass wir zum Beispiel ohne Werke des Gesetzes durch Glauben gerechtfertigt werden, oder dass wir mit Jesus auferstehen, oder dass uns alles zum Guten dient, heisst Paulus nicht glauben, sondern ein Wissen: $\lambda o\gamma i\zeta\varepsilon\sigma\vartheta\alpha\iota$, Röm. 3, 28, $\varepsilon i\delta\acute{\varepsilon}\nu\alpha\iota$, Gal. 2, 16, Röm. 8, 28; 2 Kor. 4, 14. Dass Jesus auferstanden ist — das dagegen »glauben wir«; das ist jene That Gottes, der unser voller innerer Anschluss gilt, wie ihn der Glaubensbegriff nennt«. (Schlatter, der Glaube, 2. Bearbeitung. S. 174).
2) Röm. 4, 17.

gebung zusammenbricht, wo die Gewissheit schwindet, dass Jesus aus dem Grabe gerufen worden sei. Das ist auch gar nicht anders zu erwarten: war doch die Erkenntnis, dass der Gekreuzigte lebt, das erste, das grundlegende Element in der spezifisch christlich-religiösen Erfahrung des grossen Heidenapostels: nicht ohne Grund hat er sie mit ἐν πρώτοις überliefert¹).

Der Glaube an die Auferstehung des Herrn ist also ein wichtiger Bestandteil in der fides salvifica, er ist deren Basis. Von ihm muss ausgegangen werden, will man den paulinischen Glaubensprozess — ἐκ πίστεως εἰς πίστιν — verstehen; und es gilt somit eben die Linien aufzuzeigen, die von da hinüberführen zum eigentlichen Gottvertrauen oder, was ja wohl dasselbe ist, dem Gefühl der Gotteskindschaft, oder auch dem Besitz des Geistes. Sie können natürlich verschieden sein und sind es in der That; doch ist eine besonders stark vor den andern ausgeprägt und verdient entsprechende Beachtung.

Um mit ganz Sekundärem zu beginnen: der Umstand, dass Jesus nicht im Tode verblieben war, mochte, abgesehen von allem anderen, was damit zusammenhing, in einzelnen Fällen schon insofern von einer gewissen Bedeutung sein, als er zweifelnden Gemütern gegenüber — und wo kämen sie nicht vor? — die Bürgschaft dafür abgab, dass die Wiederbelebung Verstorbener nichts schlechthin Unmögliches und Undenkbares sei. Diese Garantie zu leisten war er imstande, selbst wenn Christus für ein höheres Wesen galt²). Wo daher die Teilnahme an den Gütern des Gottesreichs nicht realisierbar schien ohne eine fortgesetzte Existenz nach der diesseitigen, — sei es, dass es sich um bereits Entschlafene, sei es, dass es sich um noch Lebende handelte, — da konnte sich der Glaube an die Auferweckung Jesu an und für sich wohl als ein Mittel erweisen die Hoffnung auf eine solche und damit das Vertrauen zu kräftigen. Darum beruft sich Paulus

---

1) 1 Kor. 15, 3.

2) »Ist Christus auferstanden, so ist Auferstehung nichts Undenkbares; ist sie aber undenkbar, weil in sich widersprechend, dann ist auch Christus nicht auferstanden. Seine höhere Natur hebt diesen Schluss nicht auf, wenn die Denkbarkeit der Wiederbelebung eines Gestorbenen in Frage stand«. (Schmiedel im Kommentar zum 1. Korintherbrief.)

auf die Osterbotschaft den beunruhigten Korinthern[1]) und Thessalonichern[2]) gegenüber, und er selbst hat aus ihr, die sich ihm freilich nie darstellen konnte ohne eine Reihe begleitender Vorstellungen und Urteile, Mut und Zuversicht geschöpft[3]) in Stunden, da er ein unerwartetes Ende seiner Laufbahn vor Augen sah und von Bedenken erfasst wurde, ob er die zukünftige Herrlichkeit hienieden erleben werde.

Weit wichtiger als die eben beschriebene Linie ist eine andere. Mit dem Glauben an die Auferweckung Christi war nicht bloss die Gewissheit gegeben, dass ein Erstehen aus dem Grabe nicht ins Bereich des Unerhörten und Widersinnigen gehöre, sondern die unendlich wertvollere, dass Jesus der »Sohn Gottes in Kraft«, der »$\kappa\acute{v}\varrho\iota o\varsigma$« sei. Diese Erkenntnis leitet Paulus Röm. 1, 4 aus der Osterthatsache ab; sie wird auch 1 Thess. 1, 10 damit in Zusammenhang gebracht; sie ist ihm selbst erschlossen worden durch die Christophanie auf dem Wege nach Damaskus (Gal. 1, 16), und er hat damals im Antlitz des ihm Erschienenen die volle Glorie Gottes wahrgenommen (2 Kor. 4, 4—6). Daher alterniert denn der Glaube an die Auferstehung Jesu mit dem an den Gottessohn[4]), an den Herrn[5]), mit dem Bekenntnis, dass er der $\kappa\acute{v}\varrho\iota o\varsigma$ sei[6]), das heisst, das Ebenbild und der Repräsentant Gottes, der nunmehr in ganz anderer Weise noch, als ihm von Haus aus beschieden war, dem Höchsten gleich genannt werden konnte[7]). Ein praktisch bedeutsamer Ertrag dieser Überzeugung war die Zuversicht, dass der so wunderbar Erhöhte über kurz oder lang sich offenbaren werde mit himmlischer Vollmacht, zu richten, die Seinen zu sammeln in sein Reich und teilnehmen zu lassen an seiner Herrlichkeit[8]). Damit war eine folgenreiche und fruchtbare Triebkraft in die Seele gelegt. Man wird zwar nicht behaupten dürfen, dass sich in der paulinischen Litteratur ein sehr starkes Gefühl geltend macht von der Identität des zu-

---

1) 1 Kor. 15, vgl. 6, 14.
2) 1 Thess. 4, 14, wo allerdings noch andere Vorstellungen mitschwingen.
3) 2 Kor. 1, 9; 4, 13 f.
4) Gal. 2, 20.   5) Röm. 10, 14.
6) Röm. 10, 9.   7) Phil. 2, 5—11.
8) 1 Thess. 1, 9 f.; 2 Thess. 1, 7; 1 Kor. 1, 7. 9; 15; 2 Kor. 3, 18; 4, 14; Phil. 3, 20 f.; Kol. 3, 4; Eph. 2, 7 u. a.

künftigen mit dem historischen Jesus, sofern dieser **redend und handelnd** die **Mühseligen und Beladenen**, die **Sünder und Zöllner** zu sich rief: das Bild des auf Erden Schaffenden und Wirkenden tritt zurück hinter dem des Gekreuzigten und Auferstandenen; doch sind Spuren einer Erinnerung an die Züge, die es trug, je und je bemerkbar bei dem Apostel, der sich wohl auf Herrnworte beruft, der sich selbst an die Gesetzlosen wandte, und unter diesen wieder nicht an die Weisen, Gewaltigen, Vornehmen, sondern an die Thörichten, Schwachen, Unedlen, Nichtsseienden. Unter allen Umständen war und blieb es aber ein Grosses und Fruchtbares um das Bewusstsein, dass, **der hienieden das Reich Gottes verkündigt hatte**, demnächst erscheinen müsse und werde, um die, welche nicht mit Gesetzeswerken umgingen, vielmehr in Ohnmacht[1]) sich zu ihm bekannten[2]), zu »retten«, und sie mit unsagbarem, das Zeitliche weit überragendem Glück und Glanz zu umkleiden. Diese Hoffnung, deren Verwirklichung, wie man weiss, von Paulus im einzelnen zu verschiedenen Zeiten verschieden vorgestellt wurde, gestaltete sich zu einem Motiv für das sittliche Handeln: sie regte an zur Wachsamkeit, zu würdigem Wandel[3]): »weder Hurer noch Bilderdiener, noch Ehebrecher, noch Lüstlinge, noch Knabenschänder, noch Diebe, noch Habsüchtige, noch Trunkenbolde, noch Lästerer, noch Räuber werden Gottes Reich ererben«[4]). Sie war aber auch fähig das Vertrauen auf Gott zu entzünden und zu entfachen: dem Zuruf »Sorget nicht« schickt der Apostel das Wort voraus »der Herr ist nahe«[5]); die Leiden der Zeit scheinen ihm der Beachtung nicht wert im Vergleich zu der Herrlichkeit, die sich an Christen offenbaren soll[6]); er tritt frei und freudig auf in der Erwartung der künftigen Glorie[7]); er rühmt sich auf Grund des Ausblicks auf die $\delta\acute{o}\xi\alpha$ Gottes[8]); er wird nicht mutlos, wenn auch sein äusserer Mensch aufgerieben wird, weil er nicht auf das Sichtbare denkt, sondern auf das Unsichtbare[9]); er ist allezeit getrost in dem Bewusstsein eine Heimat zu haben bei dem

---

1) 1 Kor. 1, 26 ff.   2) Röm. 10, 4 ff.
3) 1 Thess. 2, 12; Gal. 5, 21; Röm. 14, 17; Kol. 3, 23. 24; Eph. 5, 5 u. a.
4) 1 Kor. 6, 9 f. u. a.   5) Phil. 4, 5. 6.
6) Röm. 8, 18.   7) 2 Kor. 3, 12.
8) Röm. 5, 1 f.   9) 2 Kor. 4, 16.

Herrn[1]). So wird die Hoffnung, wie sie einerseits aus dem Glauben an Christus erwächst, anderseits zur Quelle des Glaubens im Sinne des Gottvertrauens. Sie ist mit der $\pi i\sigma\tau\iota\varsigma$ aufs innigste verknüpft und verwoben und nimmt darum bei Paulus ein ausserordentlich hohes Ansehen in Anspruch: sie erscheint wohl als Voraussetzung des Glaubens und der Liebe: die Kolosser üben beides um der Hoffnung willen[2]); sie wird aber auch dem Glauben koordiniert[3]), sie stellt sich als drittes neben ihn und die Liebe[4]). Sie wird schliesslich mit ihm identifiziert und tritt geradezu an seine Stelle: »durch Hoffnung sind wir gerettet«[5]); was einst geschrieben ward, ist geschrieben, damit wir Hoffnung haben[6]); Gott ist ein Gott der Hoffnung[7]), Christus die Hoffnung der Herrlichkeit[8]), und die Heiden sind solche, die keine Hoffnung haben[9]).

Neben die zwei bisher besprochenen Linien stellt sich als allerwichtigste eine dritte, eine Gedanken- und Gefühlsreihe, die sich mit den beiden bereits erwähnten nicht nur kombiniert, sondern ihnen auch in einer Hinsicht voraufgeht, so dass sie als erste hätte geschildert werden müssen, wenn für die Anordnung nicht die Figur der Klimax massgebend gewesen wäre.

Die Überzeugung, dass Jesus der Herr sei, führte nicht nur zu der Gewissheit seiner Wiederkunft als Reichserrichter, sie hatte zunächst noch andere Folgen. Was dem ehemaligen Pharisäer, so lange er als solcher vorstellte und empfand, am jungen Christentum das grösste und schwerste Ärgernis bereitet hatte, das war das schmähliche Ende seines Stifters. Ob auch noch so vieles im Herzen des aufrichtigen Eiferers sich zu gunsten des Nazareners regte, — und wie hätte es anders sein können! — das Gesetz bezeichnete den Gekreuzigten als einen Verfluchten: es that dies nicht bloss durch den Spruch Deut. 21, 23, so hoch derselbe von dem kundigen Schriftgelehrten veranschlagt werden mochte[10]), es that dies durch die ganze Weltbeurteilung, in die es aus-

---

1) 2 Kor. 5, 6—8.   2) Kol. 1, 4. 5.
3) 1 Thess. 1, 3; Kol. 1, 23.   4) 1 Kor. 13, 13.
5) Röm. 8, 24.   6) Röm. 15, 4.
7) Röm. 15, 13.   8) Eph. 1, 18.
9) 1 Thess. 4, 13; Eph. 2, 12; vgl. dagegen 2 Thess. 2, 16 den Hinweis darauf, dass Gott den Christen gute Hoffnung verliehen.
10) Gal. 3, 13.

mündete. Eben diese war im Geist des Zeloten ein Haupthindernis für die Anerkennung Jesu [1]). Als nun aber der am Holze gehangen hatte auftrat, umgeben von einem Glorienschein, als es erwiesen war, dass der zu einem Verfluchten gestempelte lebe, der Sohn Gottes und Herr sei, als der Glaube daran, ungestüm alles niederwerfend, das Gemüt erobert hatte, da hatte die Thora einen Stoss ohne gleichen erfahren; das Vertrauen auf sie war bis in die Grundfesten erschüttert; sie war zunächst ins Unrecht gesetzt. Der Eindruck davon war notwendig um so gewaltiger, je zäher sich der Apostel an ihren Wortlaut geklammert hatte, um den Lockungen, die von drüben riefen, widerstehen zu können: ihre Macht über das Bewusstsein war gebrochen, um einer andern Platz zu machen. Mochte Paulus sich in späterer Reflexion den Ablösungsprozess so oder so vergegenwärtigen und veranschaulichen — er hat ihn in verschiedenen Formen, oft mit schonenden, oft mit harten [2]) Ausdrücken beschrieben —, das bleibende Gefühl war doch das erste, dass das Gesetz irgendwie »abgethan« [3]) sei. Ob der Wert und Zweck, den es gehabt, nachträglich höher oder niedriger geschätzt wurde, jedenfalls war es aus mit seiner Herrschaft; es war eine zeitliche Grösse, »neben eingekommen« [4]), vergänglich [5]): »Christus ist des Gesetzes Ende« [6]). Was mochte das besagen für das Innere des Mannes, der bis dahin alles an die pünktliche Erfüllung der Thora gesetzt hatte, um zu Glück und Heil zu gelangen, und nur immer tiefer in Angst und Unseligkeit hinabgesunken war! Beseitigt die furchtbare Ordnung, deren Dienst ein Dienst des Todes [7]) und der Verdammnis war [8]), die den herben Grundsatz aufstellte: »verflucht ist jeder, der nicht bleibt bei allem, was im Buchstaben des Gesetzes geschrieben steht« [9]). Zum Schweigen gebracht der harte, in Sklavenstand erhaltende Zuchtmeister [10]); niedergerissen die Völker trennende Scheidewand [11]); aufgehoben die fortwährende Ursache göttlichen

---

1) Nach Schlatter müssen sich schon »im vorchristlichen Denken des Paulus das Gesetz und das Kreuz zu einer scharfen Antithese gegen einander gestellt haben«. Der Glaube, 2. Aufl. S. 263.
2) Vgl. beispielsweise Kol. 2, 14. 15.
3) 2 Kor. 3, 14 vgl. Röm. 10, 4; 6, 15.
4) Röm. 5, 20.   5) 2 Kor. 3, 11.   6) Röm. 10, 4.
7) 2 Kor. 3, 7; Röm. 7, 10; Gal. 3, 21.   8) 2 Kor. 3, 9.
9) Gal. 3, 10.   10) Gal. 3, 25.   11) Eph. 2, 14.

Zorns¹) und damit auch dieser stillgestellt. Der an huldvollen Versprechungen reiche Gott der Väter, der, in die Ferne gerückt, durch die Thora vertreten und verhüllt war, trat wieder näher, erreichbar in Jesus Christus, in dem sämtliche Verheissungen ja und amen sind²). Es war nicht mehr an dem, dass allein »wer es gethan« darin leben wird³); »ausgelöscht« war die »Schuldschrift« und damit alle Übertretungen geschenkt⁴): Sündenvergebung, göttliche Gaben und ewige Herrlichkeit wurden jedem zugänglich, der sie annehmen wollte, und das kindliche Vertrauen zu Gott, das so lange zugleich gefordert und behindert worden, entfaltete sich frei, eine unerschöpfliche Quelle des Glücks, die nun nicht mehr zu verschliessen war.

Denn mit dem Gesetz war ja auch die gesetzliche Auffassung der Dinge erschüttert. Wie irdische Güter nicht mehr ein Hauptanlass waren sich der göttlichen Liebe zu getrösten, da derjenige, der durch die Auferstehung als Sohn und Herr sich erwies, arm und niedrig gewesen war bis zum Tode am Schandpfahl, gekreuzigt »auf Grund von Schwachheit«⁵): so hatten auch die Übel der Welt ihre Eigenschaft als Hemmnisse der Zuversicht zu Gott verloren, unter ihnen namentlich das eine, dem die nach Leben lechzende Persönlichkeit des Paulus stets mit unüberwindlichem Abscheu gegenüberstand: der Tod. In etwas war es mit diesem unter allen Umständen anders geworden, seit es sicher war, dass das sündlose und geliebte Ebenbild des Vaters ihn mitgetragen. Er trennte fortan nicht notwendig von Gott. Zwar herrschte er, eine Folge der Sünde Adams, von alters her über die Menschheit; aber, wo kein Gesetz mehr galt, da wurde auch keine Schuld zugerechnet⁶), und damit hatte das Sterben sein grösstes Bitternis, den eigentlichen und vollen Strafcharakter eingebüsst⁷). Ja, mehr als das, die Macht des Todes war im Prinzip gebrochen. Als der ehemalige Verfolger Christi ein Auferstehungsgläubiger geworden, war er ja zugleich — hier tritt die zweite Gedankenreihe in Mitwirkung, — in den Kreis der die Parusie Erwartenden eingerückt; und man soll nicht vergessen, dass er zunächst meinte diese selbst noch erleben zu dürfen und so um das gemeine schmerzliche Menschenlos

---

1) Röm. 4, 15.   2) 2 Kor. 1, 20; Röm. 15, 8.
3) Gal. 3, 12; Röm. 10, 5.   4) Kol. 2, 13 f.
5) 2 Kor. 13, 4.   6) Röm. 5, 13.   7) 1 Kor. 15, 56.

herumzukommen. Wenn der erfolglose Gesetzeseiferer solche Hoffnung gar nicht zu fassen wagen konnte — verflucht ist jeder, der nicht bei allem bleibt, was geschrieben ist, — ohne die Gewissheit, dass die verurteilende und verdammende Thora abgethan sei, ohne die Erkenntnis der Verzeihung, so musste anderseits das Bewusstsein der Sündenvergebung wieder mächtig gestärkt werden durch die Aussicht den Tod überhaupt nicht zu kosten zu brauchen. Als dann aber der Apostel in schmerzlichen Erfahrungen zu der Einsicht kam, dass auch ihm eine letzte Stunde schlagen könne und werde, da trat an die Stelle der Erwartung einer blossen Umwandlung — sowohl die erste als zweite Gedankenreihe kommen ins Spiel — die der eigenen Auferstehung. Auch sie ist mit dem Gefühl der Sündenvergebung solidarisch. Das zeigt sich auf höchst eigentümliche Weise in der merkwürdigen Stelle 1 Kor. 15, 54 ff. Es ist von des Todes »Stachel« die Rede. Nach dem ganzen Zusammenhang sollte man erwarten, mit diesem sei das Bewusstsein nicht wieder aufzuleben gemeint: statt dessen wird die Sünde genannt. Das scheint so kontextwidrig, dass man wohl V. 56 als Randglosse bezeichnet hat. Genauer betrachtet, ist die unerwartete Wendung nicht so unbegreiflich. Die Gewissheit im Tode zu bleiben ist identisch mit derjenigen der Schuld, wie die der Auferstehung mit der der empfangenen Verzeihung.

Alles aber, die Überzeugung von Gesetz und Strafverpflichtung frei zu sein, das Gefühl von der Umwertung der Güter und Übel, von der doppelten Entkräftung des Todes, die positive Hoffnung auf ewige Herrlichkeit wirkt zusammen, um die Zuversicht gegen Gott zu begründen und zu bekräftigen und das Herz überströmen zu lassen in Vertrauen zu ihm, von dem nichts mehr scheidet, und der bereits so viel gegeben hat.

So hat sich in Paulus infolge des Glaubens, dass der Gekreuzigte auferstanden sei, eine ganze Revolution vollzogen. Er ist unabhängig geworden von der Ordnung, die ihm einst alles war, Wegweiserin zur Seligkeit und Vertreterin des welterhabenen Gottes, und die doch so schwer auf seinem Lebensmut gelastet hatte: er ist dem Gesetz abgestorben[1]. Er ist gleichgültig geworden gegen die Güter, die er unter dem Einfluss der nomistischen Anschauung geschätzt und gesucht hatte: was ihm wertvoll war, be-

---

1) Gal. 2, 19; Röm. 7, 4; Kol. 2, 20.

urteilt er jetzt als Schaden und Dreck¹); fleischliche Vorzüge kennt er nicht mehr²). Aber auch die irdischen Übel und Leiden beachtet er nicht länger³); er rühmt sich vielmehr in Trübsal⁴); die Todesfurcht ist verschwunden⁵); Sterben ist ihm Gewinn⁶). Er ist überhaupt »der Welt gekreuzigt«⁷) und sie ihm, sofern er indifferent geworden ist gegen sämtliche das Gefühl afficierenden Faktoren derselben. Mag sich der Ausdruck στοιχεῖα τοῦ κόσμου erklären, wie er immer will, dass die Befreiung vom Gesetz so gern parallelisiert oder identifiziert wird mit der Errettung aus der Gewalt derselben⁸), beruht vielleicht mit auf dem mehr oder weniger deutlich empfundenen Umstand, dass gleich andern unterchristlichen Anschauungen der Nomismus, indem er seine Forderungen durch den Hinweis auf irdische Güter und Übel sanktioniert, diesen zeitlichen Potenzen grössere Wucht und Schwere verleiht und so zur Abhängigkeit von ihnen führt. Ihren Lockungen und Drohungen ist der Apostel entronnen; unangefochten und unberührt steht er ihnen gegenüber; er benutzt die Welt als benutzte er sie nicht⁹). Tot für das Diesseits, lebt er bereits im Jenseits verborgen mit dem Christus¹⁰), im Himmel, wo seine Heimat und sein Bürgertum ist¹¹), in beseligender Vorwegnahme der Herrlichkeit, auf die er hofft; und nun erst recht schrumpfen die irdische Lust und das irdische Leid zusammen: was sind sie gegen das ungeheuer Grosse, das bevorsteht! so gewiss er an diesem teil haben wird, so sicher sind alle Widerfahrnisse hienieden nur Durchgänge dazu: unangetastet durch den Wechsel der Dinge wie durch die Empfindung vom Unwert des Sünders, gestärkt durch die Erwartung eines unsagbaren Glücks, besteht und wächst das Bewusstsein ein Kind und Erbe zu sein, das unbedingte Gottvertrauen. Ein neuer Geist ist über Paulus gekommen, das heisst doch wohl, wenn man nicht bei einer materialistischen Deutung verharrt, ein

---

1) Phil. 3, 7 ff.   2) 2 Kor. 5, 14 ff.   3) Röm. 8, 18.
4) Röm. 5, 3.   5) 2 Kor. 1, 9.
6) Phil. 1, 21.   7) Gal. 6, 14.
8) Gal. 4, 3 ff.; 4, 9; Kol. 2, 20; 2, 15. Nach Spitta »kann es keinem Zweifel unterliegen, dass die στοιχεῖα des Kolosserbriefs dasselbe bedeuten wie die des Briefes an die Galater«. (Spitta, der zweite Brief des Petrus. 1885. S. 270.)
9) 1 Kor. 7, 30 ff.   10) Kol. 3, 3.
11) 2 Kor. 5, 1 ff.; Phil. 3, 20.

neues Urteilen, Fühlen und Wollen — auch ein neues Wollen. Indem der Apostel der Thora abstarb und zur Hoffnung auf ewiges Leben erweckt wurde, ist er auch im Prinzip von der Macht der Sünde oder, was dasselbe ist, des Fleisches befreit worden¹). Nicht bloss deshalb, weil das Gesetz die »sündigen Leidenschaften« nun nicht mehr erregte²) indem es nicht mehr durch das Verbot zur Übertretung reizte³), sondern auch, weil mit Aufhebung der nomistischen Anschauung und Eröffnung der Aussicht auf überweltliche Herrlichkeit die zeitlichen Güter, welcher Art sie auch sein mochten, entwertet waren und die Begierden der σάρξ nicht mehr anfachten. Die sinnlichen, selbstischen Triebe waren stillgestellt, zum Schweigen gebracht, mitgekreuzigt⁴); die altruistischen hatten freies Spiel. Und der einst ein Knecht der Sünde war, konnte und sollte fortan nicht sich selbst⁵) sondern dem Herrn und dessen Herrschaft und der Gewinnung der Heiden dafür in rückhaltloser Liebe leben und sterben: nichts hemmte ihn mehr auf seiner Bahn: das Alte war vergangen und alles neu geworden!

Weil nun aber diese ungeheure Umwälzung, die sich vollzogen hatte, veranlasst worden war durch eine zugleich den am Holze Hangenden und Wiedererweckten umspannende Betrachtung; weil speziell das unentbehrliche Bewusstsein der Freiheit von Gesetz und Strafverpflichtung ausgelöst worden war durch die intimste Zusammenschau des Leidens und der Auferstehung Jesu: deshalb führt Paulus einerseits das Heil zurück auf das Sterben Christi⁶); er verkündigt den Gekreuzigten⁷), er malt ihn vor die Augen⁸); deshalb stellt er aber anderseits auch den Tod des Herrn als erfolgreich nur hin unter der Voraussetzung des Glaubens, das heisst zunächst, der Gewissheit der Auferstehung. Wer zu dieser Überzeugung nicht gelangt ist, dem ist selbstverständlich die Botschaft vom Kreuz keine Gotteskraft sondern bloss Thorheit und unfruchtbares Ärgernis: er hat nichts davon. Wohl war es ja an sich möglich, dass das Dulden des Gottessohnes allen zu gute kam; thatsächlich können jedoch allein diejenigen aus

---

1) Röm. 6—8. u. a.   2) Röm. 7, 5.   3) Röm. 7, 8.
4) Gal. 5, 24; Röm. 6, 6 u. a.   5) 2 Kor. 5, 15.
6) 1 Thess. 5, 9 f.; 2 Kor. 5, 21; Röm. 3, 23 ff.; 5, 9; Eph. 2, 12 ff. u. a.
7) 1 Kor. 1, 23.   8) Gal. 3, 1.

seiner Leistung Gewinn schöpfen, die an ihn als den Erhöhten glauben: das ist der notwendige Schluss aus einem persönlichen Erlebnis. Daher denn auch gelegentlich als Ursache des Heils **sowohl** Tod **als** Auferstehung genannt werden können[1]) und die Wirkungen auf beide verteilt erscheinen; wobei in der Regel dem ersteren mehr das Gefühl der Sündenvergebung, der Entlassung aus der Strafgewalt und Ähnliches, sowie das dem Fleisch und der Welt Absterben und Verwandtes zugewiesen wird[2]), der letzteren mehr das positive Neuaufleben und die Hoffnung auf ewige Herrlichkeit[3]). Selten oder nie — man könnte sich höchstens auf 1 Kor. 15, 17 berufen — wird alles aus der Auferstehung abgeleitet. Begreiflicherweise. Denn wie der Tod Jesu nur fruchtbar wird, wenn ein Glaube hinzukommt gleich dem, der auf dem Wege nach Damaskus entzündet worden war, so vermag die Gewissheit der Auferstehung Christi bloss da den zunächst notwendigen Erfolg der Befreiung aus der nomistischen Ordnung zu erzielen, wo zugleich mit berücksichtigt wird das Bild des Gekreuzigten. Beides muss ineinandergreifen und zusammenwirken, die Gestalt des bis zur tiefsten Schmach Erniedrigten, von der die Geschichte erzählt, und die des bis zur göttlichen Herrlichkeit Erhöhten, an die man glaubt, — beides muss zusammenwirken, damit die von Schuldgefühl und Erdenangst gedrückte Seele aufatmen und ihres Gottes sich freuen könne. Nicht umsonst findet sich im Philipperbrief der Ansatz zu einer Lehre von den beiden Ständen.

Wie eine Reihe von Bemerkungen des Apostels über Tod und Auferstehung zu erklären sind aus der Umwälzung, die in ihm stattgefunden hat, so ist es überhaupt diese ganze grosse Erfahrung, die er nach ihren verschiedenen Seiten in mannigfaltigen Formen immer wieder zum Ausdruck bringt. Dass er durch die zuversichtliche Überzeugung, der Gekreuzigte lebe und herrsche, zu dem Bewusstsein der Sündenvergebung und Anwartschaft auf ewiges Leben und damit zu unbedingtem Gottvertrauen gelangt ist, spricht er aus in der centralen **Lehre von der Rechtfertigung** als dem göttlichen Akt, durch den er für schuldfrei und

---

1) So etwa 2 Kor. 5, 15; Röm. 4, 25; 5, 10; 6, 1 ff.; 8, 34.
2) So etwa Gal. 1, 4; 3, 13; 4, 3 ff.; 6, 14; 1 Kor. 15, 3; Röm. 5, 10; 7, 4; 8, 6 ff.; Kol. 1, 22 u. a.
3) So etwa 1 Kor. 6, 14; 2 Kor. 4, 14. Röm. 6, 8; Eph. 2, 5 u. a.

des Empfangs der Seligkeit fähig erklärt worden ist: das subjektive Mittel dazu zu gelangen ist die πίστις in ihren einzelnen Gestaltungen, aber mit der Gewissheit der Auferstehung Christi als Basis. Sofern der Darstellende bei seiner Beschreibung besonders reflektiert auf das aus dem Glauben erwachsene Gefühl von Gottes Huld und Liebe getragen zu sein, redet er von Adoption und Kindschaft. Wo er weiter speziell den objektiven Vorgang veranschaulichen und erklären will, durch den das neue gegenseitige Verhältnis zwischen Gott und Mensch hergestellt wurde, operiert er mit dem Begriff der Versöhnung: Christus erscheint als Sühnmittel oder -opfer. Was damit gemeint sei, darüber gehen die Meinungen auseinander, und es ist schwer ein absolut zuverlässiges Urteil zu fällen; doch wird man mindestens behaupten dürfen: es ist nicht ausgeschlossen, es ist sogar sehr wahrscheinlich, dass in Augenblicken, wo Paulus den Willen Gottes und die nomistische Ordnung identifizierte, er die Befreiung von dieser ermöglicht dachte durch eine der göttlichen Gerechtigkeit geleistete Genugthuung[1]); das würde um so probabler, wenn es sicher wäre, dass eine derartige Theorie bereits in der Christusgemeinde vor dem Eintritt des grossen Heidenapostels ausgebildet war. Aber man ist nun darum nicht berechtigt zu der These, dass diese Betrachtungsweise der Ausgangspunkt und Hebel der ganzen religiösen Umwälzung war. Sonst würde — was eben nicht geschieht — das affektvolle Fürwahrhalten derselben wenigstens irgendwo einmal als πίστις bezeichnet werden[2]). Die Satisfaktionstheorie ist vielmehr nur eine der mannigfachen Formen, mittels deren Paulus seine am Glauben und im Glauben gemachte Erfahrung nach einer bestimmten Seite hin sich klar legt, deutet und begründet, andern nicht übergeordnet sondern koordiniert. Dadurch ist nicht ausgeschlossen, dass gelegentlich die Reflexion über die Art, wie das neue Verhältnis zustande kam, selbst wiederum zu einem Motiv werden kann für die Belebung der Hoffnung und des Vertrauens: die Erwägung, dass Gottes Liebe den Anfang gemacht, da wir noch Sünder und

---

1) Der locus classicus bleibt doch wohl immer Röm. 3, 23 ff.; während 8, 3 dem Zusammenhang nach in die sogenannte mystische Gedankenreihe gehört.

2) Es kann auch hier verwiesen werden auf das, was Schlatter (der Glaube, 2. Aufl., S. 174) bemerkt.

Schuldige waren, gereicht dem Herzen mit zu gesteigertem Trost und frischer Ermutigung ¹). In Augenblicken dagegen, wo Paulus den göttlichen Willen und die nomistische Ordnung irgendwie auseinanderhält — und davon sind doch unleugbare Spuren vorhanden ²) —, da erläutert und erklärt er die Befreiung aus deren Gewalt und eben damit die Begründung einer neuen Stellung zu Gott mit Hülfe der Vorstellung, dass Jesu Tod ein Lösegeld war, für uns dem Gesetz dargebracht; dass er uns loskaufe von diesem, dazu ist Christus ein Fluch geworden ³), dazu ist er unter das Gesetz gethan ⁴): es findet hier eine Abweichung von der Genugthuungstheorie statt in der Richtung nach der altkirchlichen Lehre von der Errettung aus der Macht des Teufels und Todes; ja, es stellen sich noch andere kühne bildliche Ausdrücke ein, die ein Auslöschen, ein ans Kreuz Heften der Thora, ein Beschämen, an den Pranger Heften und Überwinden der sie vertretenden Gewalten statuieren ⁵). Aber es ist nun auch nicht an dem, dass das Fürwahrhalten der Theorie von der durch Christus geleisteten Zahlung an das Gesetz oder von der Mitkreuzigung des letzteren der Heilsglaube in seiner Wurzel sei; erst recht nicht ist dieser die Überzeugung, dass Jesus thatsächlich ein Verfluchter war. Man könnte versucht sein zu erklären: umgekehrt! Das, wodurch die ganze religiöse Bewegung in Fluss gebracht wurde, war die Gewissheit, dass der augenscheinlich und vor den Blicken aller Welt durch göttliche Zulassung oder Veranstaltung dem Fluch Preisgegebene in Wirklichkeit und eigentlich doch nicht ein Verfluchter sondern der einzigartig Geliebte des Vaters, der Herr war. Sofern endlich Paulus auf die Vorgänge im Subjekt reflektiert, durch welche infolge des Glaubens das neue Verhältnis zu Gott herbeigeführt und begründet wurde, spricht er von einem dem Gesetz, den Elementen der Welt, der Welt, der Sünde, dem Fleisch Absterben — der Ausdruck »der Gerechtigkeit oder dem Zorn Gottes Absterben« fällt aus, was immerhin das Nachdenken herausfordert —, er redet von einem mit Jesus Begrabenwerden und Wiederaufleben und verlegt charakteristischerweise den Prozess in die Taufe als den Akt, durch den der Beginn des Glaubens dargestellt wird. Die Erwägung, dass wir mit Christus gestorben

---

1) Röm. 5, 8 ff.   2) Gal. 3, 19; 4, 3 ff.; 4, 9; Kol. 2, 15. 20.
3) Gal. 3, 13.   4) Gal. 4, 3 f.   5) Kol. 2, 14. 15.

sind, kann dann auch wieder selbst ein Motiv abgeben für die Belebung der Hoffnung und des Vertrauens[1]); aber es braucht nicht mutatis mutandis wiederholt zu werden, dass darum doch nicht die fides salvifica in ihrer Wurzel die Überzeugung ist, wir seien mit dem Herrn mitgekreuzigt. Ebensowenig ist es nötig zu versichern, dass die sogenannte »mystisch-ethische« Theorie und die »juridische« nicht konkurrierende oder sich widersprechende Erscheinungen sind; es handelt sich um zwei Versuche ein- und dieselbe Erfahrung nach verschiedenen Seiten hin zu veranschaulichen und zu erklären. Hier gilt es die objektiven Vorgänge darzulegen und zu deuten, durch welche das neue Verhältnis zu Gott ermöglicht wurde; dort sollen die subjektiven Vorgänge beschrieben und erläutert werden, durch die es herbeigeführt wurde.

Zum Schlusse der ganzen Auseinandersetzung sei noch eine Bemerkung gestattet!

Es ist natürlich nicht nur möglich sondern wahrscheinlich, dass in dem entworfenen Bilde mehr als ein Strich verzeichnet oder falsch gezogen ist: wer wollte sich vermessen die persönliche Erfahrung des Apostels getreu nachzuempfinden und wiederzugeben! Das ändert aber nichts an dem Satz, auf den es hier namentlich ankommt, dass die rettende $\pi i \sigma \tau i \varsigma$, wie sie in unbedingtes Gottvertrauen ausmündet, so ihrem Anfang nach die zuversichtliche Überzeugung ist, dass der gekreuzigte Jesus auferstanden und der $\kappa \acute{v} \varrho \iota o \varsigma$ sei. Danach hat sich die Erklärung der vielgestaltigen, an Bildern und Farben unerschöpflichen, Juden und Heiden gegenüber stets neue Formen annehmenden paulinischen Lehre zu richten. Danach ist auch hier verfahren worden.

Um das Ergebnis in schlichtester und einfachster Aussage zu rekapitulieren: fragte jemand »was soll ich glauben, damit ich selig werde?« so könnte man ihm im Sinne des Heidenapostels antworten: lass Dich durch mein und das brüderliche Zeugnis zu der Gewissheit erheben, dass eben der Jesus, der vor aller Welt am Holze gehangen hat, lebt; präge Dir es ins Herz ein und erwäge es daselbst[2]), dass er, der schimpflich Gestorbene, auferstanden, also der Gottessohn und Herr ist; und das Alte wird vergehen, es wird alles anders werden: beunruhigt Dich das Gesetz, es ist

---

1) Röm. 6, 8.   2) Röm. 10, 10.

abgethan für Dich; ängstigt Dich die sich darin bekundende Gerechtigkeit Gottes, sie hat Dir gegenüber ihre Schrecken verloren; drücken und knechten Dich die es vertretenden στοιχεῖα τοῦ κόσμου, sie sind für Dich überwunden; die beiden furchtbaren Korrelate, Schuld und Tod, können Dir länger nichts anhaben; die Welt mit ihrem Leid und ihrer Lust vermag Dich fortan nicht zu beirren; eine strahlende Aussicht auf nimmer zu beschreibende Herrlichkeit erschliesst sich Dir; Du lebst im Himmel, während Du auf Erden wandelst: in ungetrübtem Gottvertrauen, im Gefühl der göttlichen Gnade und Liebe jetzt schon ein seliges Gotteskind [1]).

Geht man, die Pastoralbriefe vorläufig übersehend, von der paulinischen Litteratur über zu der ersten Epistel des Petrus, so gewahrt man einerseits grosse Ähnlichkeit, andererseits auch Verschiedenheit, insofern bestimmte Elemente ganz ausfallen.

Um zunächst die wichtigsten einschlägigen Äusserungen zusammenzustellen: vom Glauben, dessen grosse Bedeutung für das Heil der Seelen 1, 5 und 1, 9 konstatiert wird, ist alles in allem zehnmal die Rede. Ohne nähere Bestimmung wird das Substantivum πίστις gebraucht 1, 5; ebenso 1, 7, doch ist zu beachten, dass es hier innerhalb der Wendung »Prüfung des Glaubens« vorkommt, was auf die Bedeutung Gottvertrauen hinweisen könnte. Absolut steht es ferner 1, 9; desgleichen 5, 9, aber auch da nicht, ohne dass durch die Umgebung der Sinn des sich auf Gott in Not und Gefahr Verlassens nahe gelegt wäre. Um den Glauben an Christus handelt es sich dagegen 1, 8; das wird freilich von einzelnen bestritten; doch nötigt der Zusammenhang, falls es die grammatische Konstruktion nicht thut, eine Beziehung auf Jesum anzunehmen. Dasselbe gilt für das »gläubig« und »ungläubig« 2, 7: zur Illustration wird 2, 6 das auf den Stein des Anstosses gesetzte oder auferbaute Vertrauen herangezogen gerade wie Röm. 9, 33; 10, 11. Der Glaube an Gott (πιστοὺς εἰς θεόν und πίστις) wird 1, 21 erwähnt. Noch sei genannt der Ausdruck »dem Wort oder dem Evangelium ungehorsam« (2, 8; 3, 1; 4, 17; vgl. 3, 20). Mit treu ist πιστός wiederzugeben 4, 19, wo diese Eigenschaft dem Schöpfer beigelegt wird.

---

1) Man wird es verstehen und gut heissen, dass, um die Darstellung nicht übermässig zu belasten, nur andeutungsweise auf das Verhältnis der Begriffe »Gerechtigkeit haben«, »heilig sein«, »Geist« zu dem des Glaubens eigegangen worden ist.

Sieht man ab von der Bereitwilligkeit sich die frohe Botschaft anzueignen, so hat man also auch im ersten Petrusbrief den Glauben an Christus einerseits, den an Gott anderseits. Jener hat zum fundamentalen Inhalt die Gewissheit, dass Jesus lebt, obwohl er dem leiblichen Auge nicht mehr sichtbar ist [1]), womit zugleich die freudige Erwartung gegeben ist, dass er sich offenbaren wird, die Seinen teilnehmen zu lassen an unvergänglichen, unbefleckten und unverwelklichen Gütern im Himmel [2]). Dieser bewährt sich in Trübsal und steht irgendwie mit der Hoffnung in Verbindung: ein Satz, der seine Gültigkeit behält, gleichviel wie man 1, 21 übersetze, ob »so, dass Euer Glaube auch Hoffnung auf Gott ist«, oder »so, dass Euer Glaube und Hoffnung sei auf Gott«.

Der Zusammenhang zwischen beiden Formen ist derart, dass die auf Christus bezügliche Überzeugung, die ja in nuce die Gewissheit seiner Auferstehung ist, das Verhältnis zu Gott erzeugt: »die Ihr durch ihn gläubig seid an Gott, der ihn von den Toten erweckte« [3]). Und zwar ist der Übergang etwa folgendermassen zu denken: die mit der Aneignung der Osterbotschaft erschlossene Aussicht [4]) auf Begabung mit überweltlicher Herrlichkeit durch den Sohn Gottes lässt das Herz auffahren in freudiger Zuversicht auf die freundliche Absicht und Güte des Vaters [5]) und diesem getrost alles Irdische anheimstellen, wie denn gelegentlich mit dem Psalmisten gemahnt wird die Sorgen auf ihn zu werfen [6]). So ungefähr schildert den Prozess auch B. Weiss: Das »Vertrauen auf Gott war durch Christum nur dann vermittelt, wenn man ihn als den Messias erkannte, und die Gewissheit seiner Messianität

---

1) 1 Petr. 1, 8.

2) »Gepriesen sei der Gott und Vater unseres Herrn Jesu Christi, der nach seiner grossen Barmherzigkeit uns wiedergezeugt hat zu einer lebendigen Hoffnung durch die Auferstehung Jesu Christi von den Toten, zu einem unvergänglichen, unbefleckten und unverwelklichen Erbe, das aufbewahrt ist in den Himmeln«. (1 Petr. 1, 3 f.).

3) 1 Petr. 1, 21. Der Fortschritt vom Auferstehungsglauben zu einer neuen Stellung zu Gott wäre übrigens auch angedeutet 1 Petr. 3, 21, falls da zu übertragen wäre »Anrufung Gottes mit gutem Gewissen durch die Auferstehung Jesu Christi«. Doch ist das, wie man weiss, fraglich.

4) 1 Petr. 1, 3.   5) 1 Petr. 1, 21.   6) 1 Petr. 5, 7.

dadurch, dass Gott ihn auferweckt und ihm die Herrlichkeit gegeben hatte« ¹). Und: »Gott ist es, der sie in Christo zur ewigen Herrlichkeit berufen und dadurch aus dem Dunkel des Verderbens in das Licht eines unvergleichlichen Heils versetzt hat. Er ist es, der sie durch die Auferweckung Christi zur Hoffnung wiedergeboren hat und als der Gott aller Gnade ihnen auch zur Erfüllung ihrer Bestimmung verhelfen wird, indem er sie in seiner Macht, wie in einer Festung, auf ihre bevorstehende Errettung bewahrt und sie durch seine Gnade vollbereitet, stärket, kräftiget und gründet« ²).

Wie man sieht, handelt es sich im wesentlichen um die Verbindungslinie zwischen Christusglauben und Gottvertrauen, die bei der Besprechung der paulinischen Litteratur als zweite beschrieben worden war. Deshalb kann im Petrusbrief gleichfalls, ja da erst recht, die $\pi i\sigma\tau\iota\varsigma$ mit der Hoffnung identifiziert werden ³). Die dritte Gedankenreihe dagegen, die für den ehemaligen Pharisäer und Gesetzeseiferer die bei weitem wichtigste war, fällt hier fast ganz aus. Zwar werden aus dem Tod Jesu, abgesehen von den Anspielungen, die ihm eine objektive Bedeutung beimessen, wertvolle sittliche Wirkungen für das christliche Subjekt abgeleitet; ja, es muss daran erinnert werden, dass er gelegentlich ausdrücklich als Mittel der Hinzuführung zu Gott bezeichnet wird ⁴). Nichtsdestoweniger vermisst man jene zahlreichen charakteristischen Äusserungen, die bei Paulus bekunden, welche ungeheure religiöse Revolution im Inneren des Menschen sich infolge der Zusammenschau von Tod und Auferstehung vollzieht. Man hört nicht mehr so die Jubelrufe über die gerade durch diese verursachte Befreiung von Gesetzesfurcht und Todesangst. Man gewahrt nicht mehr, wie in einer für den Gläubigen merklichen und fühlbaren Weise eine ganze Weltordnung aus den Angeln gehoben wird, wie eine Weltanschauung zusammenbricht und einer andern Platz macht genau von dem Augenblick an, wo sich zu dem Bild des Gekreuzigten das befruchtende oder, um eine bessere Metapher zu gebrauchen, das empfangende Prinzip des Glaubens gesellt als der Gewissheit, dass eben der am Marter-

---

1) Weiss, Biblische Theologie, 6. Aufl., S. 175.
2) Ebd., Anm.   3) 1 Petr. 3, 15; 3, 5; 1, 13.
4) 1 Petr. 3. 18.

holze Gebrandmarkte der Gottessohn, der Herr und Lebensspender sei. Insofern ist etwas Richtiges an der Bemerkung von Sodens, dass im ersten Petrusbrief der Glaube an Christus keine Rolle spiele ¹). Die eigentümliche Erscheinung kann sich nur daraus erklären, dass der Verfasser, wer er auch immer sein mag, niemals so unter der nomistischen Ordnung gelitten hat wie Paulus, dass er niemals es an der eigenen Seele erlebt hat, was für den Gesetzesverehrer und -knecht die plötzliche Erkenntniss bedeutet, dass der augenscheinlich Verfluchte und Gottverlassene der einzigartig Geliebte des Vaters sei. Darum hat er auch keine Rechtfertigungslehre als den Ausdruck einer grossen an Tod und Auferstehung Jesu gemachten persönlichen Erfahrung; höchstens machen sich Bruchstücke einer Versöhnungstheorie bemerkbar ²).

Die zweite Petrusepistel, die gleich hier angegliedert werden mag, erteilt inbezug auf das in Betracht kommende Problem keine Antwort, wenn man ihr eine solche nicht etwa mit Hebeln und Schrauben abzwingt. Der Begriff $\pi i\sigma\tau\iota\varsigma$ tritt nur zweimal auf, 1, 1 und 1, 5. Wenn angesichts der ersten Stelle an eine »Lehre« gedacht werden kann, nicht muss ³), so handelt es sich jedenfalls in der zweiten um eine subjektive Funktion ⁴), Quelle vieler Tugenden und nah verwandt mit der »Erkenntnis« Jesu Christi als des »Herrn und Retters« ⁵), der kommen wird, den Seinen Eingang zu gewähren in sein »ewiges Reich« ⁶). Als besondere Bürgschaft für die Wahrheit dieser Ein-

---

1) Für Holtzmann reduziert sich die $\pi i\sigma\tau\iota\varsigma$ im 1 Petrusbrief auf Gehorsam und Hoffnung. Lehrbuch, II, 310.

2) Die Thatsache wird auch von Holtzmann konstatiert, wenn er schreibt: »Von einem Gedankenkomplexe, welcher die Sühneleistung durch den Opfertod des Gerechten und die Rechtfertigung der Ungerechten auf Grund des Glaubens daran als zwei schlechthin zusammengehörige Kehrseiten in sich begreift, hat sich der Briefsteller die allgemeine Idee und die Terminologie der 1. Hemisphäre angeeignet, die 2. dagegen ganz fallen lassen«. (Lehrbuch der N.T.lichen Theologie, II, 315).

3) Nach Spitta ist das Wort auch hier nicht mit Graaff und Fronmüller »im Sinne von Glaubenslehre zu verstehen«. Spitta, der 2. Petrusbrief, S. 8.

4) Vgl. Weiss, Biblische Theologie, 6. Aufl., S. 531.

5) 2 Petr. 1, 2. 3. 8. 11; 2, 20; 3, 2. 18.

6) 2 Petr. 1, 11; 3, 10 ff.

sicht erscheint merkwürdiger Weise nicht die Osterbotschaft, sondern die Verklärungsgeschichte ¹).

Im Judasbrief ist V. 5 von den Gliedern des Volkes Israel die Rede, welche nicht glaubten. Das Substantivum πίστις erscheint V. 3 und 20. Dass es in objektivem Sinn gebraucht wird, ist schwer zu leugnen, wo es heisst, dass der Glaube ein für allemal den Heiligen überliefert sei ²). Jedenfalls wirft die Betrachtung der Epistel für den hier verfolgten Zweck nichts ab.

Eine sehr merkwürdige Stellung nimmt der Brief an die Hebräer ein.

Dass der Glaube etwas höchst wichtiges ist, dass er zur »Gewinnung der Seele« dient, wird wiederholt ausgesprochen ³); aber wie die ganze Darstellung des Christentums bestimmten gegebenen Formen angepasst wird, so erhält auch dieser Begriff eine eigentümliche Ausprägung.

Absolut steht das Wort πίστις: 4, 2; 6, 12, wo der Glaube der Geduld koordiniert wird; 10, 22, wo von der Vollgewissheit desselben die Rede ist; 10, 39; 11, 1. 3. 4. 5. 6. 7 (zweimal); 11, 8. 9. 11. 13. 17. 20. 21. 22. 23. 24. 27. 28. 29. 30. 31. 33. 39; 12, 2; 13, 7; doch ist an manchen dieser Stellen deutlich zu erkennen, was gemeint ist. Als Objekt, auf das die πίστις sich richtet, wird Gott angegeben 6, 1: es werden da die Anfangsgründe der christlichen Unterweisung aufgezählt. Das Verbum πιστεύειν kommt 4, 3 vor: aus dem Zusammenhang erhellt, dass es sich um die Annahme des Wortes der Verheissung handelt ähnlich wie 4, 2. Was geglaubt werden muss, wird ferner genau angeführt 11, 6. Von der ἀπιστία sprechen die Verse 12 u. 19 in Kap. 3. So viel wie treu bedeutet πιστός 2, 17; 3, 2; 10, 23. Belanglos ist natürlich das Citat 2, 13. Dagegen beansprucht

---

1) 2 Petr. 1, 16 ff.
2) Nach Jülicher ist die πίστις im Judasbrief »etwas, was ein für allemal überliefert werden kann, also objektiv das orthodoxe Bekenntnis«. (Einleitung in das N. T., S. 146). Die Anschauung Schlatters widerspricht dem nicht (Der Glaube, 1. Aufl., S. 351). Spitta unterscheidet freilich noch zwei Nuancen, wenn er erklärt: »Dass πίστις hier nicht den Glauben in subjektivem, sondern in objektivem Sinn bedeutet, versteht sich von selbst. Verkehrt aber ist es, wenn man sagt, der Begriff bedeute hier so viel wie doctrina fidei oder den objektiven Inhalt des Glaubens«. (Der 2. Petrus- und Judasbrief, S. 308.)
3) Ebr. 10, 39; 6, 12 u. a.

das grösste Interesse die berühmte Definition 11, 1: »Es ist aber Glaube eine Zuversicht über Gehofftes, eine Überzeugung von Dingen, die man nicht sieht«. Danach ist die πίστις die feste Gewissheit, dass es übersinnliche Güter oder wenigstens eine Quelle solcher giebt, und dass sie einem zu teil werden sollen. Damit stimmt es überein, wenn 11, 16 als Inhalt des Glaubens angeführt wird, dass Gott sei und denen, die ihn suchen, ein Belohner sein werde. Dazu passt es auch, dass, wo die πίστις als Annahme des Wortes erscheint, dieses den Charakter einer Botschaft von der ewigen Ruhe hat[1]). Und die meisten Beispiele, die im 11. Kapitel aufgehäuft werden, stehen wenigstens nicht im Widerspruch. Fast all die aufgerufenen Zeugen leben oder handeln in der Erwartung göttlicher, noch nicht in die Erscheinung getretener, Gaben. Das zeigt sich deutlich bei Abraham, Sara, Isaak, Jakob, Joseph, Moses, Rahab; es wird von Henoch ausdrücklich gesagt; und die wenigen scheinbaren oder thatsächlichen Ausnahmen erklären sich daraus, dass es dem Briefsteller mit seinen Exempeln nicht sowohl darauf ankommt, die Richtigkeit seiner Definition als den Wert des Glaubens überhaupt darzuthun.

Die πίστις deckt sich also im wesentlichen mit der ἐλπίς. Der eine Begriff kann daher für den andern gesetzt werden[2]), und der Mangel an ἐλπίς fällt zusammen mit der ἀπιστία[3]): der Unterschied ist bloss der, dass der Glaube zugleich auf die sicher begründete Existenz der Güter reflektiert, nach denen die Hoffnung sich streckt[4]). Aber noch mit einer andern Grösse alterniert gelegentlich die πίστις, sie ist aufs engste verknüpft mit dem Gehorsam: ἀπιστία und ἀπείθεια sind auch synonym[5]). Ganz natürlich: die Aussicht auf ersehnte Gaben wird von selbst zu einem Motiv für das Handeln; sie vermag den Willen zu bestimmen sich demjenigen des Spenders unterzuordnen. Übrigens wird gerade an dieser Stelle besonders klar, wie die Definition, die der Hebräerbrief giebt, namentlich wenn sie dahin formuliert wird, dass der Glaube an dem göttlichen »Lohn« nicht zweifle[6]),

---

1) Ebr. 4, 2. 3.
2) Vgl. Ebr. 6, 11 und 12; ferner 10, 22 und 23.
3) Vgl. Ebr. 3, 6 und 12.   4) Ebr. 11, 1.
5) Vgl. 3, 18 und 19. Man beachte weiter den Zusammenhang, in dem 4, 6 steht, ebenso wie 4, 11.
6) Ebr. 11, 6.

den Vergleich des christlichen Verhaltens mit dem alttestamentlicher Vorbilder und Typen wesentlich erleichtert. Auch die griechische Synagoge — von der palästinensischen zu geschweigen — legte hohen Wert auf die Gewissheit, dass die »Gnaden Gottes dem Würdigen neidlos zugeteilt werden« [1]).

Dass nun der so ausgeprägte Glaubensbegriff mit dem gnesiopaulinischen nicht völlig übereinstimmt, ist oft genug hervorgehoben, wenn gleich nicht immer richtig begründet worden. Zwar darf die Differenz nicht übertrieben werden. Bekanntlich spielt bei dem Heidenapostel die Hoffnung ebenfalls eine grosse Rolle [2]). Wie sie aus dem Christusglauben hervorgeht, sofern dieser das Bewusstsein der Freiheit von Strafverpflichtung und die Erwartung der Wiederkunft Jesu auslöst, so erzeugt sie wiederum Glauben als Vertrauen auf Gottes freundliche Fürsorge in sämtlichen Lebenslagen. Was aber in der paulinischen Litteratur als ein Glied unter anderen erscheint in der Kette eines längeren Prozesses, das wird im Hebräerbrief eine selbständige Grösse und konstituiert an sich den ganzen Glauben: es gehört zu diesem nicht mehr notwendig wie dort eine bestimmte Überzeugung von Christus mit ihren nächsten, unmittelbaren Konsequenzen; und man könnte ferner die auf die irdischen Vorgänge bezogene Zuversicht, dass Gottes Liebe alles zum Besten wenden müsse, als integrierenden Bestandteil vermissen. Einen gewissen Ersatz für das letztere Element bildet freilich, abgesehen von der ὑπομονή die παρρησία, das Gefühl der Furchtlosigkeit gegenüber Gott [3]). Sie ist jedenfalls mit der πίστις verwandt: das beweist der Gedankenkomplex 3, 5 ff., in dem es schwer hält, sie, die Hoffnung, den Glauben und die ὑπόστασις scharf auseinanderzuhalten. Und zwar hat man bald mehr den Eindruck, dass sie eine Voraussetzung der πίστις sei: so 10, 19, wo es heisst: ἔχοντες οὖν, ἀδελφοί, παρρησίαν εἰς τὴν εἴσοδον τῶν ἁγίων ἐν τῷ αἵματι Ἰησοῦ, ... προσερχώμεθα μετὰ ἀληθινῆς καρδίας ἐν πληροφορίᾳ πίστεως. Bald erscheint sie mehr als eine Folge der Gewissheit, dass man »einen besseren und bleibenden Besitz«

---

1) Philo, Opera. M. I, 119. Vgl. die einleitenden Abschnitte in Schlatter, der Glaube.
2) Siehe oben.
3) Der Ausdruck kommt vor Ebr. 3, 6; 4, 16; 10, 19; 10, 35.

im Himmel hat: so in dem Abschnitte 10, 32—35,. der mit den Worten schliesst: γινώσκοντες ἔχειν ἑαυτοὺς κρείσσονα ὕπαρξιν καὶ μένουσαν· μὴ ἀποβάλητε οὖν τὴν παρρησίαν ὑμῶν ¹).

Empfindlicher klafft die Lücke, die durch den Ausfall der fides in Christum entsteht. Nicht als ob nicht die Person und das Thun Jesu einen unvergleichlichen Wert hätten: er hat das Haus bereitet, ist Hohepriester und Mittler, Bürge eines besseren Bundes, Urheber ewigen Heiles, gestern und heute der selbe und in Ewigkeit. Seinem Tod und seiner Auferstehung wird, meist in der Form mannigfaltiger alttestamentlicher Bilder und Vergleiche, die grösste objektive Bedeutung zugesprochen, die übrigens gelegentlich nicht auf Gott, sondern gegen die Macht des Teufels gerichtet erscheint; es werden sittliche Erfolge davon abgeleitet, zu welchen möglicherweise nach einer ihrer Seiten hin die τελείωσις mit zu rechnen ist; nicht minder religiöse subjektive Wirkungen: Jesus ist der Anführer und Vollender des Glaubens ²); durch ihn treten wir zu Gott ³); durch sein Blut haben wir παρρησία für den Eingang zum Heiligtum ⁴) und Befreiung von Todesfurcht ⁵); der Zusammenhang zwischen ihm und der Gemütserneuerung des Christen bekundet sich auch darin, dass die Hoffnung der versprochenen Sabbatruhe mit der Erwartung seiner Wiederkehr verwoben ist ⁶). Aber nirgends, nicht an einer einzigen Stelle, gelangt es zum Ausdruck, dass die angedeuteten Gewinne vom einzelnen nur zu erheben sind, dass das Werk Christi für einen jeden allein etwas abwirft unter der Bedingung des Glaubens an seine Person: dieser Begriff kommt überhaupt nicht vor. Höchstens Surrogate dafür machen sich bemerkbar. Als solche hat man wohl genannt das προσέχειν τοῖς ἀκουσθεῖσιν ⁷), das κατανοεῖν ⁸) oder die ὁμολογία ⁹); wobei jedoch nicht vergessen werden darf, dass das gehörte Wort das von der Verheissung ist ¹⁰) und das Bekenntnis als das der Hoffnung ¹¹) gekennzeichnet wird. Mit grösserem Recht verwiese man vielleicht darauf, dass

---

1) Zum Verständnis ist es indessen nötig, auch die vorhergehenden Verse zu vergleichen.

2) Ebr. 12, 2.   3) Ebr. 7, 25.
4) Ebr. 10, 19.   5) Ebr. 2, 15.
6) Ebr. 9, 28.   7) Ebr. 2, 1.
8) Ebr. 3, 1.   9) Ebr. 3, 1; 4, 14; 10, 23.
10) Ebr. 4, 1. 2.   11) Ebr. 10, 23.

einmal[1]) der Genuss und Besitz des Heils abhängig gemacht wird von dem Jesu geleisteten Gehorsam; aber, mag man diesen deuten, wie man will, er bleibt doch immer etwas anderes als der Glaube an Christus: der fällt aus, das lässt sich nicht bestreiten!

Wie sich die grosse Lücke erklärt? verschiedene Antworten auf die Frage bieten sich dar. Es liesse sich daran erinnern, dass der Verfasser nicht die Absicht hat die ersten Anfangsgründe der Unterweisung darzulegen; indessen selbst wo er diese aufzählt, erwähnt er die fides in Christum nicht; nur von einem Glauben an Gott ($\dot{\epsilon}\pi\dot{\iota}$ $\vartheta\epsilon\acute{o}\nu$) ist die Rede [2]). Oder es wäre denkbar, dass das gegebene Formenmaterial, mit dem der Briefsteller arbeitete, ihn im Ausdrucke bestimmter gemeinchristlicher Erfahrungen beschränkte. Aber auch noch andere Gründe liegen nahe. Sie mögen auf sich beruhen. Das Problem zu lösen ist hier nicht die Aufgabe.

Im Jakobusbrief wird die $\pi\acute{\iota}\sigma\tau\iota\varsigma$ ohne genauere Bestimmung angeführt 1, 3. 6; 2, 5 (Reiche im Glauben); 2, 14 (2 mal); 2, 17. 18 (3 mal). 20. 22 (2 mal). 24. 26; 5, 15. Als Objekt derselben wird Gott genannt in dem auf Abraham bezüglichen Citat 2, 23. Ihr Inhalt endlich kommt zur Sprache 2, 1 und 2, 19.

Es kann und soll nun die Streitfrage ganz unberührt bleiben, was der Verfasser in dem vielerörterten Abschnitt 2, 14—26 unter $\pi\acute{\iota}\sigma\tau\iota\varsigma$ versteht, ob eine Überzeugung inbezug auf Jesus [3]), oder die Gewissheit »von der Wahrheit übersinnlicher Thatsachen und Heilsgüter« [4]), oder die Annahme einer »theologischen Metaphysik« [5]), oder das blosse Fürwahrhalten der Existenz Gottes oder anderes noch. Welches immer die in der Beurteilung der Rechtfertigungslehre gemeinte Funktion sein mag, jedenfalls kennt die Epistel, wofern sie nur unversehrt ist, einen Glauben »an unsern Herrn der Herrlichkeit Jesus Christus« und einen Glauben im Sinne des Gottvertrauens. Der erste liegt vor 2, 1; der andere 1, 6; 5, 15; vielleicht selbst 1, 3, da es sich um eine Bewährung in Versuchungen handelt. Beide Grössen stehen jedoch unvermittelt nebeneinander.

---

1) Ebr. 5, 9.   2) Ebr. 6, 1.
3) So Weiss, Biblische Theologie, 6. Aufl., S. 185.
4) So Beyschlag, Neutestamentl. Theologie, 1891, I, S. 351.
5) Holtzmann, Lehrbuch der Neutestamentlichen Theologie. II, 331.

An und für sich lässt sich ja allerdings — das braucht nicht wiederholt zu werden — eine Brücke denken, die von der Überzeugung, dass Christus der kommende Herr der Herrlichkeit sei, hinüberführt zur fiducia in Deum; ein gewisses Mass der letzteren kann durch jene auch dann noch erzeugt und gekräftigt werden, wenn die fides in Christum speziell die richterliche Eigenschaft Jesu in Betracht zieht[1]): es stellt sich dann eben ein ähnlich bedingtes Vertrauen auf Gott ein, wie es innerhalb des Bereichs des Nomismus möglich ist und von Luther so energisch perhorresziert wurde[2]); aber der Jakobusbrief gewährt nicht die nötigen Stütz- und Anhaltspunkte um die verbindende Linie sicher zu konstruieren. Der Versuch sie zu zeichnen muss daher unterbleiben. Alles, was sich mit gutem Gewissen behaupten lässt, ist, dass sich beim Autor lebhaft das Bewusstsein bekundet vor Gott **nicht allein** auf Grund eines Glaubens zu bestehen: ein Beweis dafür, dass er die ganze religiös erneuernde Kraft, die diesem eignen kann, nicht erprobt hat. Indem man das konstatiert, überschreitet man indessen bereits den für die vorliegende Untersuchung gezogenen Rahmen.

Die **Pastoralbriefe**, deren Besprechung jetzt eingeschaltet werden mag, bieten verhältnismässig wenig Interessantes.

Es ist oft gesagt worden, dass die $εὐσέβεια$, die eine grosse Erwerbsquelle ist[3]), die Kraft[4]) und Verheissung des gegenwärtigen und zukünftigen Lebens[5]) hat, an die Stelle der $πίστις$ getreten ist. Die affektvollen einzelnen Formen des Glaubens, wie sie einem in der protopaulinischen Litteratur begegnen, sind verschwunden, aufgelöst in einem das Gemüt weniger bewegenden Fürwahrhalten der $διδασκαλία$ im allgemeinen.

So oft der Glaube genannt wird, ein solcher, der ausdrücklich auf die Person Jesu als Objekt bezogen wird, kommt selten oder so gut wie gar nicht vor. Wenn man absieht von dem

---

1) Jak. 5, 7 ff.
2) Vgl. die mannigfachen Hinweise auf die Gerechtigkeit Gottes, 4, 12. 8 ff. u. a. Es ist wohl nicht ganz zufällig, dass Beyschlag das Gottvertrauen, wie es sich in der Epistel bezeugt, mittels eines Worts aus dem Hebräerbrief kennzeichnet als die Gewissheit, dass Gott sei und denen, die ihn suchen, ein **Vergelter** sein werde. (Beyschlag, Neutestamentliche Theologie, I, 351).
3) 1 Tim. 6, 6.   4) 2 Tim. 3, 5.   5) 1 Tim. 4, 8.

Hymnus 1 Tim. 3, 16, wo es in poetischer Wendung von Christus heisst ἐπιστεύθη ἐν κόσμῳ, so sind höchstens drei Stellen in Betracht zu ziehen: 1 Tim. 3, 13; 2 Tim. 3, 15 und 1 Tim. 1, 16. In den zwei ersten ist lediglich von einem Glauben in Christo Jesu (ἐν Χῷ 'L) die Rede, also von einer irgendwie mit ihm zusammenhängenden fides, die übrigens 2 Tim. 3, 15 mit der Annahme der heiligen Schriften sich zu decken scheint. Inbezug auf die dritte (τῶν μελλόντων πιστεύειν ἐπ' αὐτῷ εἰς ζωὴν αἰώνιον) kann man zweifelhaft sein: entweder handelt es sich auch bloss um ein auf Christus begründetes oder aber wirklich um ein auf ihn gerichtetes Vertrauen: im letzteren Fall könnte man vielleicht mit einigem Recht als Inhalt desselben die Gewissheit angeben, dass Jesus »gekommen ist in die Welt Sünder zu retten«[1]. Unter allen Umständen werden diesem mit der Person Christi verknüpften Glauben wie der fides überhaupt zwar manchmal objektive Heilsgüter, das heisst, Rettung, ewiges Leben, göttliche Gnade zugesprochen — es geschieht dies freilich ebenfalls nicht oft[2]) und nicht ohne dass gelegentlich die Liebe mit herbeigezogen würde[3]) —; niemals aber werden davon religiöse Wirkungen im Subjekt abgeleitet. Man darf sich nicht etwa auf 1 Tim. 3, 13 berufen, wo gesagt wird: »Die den Dienst recht gethan, erwerben sich eine schöne Stufe und grosse Zuversicht im Glauben in Christus Jesus«; denn abgesehen davon, dass hier die gute Verwaltung des Diakonenamtes als Hauptursache der παρρησία sich darstellt, ist diese möglicherweise weiter nichts als die Freimütigkeit der Gemeinde gegenüber, also keine religiöse Funktion. Solche löst die auf Christus bezogene fides nicht aus; um so grösser ist, wie sich noch zeigen wird, die Bedeutung der πίστις für das sittliche Leben.

Wie der affektvolle, das Gemüt umwälzende Glaube an Jesus zurücktritt, so auch das Gottvertrauen. Nur in zwei Äusserungen, die im Gefüge der Briefe eine mehr sekundäre Stellung einnehmen, macht es sich bemerkbar[4]); nämlich 2 Tim. 1, 12, wo der Ver-

---

1) 1 Tim. 1, 15.
2) 1 Tim. 1, 16; 2 Tim. 3, 15; vgl. 1 Tim. 4, 10.
3) 1 Tim. 1, 14.
4) Der Geist des Zagens, der 2 Tim. 1, 7 den Christen abgesprochen wird, ist weniger ein furchtsamer als ein Arbeit und Kampf scheuender.

fasser für seine Person seine Zuversicht auf Gott kundgiebt, und Tit. 3, 8, wo es heisst: ἵνα φροντίζωσιν καλῶν ἔργων προΐστασθαι οἱ πεπιστευκότες θεῷ. Doch ist etwas von der fiducia in Deum, nachdem diese im wesentlichen aus dem Begriff der πίστις ausgeschieden war, hinübergerettet worden in den der auf Gott gerichteten ἐλπίς. Das Ineinanderspielen beider Grössen tritt deutlich zu Tage, wenn die Besitzenden ermahnt werden nicht auf die Unsicherheit des Reichtums zu hoffen sondern auf Gott [1]); oder wenn es es heisst: wir haben unsere Hoffnung gesetzt auf den lebendigen Gott [2]); oder wenn der rechten Witwe nachgesagt wird, sie setze ihre Hoffnung auf Gott [3]). Aber freilich, wenn gleich diese Stimmung Gott gegenüber durch Christus ermöglicht und begründet ist [4]), so ist doch die sie vermittelnde subjektive Funktion nicht der Glaube an Jesus, sondern die εὐσέβεια [5]), und die πίστις überhaupt nur, sofern sie ein Bestandteil der letzteren ist [6]). Mit andern Worten: das Gottvertrauen geht nicht nur über in die ἐλπίς sondern nimmt auch im Innenleben des Christen eine ähnliche Stellung ein wie die spes in der späteren katholischen Dogmatik.

In den meisten Fällen ist der Glaube in den Pastoralbriefen identisch mit dem Anerkennen und Festhalten der gegebenen gesunden Lehre. So 1 Tim. 4, 1 (ἀποστήσονταί τινες τῆς πίστεως); 6, 10 (ἀπεπλανήθησαν ἀπὸ τῆς πίστεως); 6, 21 (περὶ τὴν πίστιν ἠστόχησαν); 2 Tim. 1, 13 (halte die Darstellung der Lehren, die Du von mir gehört hast, in Glauben und Liebe); 2, 18 (die von der Wahrheit abgekommen sind, zerrütten den Glauben); 3, 8 (vgl. den Zusammenhang); 3, 14 (bleibe in dem, was Du gelernt, und des Du gewiss geworden bist, ἐπιστώθης); Tit. 1, 13 (vgl. den folgenden Vers); Tit. 2, 2 (gesund im Glauben vgl. mit der gesunden Lehre); vielleicht auch noch 1 Tim. 1, 5; 2 Tim. 1, 5; Tit. 1, 1; dazu 1 Tim. 1, 13 (ἀπιστία = ἄγνοια). Ja, gelegentlich bezeichnet das Wort Glaube die Lehre selber; so 1 Tim. 2, 7 (Lehrer der Heiden in Glauben und Wahrheit); 3, 9 (das Geheimnis des Glaubens); 4, 6 (dich nährend an den Worten des Glaubens und der rechten Lehre); möglicherweise

---

1) 1 Tim. 6, 17.   2) 1 Tim. 4, 10.   3) 1 Tim. 5. 5.
4) Christus unsere Hoffnung, 1 Tim. 1, 1 u. a.
5) Tit. 2, 12 f.; 1 Tim. 4, 8.   6) Vgl. weiter unten.

ebenso 1 Tim. 1, 4 (die Ordnung Gottes im Glauben) [1]); Tit. 1, 4; 1 Tim. 1, 2. Da nun aber die Gesundheit der διδασκαλία mit darin besteht, dass sie sittlichen Charakter trägt, wie aus den mancherlei Darlegungen ihres Inhaltes erhellt, wird die πίστις als das Anerkennen und Festhalten der Lehre ihrerseits zu einer Quelle der Tugend (1 Tim. 1, 5), moralischen Eigenschaften und Zuständen koordiniert (1 Tim. 1, 14. 19; 2, 15; 4, 12; 5, 8; 6, 11; 2 Tim. 2, 22; 3, 10; 4, 7) und nimmt unter Umständen die Bedeutung der Treue an (1 Tim. 5, 12; Tit. 2, 10). So, caritate formata, ist sie ein wichtiger Bestandteil der εὐσέβεια, welche die Anwartschaft auf ewiges Leben hat.

Nachträglich seien noch die wenigen auf den Glauben bezüglichen Äusserungen der Pastoralbriefe erwähnt, denen in der Besprechung der letzteren nichts abgewonnen worden ist. Es sind 1 Tim. 6, 12 (kämpfe den guten Kampf des Glaubens); Tit. 3, 15 (grüsse die uns lieben im Glauben); 1 Tim. 4, 3. 10. 12 (πιστός als gläubig); ebenso 1 Tim. 5, 16; 6, 1. 2; Tit. 1, 6; 1 Tim. 5, 8 und Tit. 1, 15 (ἄπιστος — ungläubig). Dagegen ist πιστός — treu 1 Tim. 1, 12; 3, 11; 2 Tim. 2, 2; 2, 13; während es mit wahr oder verlässlich zu übersetzen ist 1 Tim. 1, 15; 3, 1; 4, 9; 2 Tim. 2, 11; Tit. 1, 9; 3, 8. Völlig belanglos sind natürlich 1 Tim. 1, 11 und 2 Tim. 1. 5 (πέπεισμαι).

Bleiben die Apostelgeschichte, die Apokalypse und die Johanneischen Schriften.

Die Würdigung des Sachverhaltes in der Offenbarung wird natürlich verschieden ausfallen müssen je nach der Anschauung über die Komposition des Buchs. Bei dem gegenwärtigen Stand der Debatte kann jedoch keine allgemein anerkannte Theorie darüber vorausgesetzt werden; und es wird gelten die Schrift, wie sie vorliegt, in Untersuchung zu ziehen.

Das Wort πίστις findet sich darin an folgenden Stellen: 2, 13; 2, 19; 13, 10; 14, 12. Ἄπιστος als ungläubig steht 21, 8. Πιστός als treu 1, 5; 2, 10. 13; 3, 14; 17, 14; 19, 11. Zuverlässig heisst es 21, 5 und 22, 6. Es sind also im ganzen fünf Äusserungen besonders zu beachten.

In zwei derselben (2, 13 und 14, 12) handelt es sich um

---

[1] Allerdings sind da verschiedene Deutungen denkbar; vgl. beispielsweise die Beurteilung B. Weiss' und Beyschlags.

einen Glauben an Christus, der nah verwandt ist mit der Anerkennung seines Namens [1]) und offenbar die Gewissheit zum Inhalt hat, dass Jesus der Messias sei. In den drei übrig bleibenden (2, 19; 13, 10; 21, 8) stellt sich die πίστις dar als eine Gemüts- oder Willensbeschaffenheit, die andern solchen zur Seite treten kann [2]), die speziell mit der Geduld sich berührt [3]), und deren Gegenteil der Feigheit irgendwie nahe steht [4]). Fragt man, welches die diese Disposition begleitenden Vorstellungen sind, so geht aus 13, 10 hervor, dass es der Gedanke an eine göttliche Vergeltung ist. Zum mindesten wird in dem angezogenen Vers der Glaube mit einem derartigen tröstlichen [5]) Bewusstsein in Verbindung gebracht; ja, wenn man wie Weizsäcker und Düsterdieck das ὧδέ ἐστιν ἡ ὑπομονὴ καὶ ἡ πίστις mit »hierin steht« übersetzt, so ist er geradezu darin begründet; er hat daran seinen Halt und sein Wesen. In dieser Annahme wird man bestärkt durch den Umstand, dass auch 14, 12 der Ermahnung zur Geduld, die mit dem Glauben so innig verknüpft ist, der Hinweis vorausgeht auf die furchtbare Bestrafung der Missethäter. Man hat also ein gewisses Recht zu der Behauptung, dass die Apokalypse neben der fides in Christum das Vertrauen kennt auf die ausgleichende Gerechtigkeit Gottes, eine fiducia, die freilich nicht die spezifisch christliche ist, die aber im Spätjudentum eine grosse Rolle spielte und als Quelle der Treue und Standhaftigkeit in schweren Stunden empfunden wurde.

Ob und wie die beiden Formen des Glaubens zusammenhängen, darüber sind nur Vermutungen möglich. Der Übergang wird jedoch leicht denkbar, wenn der an Jesum Glaubende in der Gestalt des Nazareners, im Widerspruch mit der geschichtlichen Wirklichkeit, in erster Linie nicht den Sünderfreund sondern den Gesetzgeber und Richter wahrnimmt: »Siehe, ich komme bald und mein Lohn mit mir, zu geben einem jeden, wie

---

1) Apok. 2, 13. 2) Apok. 2, 19.
3) Apok. 13, 10; 2, 19. 4) Apok. 21, 8.

5) Tröstlich ist dasselbe auch dann, wenn das Wort »wer Gefangene macht, soll in Gefangenschaft wandern; wer mit dem Schwerte tötet, soll mit dem Schwerte getötet werden« auf das Tier und seine Anhänger sich bezieht, was eigentlich selbstverständlich ist. Gerade weil es so gemeint ist, gereicht es den Bedrängten zur Ermutigung.

seine Werke sind« ¹). Dann fällt die Überzeugung, dass Jesus der Messias, der Stellvertreter Gottes ist, zusammen mit der Gewissheit einer göttlichen Vergeltung und wird ein nomistisches Motiv zu sittlichem Handeln, wie denn den Werken in der Offenbarung stets die grösste Bedeutung beigemessen wird ²). Man könnte versucht sein in 14, 12 unter Berücksichtigung der vorhergehenden Verse folgenden Ideenkonnex zu statuieren: die Gottes Gebote halten und an Jesum glauben, haben Geduld und zum Ausharren befähigendes Vertrauen, weil sie einerseits wissen, dass es ein Gericht für ihre Feinde giebt, und anderseits, dass sie selbst in diesem bestehen werden auf Grund ihrer Thaten. Danach schiene es, als ob hinter dem »Lehrbegriff« der Apokalypse trotz der stark ausgeprägten Erinnerung an das Blut des Lammes und seine reinigenden ³) und befreienden ⁴) Wirkungen eine analoge unterchristliche Erfahrung waltete wie hinter dem des Jakobusbriefs, womit über das zeitliche Verhältnis beider übrigens nichts ausgesagt sein soll. Jedenfalls darf ins Gedächtnis zurückgerufen werden, dass das religiöse Ingenium Luthers auch der Offenbarung Johannis misstrauisch gegenüberstand und nicht merken konnte, »dass sie vom heiligen Geist gestellt sei«.

In der Apostelgeschichte sollen vorsichtshalber die historischen Abschnitte, die Reden des Petrus und die des Paulus auseinandergehalten werden, obwohl, wie sich zeigen wird, inbezug auf das zu erörternde Problem keine wesentlichen Unterschiede sich bemerkbar machen.

In den berichtenden Stücken findet sich das Substantivum $\pi\iota\sigma\tau\iota\varsigma$ ohne nähere Bestimmung 6, 5. 7; 11, 24; 13, 8; 14, 22. 27 (Glaubensthür) und 16, 5. Ebenso das Verbum $\pi\iota\sigma\tau\varepsilon\acute{v}\varepsilon\iota\nu$ 2, 44; 4, 4. 32; 5, 14 (das $\tau\tilde{\omega}$ $\varkappa\nu\varrho\acute{\iota}\omega$ ist nicht damit zu verbinden); 8, 13. 37; 11, 21; 13, 12. 48; 14, 1; 15, 5; 17, 12. 34; 18, 8. 27; 19, 18; 21, 20. 25; wozu sich noch gesellt das $\mathring{\eta}\pi\acute{\iota}\sigma\tau\sigma\nu\nu$ (28, 24); doch geht aus dem Zusammenhang hervor, dass es sich

---

1) Apok. 22, 12. »Die Apokalypse will die nächste Zukunft verkündigen, deren Mittelpunkt das unmittelbar bevorstehende Kommen Christi zum Gericht bildet«. (Weiss, Biblische Theologie, 6. Aufl., S. 540.)

2) Apok. 2, 2. 5. 19. 23. 26; 3, 1. 2. 8. 15; 14, 13; 18, 6; 20, 12. 13; 22, 12.

3) Apok. 7, 14.   4) Apok. 5, 9; 14, 3. 4.

2, 44 um den Glauben an den Namen Jesu und 4, 4 um den an das Wort von der Auferstehung handelt. $\Pi\iota\sigma\tau\acute{o}\varsigma$ als gläubig steht absolut 10, 45 und 16, 1. Von einer auf den Herrn gerichteten $\pi\acute{\iota}\sigma\tau\iota\varsigma$ (Konstruktion mit $\grave{\epsilon}\pi\acute{\iota}$ oder $\epsilon\grave{\iota}\varsigma$ oder dem Dativ) ist die Rede 9, 42 f.; 14, 23; 16, 15; 18, 8; von dem Glauben an ($\epsilon\grave{\iota}\varsigma$) Jesum Christum 24, 24. In dem Zusatz 8, 37 trifft man das berühmte »$\pi\iota\sigma\tau\epsilon\acute{\upsilon}\omega\ \tau\grave{o}\nu\ \upsilon\grave{\iota}\grave{o}\nu\ \tau o\tilde{\upsilon}\ \vartheta\epsilon o\tilde{\upsilon}\ \epsilon\tilde{\iota}\nu\alpha\iota\ \tau\grave{o}\nu\ \text{'}I\eta\sigma o\tilde{\upsilon}\nu$«. Dagegen ist es 16, 34 Gott, dem der Glaube gilt: $\pi\epsilon\pi\iota\sigma\tau\epsilon\upsilon\varkappa\grave{\omega}\varsigma\ \tau\tilde{\omega}\ \vartheta\epsilon\tilde{\omega}$. Dem Philippus wiederum, der die Botschaft vom Reich Gottes und vom Namen Jesu Christi verkündigte, wird nach 8, 12 Glauben geschenkt. An die Synoptiker endlich wird man erinnert, wenn es 14, 9 von dem Lahmen heisst, dass er Glauben hatte geheilt zu werden. Religiös indifferent ist natürlich 9, 26.

Alles in allem hat man also mindestens zwei Formen der fides: einerseits eine auf Jesus bezügliche Überzeugung, welche die Gewissheit zum Inhalt hat, dass er der Herr [1]) oder Sohn Gottes [2]) sei, und mit der Predigt von der Auferstehung zusammenhängt; anderseits den Glauben an Gott. Dass der letztere, wo er richtig ist, durch die erstere vermittelt wird, erhellt aus einem Vergleich von 16, 34 mit 16, 31: indem der Gefangenenwärter an Jesus Christus gläubig wurde, hat er Gott vertrauen gelernt. Vielmehr als das lässt sich nicht konstatieren.

In den Petrusreden handelt es sich um den oder das Glauben im allgemeinen 15, 7 und 15, 9; indessen wird an erster Stelle das Evangelium als Objekt angedeutet. Sonst ist die $\pi\acute{\iota}\sigma\tau\iota\varsigma$ so viel wie der durch Jesus gewirkte Glaube an seinen Namen (3, 16), der Glaube an ihn (10, 43) [3]), der Glaube an den Herrn Jesus Christus (11, 17) oder der Glaube »durch die Gnade des Herrn Jesus gerettet zu werden« (15, 11). Als Kriterium für die Erkenntnis, dass Gott den Gekreuzigten zum Herrn und Christus erhoben hat, wird 2, 36 ausdrücklich die Auferstehung geltend gemacht; die Bedeutung derselben für die auf Jesus gerichtete Überzeugung tritt auch 10, 40 ff. deutlich zu Tage, wie sie denn überhaupt in der Verkündigung eine entscheidende Rolle spielt [4]).

---

1) Act. 9, 42; 14, 23; 16, 15; 18, 8.   2) Act. 8, 37.

3) Die betreffende Wendung wird von Weiss als »Zusatz des Lukas« angesehen, wozu man freilich kaum mehr oder weniger berechtigt ist als zu einer gleichen Beurteilung der ganzen übrigen Rede.

4) Act. 1, 22; 2, 24. 32; 3, 15. 26; 4, 10; 5, 30. 31; 10, 40.

In den **Paulusreden** kommt Glaube oder Glauben ohne genaue Angabe des Objekts oder Inhalts vor 13, 39 (in Christus wird der πιστεύων losgesprochen von allem, wovon das Gesetz nicht absolvieren konnte); 17, 31; 19, 2. Der Glaube an Jesus oder speziell an ihn als den Herrn wird erwähnt 16, 31 (ἐπὶ τὸν κύριον Ἰησοῦν); 20, 21 (εἰς τὸν κύριον ἡμῶν Ἰησοῦν Χριστόν); 22, 19 (ἐπὶ σέ); 26, 18 (εἰς ἐμέ). Hierher gehört auch noch 19, 4. Ausdrücklich wird diese auf Jesus bezügliche πίστις als die rettende oder Sündenvergebung vermittelnde hingestellt 16, 31 und 26, 18; womit 13, 39 zu vergleichen ist. Gott erscheint als Objekt des Glaubens nur in der sekundären Stelle 27, 25, wo der Apostel sagt: πιστεύω γὰρ τῷ θεῷ ὅτι οὕτως ἔσται καθ' ὃν τρόπον λελάληταί μοι; und die psychologischen Vorgänge, welche die fides in Christum und die fides in Deum untereinander verbinden, gelangen nirgends zum Ausdruck. Bloss gelegentlich wird wenigstens angedeutet (20, 21), dass zugleich mit der ersteren ein neues Verhalten des Subjekts gegen Gott sich einstellt. Mit aller nur wünschenswerten Klarheit spricht es aber 17, 31 aus, dass der ganze Glaube mit der Gewissheit der Osterbotschaft seinen Anfang nimmt: Gott hat jedermann die πίστις eröffnet, indem er Jesum von den Toten erweckte. Und so nimmt denn die Kunde von der Auferstehung in den Worten des Apostels den breitesten Raum ein. Sie wird neben dem Tod und häufiger als dieser genannt [1]. Seine Predigt wird als eine solche von der Auferstehung charakterisiert [2]: die ist das eigentlich Anstössige [3]; um ihretwillen und der damit verknüpften Hoffnung wegen muss er vor Gericht stehen und wird er beschuldigt [4]; und als eine Frage, deren Beantwortung für die Annahme oder Ablehnung des Christentums von grösster Tragweite ist, ruft er dem Agrippa zu: wie soll es bei Euch **unglaublich** (ἄπιστον) sein, dass Gott Tote auferweckt? [5].

Vereinzelt findet sich noch der Ausdruck πιστεύειν für das Fürwahrhalten dessen, was im Gesetz und bei den Propheten geschrieben steht (24, 14; 26, 27. 28). Bewährt heisst πιστός

---

[1] Act. 13, 29 f. 34. 37; 17, 31; 26, 23.
[2] Act. 17, 18: »weil er nämlich Jesus und die Auferstehung verkündete«. Vgl. 17, 31.
[3] Act. 17, 32.   [4] Act. 24, 21; 23, 7.   [5] Act. 26, 8.

13, 34. So wenig aber als in den Briefen ist von einem Glauben an den Tod Jesu die Rede. Die πίστις ist vielmehr ihrem Kern nach auch hier die Gewissheit, dass der Gekreuzigte lebe und Herr sei; ja, man könnte sogar versucht sein zu erklären, in den Paulusreden der Apostelgeschichte beschränke sie sich ganz darauf.

Endlich die johanneische Litteratur! Es ist bekannt und oft gesagt worden, dass der Glaube innerhalb derselben als ein höchst wichtiger Heilsfaktor gilt, aber auch, dass er einen durchaus eigentümlichen Charakter trägt.

Will man diesen ermitteln, so muss man natürlich absehen von Stellen wie 2, 24 (Jesus vertraute sich ihnen nicht an); 9, 18 (die Juden glaubten nicht von ihm, dass er blind war); 4, 21 (glaube mir, es kommt die Stunde, wo Ihr weder auf diesem Berge noch in Jerusalem den Vater anbeten werdet); 1 Joh. 4, 1 (glaubt nicht jedem Geist) oder 1 Joh. 1, 9 und 3 Joh. 5, wo πιστός so viel wie treu heisst. An sich werfen ferner Äusserungen oder Citate wie 2, 22; 5, 46 f.; 12, 38 nicht viel ab, sofern darin von einem der Schrift oder Moses oder den Propheten geschenkten Glauben die Rede ist. Selbst 4, 50 ist belanglos, weil es sich lediglich um das Fürwahrhalten eines einzelnen Wortes Jesu seitens des Königlichen handelt.

Grösserer Beachtung wert sind schon die mancherlei Fälle, in denen sehr oft πιστεύειν und je einmal πίστις, πιστός, ἄπιστος thatsächlich oder scheinbar absolut stehen, da sich vielfach aus dem Zusammenhang erkennen lässt, an was gedacht ist. Es kommen in Betracht: 1, 7. 51; 3, 12. 15 (das hinzugefügte ἐν αὐτῷ, wie nach B zu lesen ist, nicht auf πιστεύων zu beziehen); 3, 18; 4, 41. 42; 4, 48. 53; 5, 44; 6, 36. 47 (doch findet sich auch der Zusatz εἰς ἐμέ); 6, 64 (zweimal); 9, 38; 10, 25. 26; 11, 15. 40; 12, 39; 14, 11. 29; 16, 31; 19, 35; 20, 8. 25. 29 (zweimal); 20, 31; 20, 27 (ἄπιστος und πιστός); 1 Joh. 5, 4 (πίστις). Wenn gleich hier durchweg nähere Bestimmungen fehlen, so lehrt doch der Kontext deutlich, dass beispielsweise 3, 12 die verständnisvolle Annahme irdischer oder himmlischer Dinge gemeint sei; 4, 41 ferner 6, 36 und 12, 39 der Glaube an Jesus überhaupt; 3, 18 und 1 Joh. 5, 4 die Anerkennung desselben als des Gottessohns; 1, 50 als des Gottessohns und Königs von Israel; 9, 38 als des Menschensohns;

10, 25 als des Messias; 16, 31 als des von Gott Ausgegangenen; 4, 42 als des Heilands der Welt. Mit der Überzeugung, dass er im Vater ist und der Vater in ihm, hat man es offenbar zu thun 14, 11; mit der Zuversicht, dass er Wunder thun könne, die natürlich mit der Gewissheit seiner Messianität sich berührt, 11, 40; dagegen 20, 25 mit dem Glauben an seine Auferstehung, der aber nach 20, 28 sich deckt mit dem Bekenntnis, dass Jesus Herr und Gott sei.

Legen diese einzelnen herausgegriffenen Beispiele die Vermutung nahe, dass in den Johanneischen Schriften die πίστις meistens eine fides in Christum sei, so wird man darin bestärkt durch die Beobachtung der Stellen, die einen Inhalt oder Gegenstand des πιστεύειν ausdrücklich angeben. Wo ein Objekt genannt wird, ist dasselbe fast immer Jesus. Der Glaube an (εἰς) ihn wird erwähnt 2, 11; 4, 39; 6, 35; 7, 5. 31. 38. 39. 48; 8, 30; 10, 42; 11, 25. 26. 45. 48; 12, 11. 37. 42. 44 (zweimal); 12, 46; 14, 1. 12; 16, 9; 17, 20; der Glaube an seinen Namen 1, 12; 2, 23; 3, 18; 1 Joh. 3, 23 (Konstruktion mit dem Dativ); 1 Joh. 5, 13. Diese selbe auf Jesum oder seinen Namen gerichtete πίστις stellt sich dann weiter noch in verschiedenen Ausprägungen dar: als der Glaube, dass er der Gottessohn sei (3, 16. 18. 36; 6, 40; 11, 27; 20, 31; 1 Joh. 5, 5. 10); dass er der Gesandte Gottes sei (5, 38; 6, 29; 11, 42; 17, 8. 21); dass er von Gott ausgegangen sei (16, 27. 30); dass er der Christus sei (11, 27; 20, 31; 1 Joh. 5, 1); dass er der Menschensohn sei (9, 35 f. zweimal); dass er das Licht sei (12, 36); dass er der Heilige Gottes sei (6, 69); dass er im Vater und der Vater in ihm sei (14, 10. 11); dass er es sei (auf den alles ankommt 8, 24; 13, 19); endlich als die Gewissheit, dass, wer an ihn glaubt, leben wird (11, 26). Nicht so oft wie von dem Glauben an Jesus ist die Rede davon, dass man ihm oder seinen Worten glaubt. Das ist der Fall 5, 46. 47; 6, 30; 8, 31. 45. 46; 10, 37. 38; 14, 11. Indessen alterniert wohl diese Jesu geschenkte πίστις einfach mit der auf ihn gerichteten: so 8, 30. 31; oder aber der Zusammenhang lehrt, dass sie sich ebenfalls deckt mit der Anerkennung einer innigen Beziehung Jesu zu Gott: so 6, 30, wo das »ihm glauben« so viel ist wie annehmen, dass er der Gesandte Gottes sei; oder 10, 38; 14, 11, wo es hinausläuft auf die Einsicht, dass er im Vater und der Vater in ihm sei.

Dasselbe oder Ähnliches gilt von dem »den Werken« oder »an das Zeugnis Gottes glauben«. Das beweist der Konnex, in dem die betreffenden Wendungen 10, 38 und 1 Joh. 5, 10 vorkommen.

Nach alledem ist es unzweifelhaft, dass für Johannes der Glaube wesentlich eine bestimmte Überzeugung inbezug auf Jesus ist. Diese kann gar verschiedene Formen annehmen, doch so, dass sie sämtlich sich auf eine zurückführen lassen. Man dürfte das Richtige treffen mit der Behauptung, dass all jene Aussagen, nach denen Jesus der Sohn, der Gesandte Gottes, der Christus, das Licht u. s. w. ist, beschlossen sind in der Erklärung, dass er der Logos sei. Wer freilich der Debatte über den Zusammenhang des Prologs mit dem übrigen Evangelium aus dem Wege gehen möchte, wird es vorziehen, die mannigfaltigen Formen des Glaubens an Jesum zusammenzufassen in dem Bekenntnis, dass er und der Vater eins seien [1]).

Mag dem indessen sein, wie ihm immer wolle, dass die beschriebene fides der Hauptsache nach ein theoretisches Fürwahrhalten ist, hat man mit Fug und Recht oft hervorgehoben [2]). Dagegen hat die Frage, ob sie das Vertrauen ausschliesse oder nicht, kaum den hohen Wert, den ihr unter andern Huther beilegt [3]). Es versteht sich ganz von selbst, dass die Annahme, Jesus stehe in der innigsten Beziehung zu Gott, in reichstem Masse affektvoll wird von dem Augenblick an, da der Glaubende zugleich auf die Gaben reflektiert, die eben ein Stellvertreter Gottes zu gewähren vermag. Das geschieht beispielsweise 11, 26 f. und 1 Joh. 5, 10 f., wo die Gewissheit, dass Jesus der Sohn Gottes sei, identisch erscheint mit der andern, dass wir in ihm das ewige Leben haben. Dadurch wird aber die Thatsache nicht aufgehoben, dass die Johanneische Litteratur mit Vorliebe das religiöse Verhältnis zum Heiland im Schema eines intellektuellen

---

1) Ev. Joh. 10, 30.
2) Vgl. Weiss, Biblische Theologie, 6. Aufl., S. 627; Holtzmann, Lehrbuch der N.T.lichen Theologie, II, 488: »Glauben an sich heisst demnach ein kraft göttlicher Autorität Dargebotenes bejahen und das theoretische Bewusstsein durch solche Bejahung in entscheidender Weise bestimmen lassen«. Anders freilich Beyschlag, N.T.liche Theologie, I, 278.
3) Huther, Die Bedeutung der Begriffe $\zeta\omega\acute{\eta}$ und $\pi\iota\sigma\tau\epsilon\acute{u}\epsilon\iota\nu$ in den Johanneischen Schriften. Jahrbücher für deutsche Theologie, 1872.

Vorgangs beschreibt, wie denn auch der Glaube an Jesum einer Erkenntnis desselben bekanntlich koordiniert und gleichgestellt wird: mit einer solchen können wohl stärkere Bewegungen des Gefühls Hand in Hand gehen; sie thun es aber nicht notwendig und immer. An und für sich tritt das Vertrauen auf Jesum nur 14, 1 auf.

Viel seltener als die fides in Christum kommt die fides in Deum vor. Es lassen sich höchstens folgende Belege aufbringen: 5, 24 (wer dem — Konstruktion mit dem Dativ — glaubt, der mich gesandt hat); 12, 44 (wer an mich glaubt, glaubt nicht an mich sondern an — $εἰς$ — den, der mich gesandt hat); 1 Joh. 4, 16 (wir haben erkannt und geglaubt die Liebe, die Gott zu uns hat); Ev. 14, 1 ($πιστεύετε$ $εἰς$ $τὸν$ $θεόν$). Man macht dabei wohl geltend, dass der Glaube an Gott allein in der zuletzt genannten Stelle den ausgesprochenen Charakter des Vertrauens hat. Im übrigen ist er seinerseits nah verwandt mit der Erkenntnis Gottes. Doch kann die letztere, sofern sie speziell Einsicht in die Liebe Gottes ist, wenigstens als ein gewisser Ersatz der fiducia erga Deum betrachtet werden. Das Urteil »$ὁ$ $θεὸς$ $ἀγάπη$ $ἐστίν$« ist der Akt im Intellekt, welcher der Erscheinung des Gottvertrauens im Gemüt parallel läuft: wer unbedingte freudige Zuversicht zum Allmächtigen hat, weiss, dass dieser Liebe ist, und wer das weiss, kann jene Zuversicht hegen. Es bewährt sich auch hier wieder die Regel, dass Johannes das christliche Erlebnis gern in der Form theoretischer (und sittlicher) Phänomene darstellt [1]).

In welchem Zusammenhang stehen nun aber die beiden Grössen, die Erkenntnis Jesu oder der Glaube an ihn einerseits, die Erkenntnis Gottes oder der Glaube an ihn anderseits? Wiederholt und unmissverständlich wird es angedeutet, dass das Verhältnis zu Jesus dasjenige zu Gott erzeugt. Wer an ihn glaubt, der glaubt an den, der ihn gesandt hat [2]). Wer ihn sieht, der sieht den, der ihn gesandt hat [3]). Er hat dessen Namen den Menschen geoffenbart und kundgethan [4]). Wer sich an seine

---

1) Der Ausfall des Gefühls wird ausserdem noch in etwas ausgeglichen durch das hier nicht weiter zu berücksichtigende mystische Element.

2) Ev. 12, 44.   3) Ev. 12, 45; 14, 9.   4) Ev. 17, 6. 26.

Worte hält, gelangt zur Einsicht in die befreiende Wahrheit [1]). Wer ihn kennt, der kennt den Vater [2]). Niemand kommt zum Vater denn durch ihn [3]). Gott hat keiner je gesehen; der einzige Sohn, der an des Vaters Brust war, der hat ihn beschrieben [4]). In solchen Äusserungen kündigen sich auch bereits die einzelnen verbindenden Linien an. Jesus hat den Anspruch erhoben vom Allmächtigen selbst gehört und gelernt zu haben [5]); wer daher an seine innige Beziehung zu Gott glaubt, der ist damit gewiss eine sichere Auskunft über diesen erhalten zu haben. Und viel mehr als das! Jesus hat sich für den Gesandten und Repräsentanten des Höchsten ausgegeben: seine Worte dessen Worte [6]); seine Werke dessen Werke [7]); er hat anderseits Milde und Barmherzigkeit geübt; er stösst die nicht hinaus, die bei ihm ihre Zuflucht nehmen [8]); er ist nicht gekommen die Welt zu richten sondern zu retten [9]), damit sie Leben und Überfluss haben [10]); er dient den Seinen und wäscht ihnen die Füsse [11]); er liebt sie bis ans Ende [12]); er ist der gute Hirte [13]) und giebt sein Leben für die Freunde [14]): wer sich angesichts dessen zu der Überzeugung erhebt, dass sein Reden Gottes Reden und sein Handeln Gottes Handeln ist, der ist auch speziell zu der Einsicht der göttlichen Güte und Gnade aufgestiegen. Und mindestens eins noch muss erwähnt werden: eben der Jesus, der erschienen ist und einem schmerzvollen Ende entgegengeht, nennt sich der Gottessohn: wer ihn dafür ansieht, der findet fortan in dem Umstand, dass der Vater seinen teuren Eingeborenen uns zu gute in Welt und Tod gegeben, die gewaltigste Bürgschaft für die unaussprechliche Liebe Gottes: »daran ist die Liebe Gottes an uns offenbar geworden, dass Gott seinen Sohn, den eingeborenen, in die Welt gesandt hat, damit wir durch ihn leben sollen« [15]).

---

1) Ev. 8, 31 f.
2) Ev. 8, 19; 14, 7.
3) Ev. 14, 6.
4) Ev. 1, 18.
5) Ev. 8, 26. 28, 40; 12, 49. 50; 15, 15.
6) Ev. 3, 34; 7, 16; 14, 10; 14, 24.
7) Ev. 4, 34; 5, 19. 30; 6, 38: 14, 10. 31.
8) Ev. 6, 37.
9) Ev. 12, 47.
10) Ev. 10, 10.
11) Ev. 13, 1 ff.
12) Ev. 13, 1; 15, 9.
13) Ev. 10, 11.
14) Ev. 15, 13; 10, 11.
15) 1 Joh. 4, 9 vgl. 3, 16; Ev. 3, 16.

So geht die Erkenntnis Gottes als des Gottes der Liebe aus dem Glauben an Jesum hervor. Zur Ergänzung muss freilich hinzugefügt werden, dass, wenn gleich die fides das Hauptmittel der Belehrung über Gott ist, sie doch auch wiederum nur bei solchen sich einstellt, die von Gott gezogen und gelehrt sind [1]). Sie ist also beides zugleich: Folge göttlicher Unterweisung und Ursache und Werkzeug derselben. Diese merkwürdige Erscheinung findet ein Analogon in dem Umstand, dass die Geburt von oben einerseits die Voraussetzung ist für das Zustandekommen des Glaubens, dass anderseits erst bei den Gläubigen die Gotteskindschaft ganz verwirklicht wird [2]). Das berechtigt dazu das Bewusstsein der letzteren als ein Seitenstück zur Erkenntnis Gottes und zum Gottvertrauen zu bezeichnen.

Eine etwas andere Stellung nimmt dagegen die $\pi\alpha\varrho\varrho\eta\sigma\iota\alpha$ ein, die in der ersten Epistel öfter zur Sprache kommt. Obschon sie sich gelegentlich mit der fiducia erga Deum nah berührt (1 Joh. 5, 14; 3, 21 f.); so ist sie doch etwas davon Verschiedenes. Sie ist (1 Joh. 2, 28; 3, 21; 4, 17) die freudige Zuversicht, mit der man dem Gericht entgegensieht, und als solche beruht sie auf der Erfüllung der göttlichen Gebote [3]). Allerdings, da die letzteren neben der Liebe den Christusglauben fordern, steht sie auch mit diesem in Beziehung [4]); aber sie wächst nicht aus der fides an und für sich organisch heraus sondern aus dem Bewusstsein dieselbe zugleich mit andern Werken sittlicher Art geleistet zu haben und so mit Gott und seinem Willen im Einklang geblieben zu sein.

---

1) Ev. 6, 44 f.; 5, 37 ff. 2) Ev. 1, 12. 13.
3) 1 Joh. 3, 21; 4, 17; 2, 28. 4) 1 Joh. 3, 23.

IV.
Das Verhältnis von Gottvertrauen und Christusglaube.

Die angestellte historische Untersuchung hat bewiesen, dass in den nach evangelischer Anschauung klassischen und vorbildlichen Zeiten der Glaube an Christus das vornehmste Mittel ist unbedingtes Vertrauen auf Gott zu begründen und zu bekräftigen. Er ist **nicht die Folge** desselben sondern **Voraussetzung und Ursache** dazu. Er ist die Bedingung, unter der das Werk Jesu für den einzelnen fruchtbar wird und die Hemmnisse der absoluten fiducia erga Deum, die Last der Sünden und Übel und zugleich die unzureichende Gotteserkenntnis, aufhebt. Darin eben beruht sein hoher Wert, dass er das ist, dass er, ganz abgesehen von den sittlichen Wirkungen, die er ausübt, ein neues religiöses Verhältnis zu Gott herbeiführt.

Es hat sich weiter gezeigt, dass er das nicht in schematischer und schablonenhafter Weise leistet. Er nimmt gar mannigfache Formen an, von denen verschiedene Wege hinüberleiten zum Gottvertrauen. Vielgestaltig erscheint er im Neuen Testament, vielgestaltig bei einzelnen Reformatoren. Doch lassen sich leicht zwei Haupttypen unterscheiden, darauf alle anderen zurückgeführt werden können.

Die fides in Christum ist entweder die Gewissheit, dass Jesus irgendwie Gott den Menschen gegenüber vertrete; so, wenn sie annimmt, dass er der Gesandte und Bote Gottes, der Vollstrecker des göttlichen Willens, der Darsteller und — sit venia verbo! — Offenbarer Gottes, der Vermittler göttlicher Worte und Gaben, der **Bringer des Himmelreichs und Spender des ewigen Lebens** sei. Oder aber sie ist die Überzeugung, dass Jesus für **seine Person** in einer besonders intimen Relation zu Gott stehe, dass er der Sohn, der einzigartig Geliebte, der Vertraute Gottes, der **Inhaber** göttlicher Huld und Gnade und Güter, der Besitzer der Wahrheit, des Reichs, des ewigen Lebens sei.

Von diesen zwei Arten des Christusglaubens tritt bald die eine, bald die andere stärker hervor. So fällt beispielsweise bei Johannes die grössere praktische Bedeutung der Erkenntnis zu, dass Gott selbst es ist, der in Jesus mit uns redet und handelt, während Paulus mehr gewonnen und geschöpft hat aus dem Bewusstsein, dass der Gekreuzigte zugleich der Auferstandene, der Lebensfürst, der Geliebte Gottes sei. Beide Typen sind aber darum nicht koordiniert; vielmehr stehen sie so zu einander, dass der an zweiter Statt erwähnte in dem zuerst genannten enthalten und beschlossen ist. Wer es weiss, dass Jesus der auserlesene Darsteller und Repräsentant Gottes war, für den ist es zugleich sicher, dass er dessen Vertrauen und Liebe in besonderem Masse genoss. Oder dasselbe anders ausgedrückt: wer die Zuversicht hegt, dass Christus Macht hatte die Teilnahme an Gottes Reich und ewiges Leben zu gewähren, der zweifelt nicht daran, dass er selbst Herr und Inhaber dieser Güter war. Dagegen trifft das Umgekehrte nicht notwendig zu: man kann annehmen, dass Jesus Gott wert und teuer war wie kein zweiter, ohne ihn darum für den Boten und Offenbarer des Höchsten, für den Vollstrecker des göttlichen Willens zu halten. Es ist denkbar, dass er für sich die Seligkeit besass und doch nicht befugt und befähigt war sie andern zuzuerkennen.

Danach ist die vorläufige Behauptung gestattet: der Glaube an Christum in einer seiner zugleich einfachsten und weitesten Formen ist die Gewissheit, dass Gott durch Jesum mit uns redet und handelt, dass dieser der bevollmächtigte Vertreter Gottes uns gegenüber sei, womit schon im Keim die Überzeugung gegeben ist, dass er der Geliebte, der Sohn ist. Diese fides in Christum in ihrer doppelten Ausprägung **kann** das unbedingte Gottvertrauen erzeugen, vorausgesetzt, dass sie recht beschaffen ist, worauf jetzt die Aufmerksamkeit gelenkt werden muss.

Zunächst kommt ungeheuer viel darauf an, dass der Glaube, wenn anders er seine Wirkung nicht verfehlen soll, auf den **historischen** Christus sich richte, auf den Jesus, wie er thatsächlich war. So selbstverständlich das eigentlich ist, wird es doch nicht überflüssig sein, die These durch einzelne Beispiele zu veranschaulichen, selbst auf die Gefahr hin in Trivialitäten zu geraten. Gesetzt der Fall, dem Mühseligen und Beladenen schwebt das Bild des Nazareners vor als dasjenige eines herrischen Despoten, der gewaltig daherschreitend das Schwache unbarmherzig niedertritt; von dem so vorgestellten Jesus glaubt er, dass er der Gesandte und Darsteller Gottes sei: so wird dadurch bestenfalls ein durch Furcht und Angst überwuchertes Vertrauen auf die Macht der Gottheit ausgelöst: was erzeugt wird, ist etwa das Gefühl, mit dem die Naturvölker ihren Göttern gegenüberstehen. Oder aber der Sünder und mit mancherlei sittlichen Gebrechen Beladene weiss nur von einem Christus, der hienieden als judex et ultor sich geberdete, der die harten Züge der Schriftgelehrten und Pharisäer trug, gleich ihnen geneigt den Zöllner zu verachten und bereit auf die Ehebrecherin den ersten Stein zu werfen: inbezug auf diesen Jesus ist er überzeugt, dass er der Bevollmächtigte und Offenbarer Gottes sei: so wird dadurch auch keine unbedingte fiducia begründet, sondern höchstens das ängstliche Streben nach moralischer Korrektheit, um auf Grund solcher Leistung vor Gott bestehen und ihm vertrauen zu können: die Geschichte des katholischen Christentums weiss davon etwas zu sagen. Ganz anders, wenn vor dem Sinn des Kleinmütigen und über der eigenen Wertlosigkeit Verzagenden die Gestalt des historischen Jesus steht, der thatsächlich das zerstossene Rohr nicht zerbrechen und den glimmenden Docht nicht auslöschen wollte, der das Verlorene suchte und dem Sünder als Heiland nachging! Wenn sich die Gewissheit einstellt, dass in diesem Christus der Wille Gottes seinen vollen Ausdruck gefunden habe: dann mag sich selbst für den Verworfenen und sittlich Unvollkommenen der Himmel entschleiern; die Seele atmet frei auf und pocht auf die alles natürliche Denken und Hoffen überbietende Gnade ihres Gottes.

Und wiederum: man nehme etwa an, ein von den Übeln der Welt Bedrängter und im Bann der Todesfurcht gefangen Gehaltener hat nur von einem Jesus gehört, der an äussern Erfolgen und Ehren reich durchs Dasein gegangen ist, oder gar bloss von einem solchen, der erhaben ist ohne je niedrig gewesen zu sein: diesen Beglückten beurteilt er im Glauben als den einzigartig Geliebten Gottes; dadurch wird die Schwere der Last, die auf ihm ruht, in nichts gehoben: für den antiken Menschen wurden die irdischen Leiden nicht gemildert sondern verschärft durch das Bewusstsein, dass die Schönen und Starken die Bevorzugten der Götter sein, und dass diesen »ewigklar und spiegelrein und eben« das zephyrleichte Leben dahinfliesse. Ganz anders, wenn die

Überzeugung Wurzel geschlagen hat, dass gerade der arme Mann in Knechtsgestalt, der schmählich Gekreuzigte, von dem die Geschichte in erschütternden Tönen berichtet, der teuerste Sohn des ewigen Gottes ist: dann kann unter bestimmten Voraussetzungen jene Umwertung aller Werte eintreten, die sich bei Paulus so deutlich bemerkbar macht[1]), und die unzweifelhaft ein charakteristisches Merkmal des Umsichgreifens der christlichen Weltanschauung ist.

Es ist also von der grössten Bedeutung, dass der Glaube auf den historischen Jesus gerichtet werde; und es zeigt sich hier, dass es ein Irrtum war, wenn die Hegelsche Philosophie meinte den Wert der fides in Christum erschöpfen zu können, indem sie dieselbe zurückführte auf die Erkenntniss, dass sich Gott in der **gesamten Menschheit** darstellt. Wohl mochte diese Einsicht etwas abwerfen für die **Gattung**: Staaten und Generationen sind in der Gewissheit, dass das Absolute selbst mit ihnen daherschreite, über diese Erde gewandelt mit festeren, mannhaften Tritten, um die ein von der Skepsis angefressenes Geschlecht sie manchmal beneiden könnte; viel mehr aber noch vermag der Glaube zu leisten, dass die hinter und über der Welt der Erscheinung stehende oberste Lebensmacht gerade in dem Individuum Jesus, wie er thatsächlich und wirklich war, ihren vollkommensten Ausdruck gefunden hat: er kann speziell die zahlreichen einzelnen aufrichten, mit neuer Kraft und neuem Mut ausrüsten, die sich nicht bloss als Menschen sondern als unvollkommene, in sittlicher und anderer Hinsicht unzulängliche Menschen fühlen. Ihnen will er und wird er dienen. Wer freilich die Empfindung der eigenen Mängel nicht hat, der braucht Christum überhaupt nicht[2]): er ist vielleicht noch sehr jung[3]) oder bereits mehr als alt.

Indessen zur rechten Beschaffenheit der fides in Jesum gehört nicht allein, dass sie auf den historischen Herrn sich richte. Sie muss weiter so geartet, so ausgeprägt und bestimmt sein, dass sie das Gemüt erregt; mit andern Worten, sie muss affektvoll sein. Nur dann wird sie das Gottvertrauen, das ins Bereich des Ge-

---

1) Vgl. den vorigen Abschnitt.   2) Mt. 5, 3 f. — Lc. 6, 20.

3) Es hat seinen Grund, dass Jesus erst erschien, als die Zeit erfüllet war, als die Menschheit schon eine gewisse Reife erlangt hatte und durch die Schule des Gesetzes, der jüdischen und römischen Rechtsordnung gegangen war.

fühls gehört und jedenfalls in diesem wurzelt, sicher hervorzurufen vermögen. So gewiss nun die Anerkennung Christi als des Repräsentanten und Geliebten Gottes die Seele mächtig ergreifen kann, so gewiss ist es anderseits denkbar, dass jemand dieselbe rein verstandesmässig vollzieht ohne innerlich irgendwie davon angetastet zu werden. Die psychologische Möglichkeit des Falls braucht nicht durch Vergleiche dargethan zu werden; dass er thatsächlich vorkommt, beweist die Geschichte. Die Gefahr liegt um so näher, wenn sich der Gläubige verliert in Reflexionen und Spekulationen darüber, wie das von der fides statuierte Verhältnis Jesu zu Gott zustande gekommen sei, wenn die ganze Aufmerksamkeit sich allein darauf richtet, es in seiner Genesis zu erklären, und ähnliches. Wo so der Glaube zu einem ausschliesslich theoretischen Akt geworden ist, da bedeutet er für das Herz nichts; er belebt es denn auch nicht religiös; man versteht daher über kurz oder lang seinen eigentümlichen Wert nicht mehr; man schätzt ihn nicht fürder als ein Mittel das Gottvertrauen zu entfachen; man beurteilt ihn lediglich als eine mehr oder weniger schwierige Leistung, auf die sich wie auf sittliche Verdienste eine bedingte fiducia stützen kann. Das ist im wesentlichen der Prozess, der sich in der römischen Kirche abgespielt hat. Aufmerksam gemacht durch die grosse Lehrmeisterin, die Geschichte, unterwiesen durch Paulus — Röm. 10, 10 —, sind darum die Reformatoren nicht müde geworden daran zu erinnern, dass alle fides, um einen Wert zu haben, affektvoll sein müsse. Und der evangelische Theologe, wenn er anders der Autorität Luthers auch nur die geringste Bedeutung zuschreibt, wird sich der Aufgabe nicht entziehen dürfen auf ein solches Verhältnis zu Christus hinzuwirken, durch das nicht bloss der Verstand und möglicherweise das Herz sondern sicher und vor allem das letztere getroffen wird.

Was ist nun aber dasjenige in dem Glauben an Jesus als den Repräsentanten Gottes, was besonders das Gemüt angeht und beeinflusst? Die Frage stellen heisst sie beantworten. Es ist nichts anderes als die Gewissheit, dass der Vertreter Gottes auch göttliche Gaben, die Teilnahme am Himmelreich oder das ewige Leben und deren Voraussetzung, Sündenvergebung, zu gewähren vermag. Durch die Vergegenwärtigung dieser Güter wird eben der Anzeiger von Wohl und Wehe, das Gefühl in

Schwingung versetzt. Die Überzeugung, dass Gott selbst es ist, der durch den Nazarener mit uns redet und handelt, nimmt also, auf ihr speziell den Affekt erregendes Aequivalent zurückgeführt, die Form des Glaubens an, dass Jesus die Gliedschaft am Gottesreich, das ewige Leben oder, ganz modern ausgedrückt, ein von der Welt unabhängiges, ein göttliches und ewiges Glück zu verleihen imstande ist. So gestaltet, verfehlt sie ihre Wirkung nicht. Wer dem Christus, der ja jedem, selbst dem Verlorenen und Sünder das höchste Gut schenken will, das aufrichtige Vertrauen entgegenbringt, dass er dies thatsächlich kann, der fühlt sich eben damit geborgen in Zeit und Ewigkeit und blickt, nachdem er des Besten sicher geworden ist, getrost zur weiteren Führung Gottes auf. Man könnte dasselbe auch kurz und einfach so ausdrücken: wer der hienieden sichtbar und fühlbar gewordenen gebenden und vergebenden Liebe Jesu im Glauben die göttliche Macht zutraut, der erhebt sich dadurch zur unbedingten fiducia erga Deum.

Wie aber die fides in Christum als den Vertreter Gottes die an den Sohn in sich schliesst, so enthält die Gewissheit, dass Jesus die Seligkeit zu geben vermag, die andere, dass er selbst Inhaber der ewigen Herrlichkeit ist. Die letztere Überzeugung ist ihrerseits das auf die Güter Gottes reflektierende Aequivalent der Annahme, dass Jesus der Geliebte Gottes ist. Und es braucht nicht noch einmal in anderer Gestalt ausgeführt zu werden, wie die Zuversicht, dass der irdisch Arme, mit Schmerzen Beladene, schmählich Gekreuzigte der selige Lebensfürst sei, die Bürgschaft dafür abgiebt, dass auch Leiden und Tod von Gottes Gaben nicht notwendig trennen, und so dem Bewusstsein der empfangenen Sündenvergebung und Anwartschaft auf den Himmel zur nachdrücklichsten und fortwährenden Bestätigung und Bekräftigung gereicht.

Und nunmehr ist es an der Zeit das definitive Urteil zu fällen: die fides in Christum in ihrer zugleich einfachsten und weitesten und wirksamsten Form ist das Vertrauen, dass Jesus ewiges Leben, das heisst, ein von der Welt unabhängiges und über sie hinausreichendes Glück gewährt, womit sich von selbst die Gewissheit verbindet, dass er Inhaber desselben ist. Man hat das Recht sich auf das Zeugnis des Herrn selbst zu berufen; denn wenn er Wert darauf legte als der Messias im formalen Sinn, als der Gesandte und Geliebte Gottes anerkannt zu werden, so fällt das Hauptgewicht dabei doch stets auf den Hinweis, dass er als solcher der Bringer oder der »Zusprecher« des Reichs sei, — nicht einer zeitlichen Grösse, sondern eines überirdischen Guts, dessen Art und Wesen erprobte, wer immer sich in herzlichem Vertrauen ihm hingab. Seine Predigt ist in erster Linie und vor allem die Verkündigung der grossen Gabe gewesen, der $\beta\alpha\sigma\iota\lambda\varepsilon\iota\alpha$, die mit ihm sich nahte, und an der er Anteil gewährte. Luther seinerseits hat mit Vorliebe das rechte Verhältnis zu Jesu beschrieben als die Überzeugung, dass er unser »Herr« sei und diese wohl gedeutet als die Zuversicht, »dass wir einen solchen Mann an ihm haben, der uns kann helfen und retten«[1], der uns vom Reich des Argen befreit und zu Unschuld und Gerechtigkeit, Leben und Seligkeit führt[2]. Oder aber, er fasst alles, worauf es ankommt, zusammen, indem er erklärt: »darum gehört zur Rechtfertigung nichts denn hören und glauben Jesum Christum als unsern Seligmacher«[3]. So bezeichnet auch einmal der Heidelberger Katechismus die fides in Christum. Es ist vielleicht die einfältigste und vollkommenste Formulierung derselben: der Ausdruck ist eben so verständlich als prägnant: es ist alles darin enthalten. Wer sich nur immer dem historischen Jesus naht mit dem kindlichen Vertrauen, dass er selig machen kann, der gelangt zu christlichem Gottvertrauen. Der wird auch sittlich ein anderer — denn aus den religiösen Wirkungen der fides in Christum gehen nicht nur moralische hervor, es laufen ihnen vielleicht noch solche parallel, was freilich weiter auszuführen hier nicht der Ort ist —: er tritt bereits hienieden ein überweltliches Leben an als Unterpfand des ewigen.

Aus den Erfahrungen, die so der Christ mit dem Glauben an Jesus macht, ergiebt sich dann allerdings notwendig eine Reihe von weiteren Urteilen über des Herrn Person und Werk, die aber darum nicht mit der fides selbst schlechthin identifiziert werden dürfen[4]. Es sei gestattet dies an einigen Beispielen zu

---

[1] E. A. 1. XX, 146.
[2] Gr. u. kl. Kat. Vgl. den zweiten Abschnitt.
[3] E. A. 1. VII, 240.
[4] Man kann sie mit einem hässlichen aber gebräuchlichen Wort »Glaubensurteile« nennen als solche, die auf dem Glauben beruhen oder aber ihn herzustellen dienen.

veranschaulichen: die Besprechung wird um so kürzer ausfallen können, als sie durch den biblisch-theologischen Abschnitt schon vorbereitet ist.

Es braucht nicht noch einmal auseinandergesetzt zu werden, wie etwa ein Paulus zu dem Satz kommen konnte, dass er durch den Tod Jesu vom Gesetz losgekauft sei. Auf ein anderes sei die Aufmerksamkeit gelenkt. Der Gläubige ist es inne geworden, dass er von der Last der Übel, der ewigen und zeitlichen, befreit ist. Sofern er nun diese auf widergöttliche Gewalten zurückführt, — und die Neigung dazu wird um so grösser sein, je intensiver das Bewusstsein von Gottes Liebe ist, — wird er mit Luther davon reden, dass er durch Christus von Welt, Tod und Teufel erlöst sei. Man wird vielleicht einwenden, dass bei ganz folgerechtem Denken, bei sorgfältigerer Erwägung der Allmacht Gottes, der nichts entgeht, die alles wirkt, eine derartige Betrachtungsweise hinfällig wird. Sie ist doch nicht so inkonsequent, wie sie manchmal erscheint. Es ist ja nicht zu leugnen, dass einerseits manche Übel uns durch den lieblosen Willen Schlechtgesinnter zugefügt werden, dass anderseits sie alle infolge der eigenen Mängel an Wucht und Schwere gewinnen. Fasst man nun auch bloss diese beiden in der Menschenbrust thätigen und den Charakter der Sünde tragenden Ursachen des Wehe unter dem Titel des Bösen zusammen, und hält man gegen den Determinismus daran fest, dass dasselbe nicht direkt von Gott gewollt sein kann sondern auf etwas irgendwie Selbständigem beruhen muss, so wird man den vom Reformator gebrauchten Wendungen ein Recht auch in der Gegenwart nicht abzusprechen vermögen: sie werden sich jedenfalls in der Praxis in verschiedenen Modifikationen immer wieder einstellen.

Aber noch eine andere Art der Beurteilung ist denkbar. Mit der Sünde mehrt sich thatsächlich das Übel in der Welt; es besteht im allgemeinen eine gewisse Relation zwischen beiden; ein Zusammenhang im grossen und ganzen liegt vor; das ist der reale Sachverhalt. Der Nomismus ist durch die Wirklichkeit nahegelegt; wenn er auch im Spätjudentum besonders stark ausgeprägt war, Spuren davon machen sich überall bemerkbar, wo überhaupt nur die Folgen, die menschliches Handeln übt und erleidet, religiös betrachtet werden. Deshalb konnte Paulus die Befreiung von der Thora mit der Erfahrung vergleichen, welche die Heidenchristen gemacht hatten; deshalb konnten Luther und Melanchthon und die Theologen des 17. Jahrhunderts gelegentlich die lex als ins Bereich der revelatio naturalis gehörend bezeichnen: haec opinio legis haeret naturaliter in animis hominum. Das Schuldgefühl als das Bewusstsein der Strafverpflichtung ist eine Folge der natürlichen Ordnung der Dinge. Dasselbe wirkt aber selbst wieder ein auf die Repartition der Übel; es verleiht diesen ihren schärfsten Stachel [1]: es erzeugt die schmerzliche Empfindung der Trennung von Gott, den geistlichen Tod als Vorschmack des ewigen und stellt eine furchtbare Proportion und oft auch Wechselwirkung her zwischen dem Vergehen des einzelnen und dem Wehe, das ihn trifft [2]. Durch Christus wird indessen für den, der ihm vertraut, die Gewissheit der Sündenvergebung vermittelt; diese erhält speziell durch den Umstand, dass Jesus Leiden und Tod auf sich genommen hat, die höchste Sanktion für den, der an den Auferstandenen als den Lebensfürsten und Gottessohn glaubt: damit werden die Übel, wo sie nicht ganz aufgehoben sind, umgewandelt; sie treten in die Stellung von väterlichen Erziehungsmitteln oder von Werkzeugen für die Verwirklichung der Seligkeit überhaupt. Sofern nun der Christ sich durch das Thun des Herrn von dem auf der natürlichen Ordnung beruhenden Schuldgefühl [3] mit seinen Folgen befreit weiss, sofern er anderseits diese natürliche Einrichtung auf Gott zurückführt, gelangt er zu dem Urteil, dass durch Jesu Werk und in Sonderheit durch das Dulden und Sterben Christi eine göttliche Ordnung für ihn ausser Kraft gesetzt sei. Mit andern Worten: er mündet bei einer Auffassung, die mit der Satisfaktionstheorie mindestens verwandt ist. Ein Schuldbeladener — und wer ist es nicht? — wird in schwerer Stunde geängstigt durch die je und je in der Welt sich manifestierende göttliche Vergeltung und kann darüber zu fröhlichem Vertrauen auf den Vater nicht gelangen. Ein tüchtiger Seelsorger ruft ihm zu: fürchte Dich nicht; Jesus Christus hat dazu gelebt und ge-

---

1) Vgl. die bereits citierte Stelle aus der Apologie: ille sensus irae vere est poena... mors sine illo sensu irae proprie non est poena. (VI, 56.)

2) Vgl. hierzu die Ausführungen Kaftans über »die göttliche Strafgerechtigkeit«. Dogmatik, § 36.

3) Siehe Apol. VI, 56.

litten, dass Dir die Gerechtigkeit Gottes nichts mehr anhaben könne und Du nur noch die Liebe verspürest — fasse Dir ein Herz und glaube. Wer will ihn missbilligen? er hat wohl gethan, besser, als wenn er sich begnügt in vagen Worten von der lückenlosen Berufserfüllung des Herrn zu reden, deren Wert für die Erhebung des Sünders er nicht flüssig zu machen vermag. Aber freilich: so gewiss die Anschauung zu Recht besteht, dass durch den Heiland eine Wirkungsart (also Eigenschaft) Gottes für den Gläubigen stillgestellt worden ist, so sicher ist es, dass das Fürwahrhalten derselben nicht mit der fides in Christum einfach identifiziert werden darf. Sie kann das ebensowenig als etwa die erst aus den Erfahrungen des Glaubens gewonnene Erkenntnis, dass Gott uns eine grosse Liebe bewiesen hat, indem er seinen Sohn uns zu gute in den Tod gab. Die fides in Jesum ist und bleibt vielmehr ihrem Wesen nach die Zuversicht, dass dieser ein Seligmacher und damit selbst Inhaber der Herrlichkeit sei. Wer sie kurzweg ersetzen will durch die Annahme einer Anselmschen oder Abälardschen Theorie, der verfälscht sie wohl nicht [1]); jedoch er verengert sie: ein Verfahren, gegen das Luther und die Schrift in gleicher Weise Protest einlegen. Wer diese Autoritäten anerkennt oder sich auf sie beruft, der wird ihnen auch hier Rücksicht tragen müssen.

Aus dem Ertrag der angestellten Untersuchung lassen sich nicht zu unterschätzende Weisungen für die Praxis ableiten.

Das unbedingte Gottvertrauen als ein solches, das nicht auf verdienstliche Leistungen noch auf äussere Vorzüge sich stützt und nicht durch sittliche Unzulänglichkeit und irdische Übel aufgehoben wird, ist durch den Glauben vermittelt, dass der historische, den Sünder suchende und bis zum Kreuzestod niedrige Jesus ewige Seligkeit gewährt: dies ist in wenig Worten das bisher gewonnene Resultat. Damit ist natürlich nicht gesagt, dass gar kein Akt der absoluten fiducia erga Deum vollzogen werden könne, ohne dass jedesmal die fides in Christum mitschwänge. Aber mindestens das muss behauptet werden, dass, wie die erstere überhaupt bloss innerhalb des Bereichs des Christentums vorkommt, so der einzelne nur zu ihr gelangt, indem er

---

[1]) Solche Anklage wird niemand gegen Melanchthon erheben wollen.

irgendwie bewusst oder unbewusst einmal durch die letztere hindurchgegangen ist. Es ist freilich durchaus denkbar, dass dieser Satz im ersten Augenblick von dem oder jenem bestritten werde; wer indessen den Blick aufs Grosse und Ganze richtet, wer sich die Mühe giebt sich zu vergegenwärtigen, wie die Menschheit an sich überall und immer geneigt ist in ethischer Vollkommenheit ein Anrecht auf Lohn und in der Ausstattung mit irdischen Gaben und Gütern ein Zeichen göttlicher Huld zu sehen, wie leicht sie schweren, entstellenden Leiden mit Scheu und Grauen begegnet und dem moralisch Verkommenen den Prozess macht, der wird auch inne werden, was die paradoxe Welt- und Lebensanschauung christlicher Völker dem paradoxen Glauben an Jesus verdankt. Und wo die freudige Zuversicht zum Vater aus dem einen oder andern Grunde schwach wird und aussetzt, da wird sie am ehesten gespeist und erneuert werden können aus der Quelle, daraus sie geflossen ist. Fällt darum und infolge der hier nicht zu erörternden sittlichen Wirkungen, die sie übt, der fides in Christum eine bleibende Aufgabe und ein dauernder Wert zu, so ist freilich die Kehrseite davon, dass sie nie Selbstzweck sein darf: sie ist das Mittel das rechte Verhältnis zu Gott zu begründen und zu erhalten entsprechend dem Umstand, dass Jesus der Mittler ist.

Danach hat der Prediger und Lehrer, um die höchste Bethätigung des christlich-religiösen Lebens immer wieder anzuregen, seine Aufmerksamkeit auf zweierlei zu richten. Es wird ihm obliegen, einmal den historischen Jesus zu verkündigen und vor die Augen zu malen und dann den Glauben an eben denselben zu wecken und zu pflegen.

Die Schwierigkeit der ersten Aufgabe darf nicht, wie heutzutage oft geschieht, überschätzt werden. Was notwendig dargeboten werden muss, ist nicht eine Biographie, in der alle äusseren, Stunde für Stunde ausfüllenden, Ereignisse gebucht und verzeichnet wären, auch nicht etwa eine sämtliche Seelenvorgänge erklärende und in ihrem kausalen Zusammenhang begreifende psychologische Studie, auch kein ausgeführtes Charakterbild. So wichtig derartige Darstellungen für den Geschichtsschreiber, so interessant sie für den Christen wären, vollkommen könnten sie doch niemals gelingen [1]), und die Wirkungen, die von der Gestalt des Heilands

---

1) Vgl. die weitgehenden Thesen von Vischer und Sell in Zeit-

noch immer ausgehen, hängen davon nicht ab. Dasjenige, worauf es wesentlich ankommt, steht in grossen Zügen und mächtigen Umrissen immerhin fest. Was es gilt, ist den historischen Christus zu beschreiben, wie er einerseits als der Prediger und Bringer oder »Zusprecher« des Gottesreichs sich allen und speziell den gebeugten Sündern, den Hungernden und Dürstenden, den Mühseligen und Beladenen liebevoll zuwandte, und wie er anderseits den Erfolg dieser seiner Thätigkeit bekräftigte und besiegelte, indem er die von ihm in Anspruch genommene Würde in Armut und Leiden, Not und Tod behauptete. Die Dogmatik hat den Rahmen für dies gewaltige Doppelbild geschaffen, indem sie die Lehre vom prophetischen und hohepriesterlichen Amt entwarf.

Die zweite Aufgabe ist gerade in der letzten Zeit vielfach besprochen und verhandelt worden[1]), nicht ohne dass die Verständigung bisweilen durch mehrdeutige Ausdrücke und unbestimmte Umgrenzung des Problems erschwert wurde. Die Debatte drehte sich im letzten Grund namentlich darum, ob die Schilderung des geschichtlichen Jesus auch ausreiche die fides in Christum zu wecken, oder ob dazu der Hinweis auf die Auferstehung gehöre[2]). Die Augustana und Apologie und die Bekenntnisschriften überhaupt bewegen sich in einer beide Antworten überbietenden, etwas anders gearteten Anschauung, und sie dürfte die richtige sein.

Um zunächst die zu erörternde Frage scharf zu formulieren und das bereits Erledigte auszuscheiden: ausgemacht und zugestanden ist: das Objekt des Glaubens, der Gegenstand, auf den er sich richtet, ist der historische Jesus. Inbezug auf ihn soll

---

schrift für Theologie und Kirche, VIII. Dazu aber auch Häring: »Gäbe es Gewissheit des christlichen Glaubens, wenn es geschichtliche Gewissheit von der Ungeschichtlichkeit der Geschichte Jesu Christi gäbe«? (Ebd.).

1) Vgl. die Auseinandersetzungen von Kähler, Herrmann n. anderen.

2) Vgl. hierzu Reischle, »Der Streit über die Begründung des Glaubens auf den geschichtlichen Jesus Christus«. (Zeitschrift für Theologie und Kirche, VII, 171). Und besonders Häring: »Gehört die Auferstehung Jesu zum Glaubensgrund?« (Ebd., VII, 331). Endlich: Häring und Reischle: »Glaubensgrund und Auferstehung«. (Ebd., VIII, 129.)

ein bestimmtes Vertrauen erzeugt werden, und zwar dasjenige, dass er Spender der Seligkeit und damit Inhaber der ewigen Herrlichkeit sei: diese Gewissheit ist der Inhalt der fides. Bleibt zu entscheiden: was ist der Grund der letzteren? wodurch wird sie hergestellt?

Ohne Zweifel war ein Hauptmittel dazu, so lange der Herr auf Erden wandelte, sein gewaltiges Innenleben, das den König bezeugte bei aller äusseren Niedrigkeit und Unscheinbarkeit. Und ein Bild der Persönlichkeit Jesu vermag ja auch wohl heute noch in manchem Gemüt die Ahnung zu entfachen, dass er eine Quelle überweltlicher Güter sei. Aber welche Zeichnung, welches Gemälde, wenn sie gleich aufs sorgfältigste und liebevollste ausgeführt wären, vermöchten den ganzen Geist wiederzugeben, der aus der sichtbaren, redenden und handelnden Gestalt selber sprach? Ebenso ist es sicher, dass nach dem Tode Christi die Erscheinungen des Auferstandenen das erschütterte Vertrauen der Gemeinde von neuem aufrichteten: sie haben bei vielen dazu gedient den schwankenden Glauben wiederherzustellen; bei einzelnen sogar wie bei Paulus sind sie die ausschliessliche oder mindestens vornehmste Ursache gewesen für die Entstehung desselben überhaupt: deshalb zählt sie der Heidenapostel den Korinthern so ausführlich und genau auf: damit will er deren Zuversicht stärken, dass der Gestorbene erhöht sei. Die christliche Predigt weist auch noch gegenwärtig je und je — etwa in der Osterzeit — auf die Vorgänge hin, die sich um das Grab des Gekreuzigten abgespielt haben. Aber dieselben bilden doch nur ein Glied in der Kette der Verkündigung; und die Kirche und insbesondere die symbolischen Bücher haben sie niemals als den ausschlaggebenden Faktor bei der Entzündung der fides bezeichnet.

Um die von den Reformatoren angenommene und vertretene Auffassung recht zu würdigen, wird man sich gegenwärtig halten müssen: der Glaube an Christus in seiner Wurzel ist das Vertrauen, dass Jesus das ewige Leben, das er liebevoll darbietet, wirklich gewähren kann. Durch das feinste Bild, durch den treuesten Bericht vermag diese Überzeugung nicht so sicher begründet zu werden wie durch noch vorhandene, selbst redende Thatsachen, wie durch den Umstand, dass er in Wahrheit schon hienieden etwas von dem giebt, was er verspricht, ein Angeld des Zukünftigen. Solche Realitäten liegen aber vor.

Über den, der gläubig geworden ist, kommt faktisch ein neues Leben, ein anderes Bewusstsein als das bisherige, unbedingtes Gottvertrauen und damit die Erkenntnis Gottes als der abgründigen Gnade und Güte, ein anderes Gefühl, die Empfindung der Freiheit von zeitlichen Mächten und den Elementen des Diesseits, ein anderes Wollen, die Fähigkeit und das Bestreben rückhaltlose Liebe zu üben und in alledem eine überweltliche, das heisst, von den irdischen Gütern und Übeln unabhängige Seligkeit. Das so mit der rechten fides in Christum frisch hereinströmende und das alte verdrängende Leben ist kein animalisches sondern geistiges; es handelt sich nicht um physische Kräfte; was sich des Menschen bemächtigt, ist, wenn anders Bewusstsein, Fühlen, Wollen so bezeichnet werden müssen, ein neuer Geist, ein Geist erhebender Gotteserkenntnis, ein Geist königlicher Freiheit, ein Geist dienender Liebe und in alledem ein Geist ungetrübten, durch nichts mehr zu erschütternden Glücks als Unterpfand, als Anfang oder Bestandteil des ewigen. Eben dieses Leben oder, was dasselbe ist, dieser Geist, der in wahren Christen jetzt andere wertlos gewordene Seeleninhalte ersetzt, ist es, der noch immer auf Jesum aufmerksam macht, der zu ihm beruft, sammelt, der fort und fort das Vertrauen weckt, dass er wirklich unvergängliche Güter und Kronen gewähren kann, dass er ein »Seligmacher« ist [1]). Denn sie bleiben ja nicht stumm, diese neuen Potenzen; sie ringen und drängen nach Ausdruck und Bethätigung. Das gewonnene Leben, der Geist bekundet sich in Worten und Handlungen, in Lob und Preis und Jubelrufen und Gesängen, in treuer, das Wohl des Nächsten bezweckender Berufserfüllung, in Werken und Opfern der Liebe. Er dokumentiert sich hier und dort, der am Zeitlichen geschulten Zunge unerhörte Aufgaben stellend, nach symbolischen Zeichen greifend, sprachschöpferisch, eigentümliche Kunstformen erzeugend, Sitten und Bräuche verändernd und wandelnd, Individuen und ganze Nationen umgestaltend, Gemeinschaft bildend und auflösend, lockend und ziehend und so rettend, manchmal auch unüberwindlichen Widerwillen erregend und so richtend; immer zugleich auf die Quelle verweisend, daraus all die Seligkeit geflossen, und so zu der lebendigen Wirkung das Bild des Urhebers fügend. Er kommt zur Er-

---

[1]) Vgl. hierzu J. Smend, Glaubensgewissheit und Schriftautorität.

scheinung in wunderbarer Fülle innerhalb des Neuen Testaments, wo die frisch entzündete fides in Christum ihre reichsten Wirkungen geübt, etwa in den Paulinischen Briefen, die den andächtigen Leser mit einem und demselben Auge einen gequälten, verhetzten Menschen und einen Überglücklichen sehen lassen, oder in der serenen Ruhe der Johanneischen Litteratur: weshalb die Schrift nach evangelischer Anschauung nicht bloss vorbildlich für die Lehre sondern selbst ein wertvolles Gnadenmittel ist. Aber natürlich und selbstverständlich beschränkt sich der Geist nicht darauf: er treibt sein Wesen überall da, wo wahrhaft Gläubige sind, wo Kirche ist, ohne an die Schranken einer rechtlich abgegrenzten Gesellschaft gebunden zu sein. Wer will die Wege alle genau aufzeichnen, auf denen er weht, und die Mittel einzeln aufzählen, deren er sich bedient? Hier ist es das Beispiel eines frommen Vaters, das in dem Sohne die Gewissheit begründet hat: im Anschluss an Jesus ist ein in sich abgerundetes, unantastbares Glück zu gewinnen, eine Seligkeit, die durch kein Gut dieser schönen Erde aufgewogen werden kann; dort ist es die Rede einer Mutter, oder eine Predigt, die Unterweisung eines Lehrers, ein Lied, ein Buch: in mehr als einem Forscher mag das lapidare Zeugnis der Geschichte den Keim gelegt haben zu der Überzeugung, dass von Christus Lebenskräfte ausgehen für die Völker wie für die einzelnen [1]). Das alles ist »Wort«, Manifestation der vom Herrn ausgegangenen Wirkung. Wo nun aber das Wort eingeschlagen, wo der von Christus ausgegangene Geist das Vertrauen wachgerufen hat, dass der historische Jesus überweltliche Gaben gewährt und hat, da findet in dem Gläubiggewordenen selbst alsbald wieder eine Umwandlung statt; auch über ihn kommt eben jener Geist des Herrn; ein anderes Bewusstsein, Fühlen, Wollen stellt sich ein, ein neues Leben, eine Seligkeit, die durch keine irdische Macht zerstört zu werden vermag zum Zeichen, dass sie ewig ist. So bestätigt der Geist die Zuversicht, die er begründet hat. So erklärt es sich anderseits, dass es in den Bekenntnisschriften bald heisst: spiritus

---

1) Es ist kein Zufall, dass gerade die Historiker oft ein viel lebhafteres Verständnis für den Wert und die Bedeutung der christlichen Religion bekunden als diejenigen, die durch ihren Beruf bloss auf die Betrachtung der Natur angewiesen sind.

sanctus per verbum et sacramenta efficit fidem; und bald: fides affert spiritum sanctum. Das ist kein Widerspruch sondern nur treue Schilderung der Wirklichkeit und entspricht der Erfahrung: der in der Christenheit waltende Lebensgeist entfacht den Glauben, und dieser wieder vermittelt jenen dem einzelnen. Darum wird auch neben dem Vertrauen auf den Vater und den Sohn ein solches auf den Geist genannt: der letztere führt zu Christus und durch den Heiland zu Gott und Seligkeit.

Also der Pfleger des Glaubens, der Prediger und Lehrer, der Priester — und nach evangelischer Anschauung ist das im Grunde ein jeder — hat den historischen Christus vor Augen zu malen und zugleich das überirdische Leben, das er gewährt, den Geist leuchten, reden und jubeln zu lassen in Wort und That. Wenn einst das Frohlocken, das aus den Versammlungshäusern der ersten Gemeinden so befremdend ertönte wegen all des äusseren Elends, das sich da zusammengefunden hatte, bei tausenden den Keim gelegt hat zu der Zuversicht, dass der Nazarener Spender unerhörter Gaben sein müsse, so geschieht das mutatis mutandis noch immer. Das Jauchzen der feiernden und in gewissem Sinn täglich Gottesdienst verrichtenden Christenheit ist noch heute ein Hauptmittel der Mission und gegenseitiger Anregung, oft besonders wirksam, wenn es in schweren Zeiten und aus dem Munde Notleidender und Beladener erklingt. Noch heute bildet das »Seht, wie sie sich untereinander lieben!«, die Wahrnehmung eines von allen diesseitigen Motiven unabhängigen, scheinbar das Kausalitätsgesetz sprengenden, Handelns im Gläubigen für viele den ersten Anlass zu der Erkenntniss, dass der Herr Grosses an den Seinen zu thun vermöge.

Von hier aus könnte man unter Umständen zu einer milderen Beurteilung bestimmter Erscheinungen des Mönchtums hinübergleiten, sofern dieses nicht bloss auf verdienstliche Leistungen sondern auch darauf bedacht ist, den christlichen an das Zeitliche nicht mehr gebundenen Geist greifbar zu dokumentieren. Man könnte sogar versucht sein mit ihm Wert zu legen auf eine fortgesetzte demonstrative Schaustellung der Weltüberwindung, auf einen dargelebten Heroismus der Entsagung, der die Güter und Übel des Diesseits verachtet und mit Füssen tritt, der mit dem Frohsinn in Entbehrungen, Schmerzen und Selbstverleugnung prunkt, der vorzugsweise von der Gesellschaft nicht gebotene und nicht belohnte Liebeswerke verrichtet, um zu zeigen, dass in dem Jünger Jesu Kräfte walten, die nicht von dieser Erde und für sie unangreifbar sind. Das Athletentum der Bedürfnislosigkeit und Selbstpeinigung wird verständlicher, vielleicht sympathischer, wenn es als ein Mittel erscheint darzuthun, welche transcendenten Gaben, was für ein Können man Christus verdankt. Der reformatorische Protestantismus hat dennoch solch Verhalten mit aller nur möglichen Entschiedenheit abgelehnt und verworfen. Er verlangt von den Seinen, dass sie den Geist, den sie erhalten, mitten im zeitlichen Treiben bewähren, dass sie teilnehmen an dessen Leiden und Freuden, aber so als litten sie und freuten sie sich nicht, das heisst, ohne sich davon gefangen nehmen zu lassen, dass sie erwerben und besitzen, aber ohne die Sklaven von Hab und Gut zu werden, dass sie einen bürgerlichen Beruf ergreifen, seine Lasten tragen und seine Ehren geniessen, aber so, dass sie nicht um deretwillen ihn erfüllen und nicht durch sie bestimmt und beeinflusst werden; mit einem Wort, er fordert von den Gläubigen, dass sie, in der Welt stehend und schaffend, sich als innerlich freie, königliche, christliche Persönlichkeiten erweisen und damit den Namen des Herrn ehren und das Vertrauen zu ihm als dem Spender von unsichtbaren und unvergänglichen Diademen anregen und bekräftigen. Das ist, wie man oft schon gesagt hat, eine viel schwierigere Aufgabe als die »fern von des Lebens verworrenen Kreisen« in »des Klosters friedlicher Zelle« gelöst wird; sie ist die schönere, weil grössere: sie ist aus mancherlei Gründen, die von den Reformatoren auseinandergesetzt worden sind und mühelos ergänzt werden könnten, die allein angemessene, richtige, fruchtbarere.

Freilich hat die Kirche keine Mittel in der Hand, um zu konstatieren, ob ihre Glieder und insbesondere ihre Diener alle Träger des Geistes, Inhaber des Lebens und daher faktisch befähigt sind zur Ausübung ihres priesterlichen Amtes, weil sich die Echtheit des Glaubens so leicht und schnell nicht feststellen lässt. Und auch bei aufrichtigen Christen kommen Tage und Zeiten, wo dieser matt wird und klein, so dass die Kräfte, die er vermittelt, nachlassen und der Erfolg ihrer missionierenden Wirksamkeit gefährdet wird. Daher die Ordnung, nach der die Schrift die Grundlage der Verkündigung bilden soll, nicht hoch genug angeschlagen werden kann. Sie bietet die Garantie dafür, dass selbst der Heuchler und Schwache — und das letztere sind alle je und je — etwas leistet und schafft, sofern in der Schrift ein liebevoll gezeichnetes Bild des historischen Jesus enthalten ist und sich bereits und erst recht in mächtigen klassischen Tönen der Geist kundgiebt, der durch den Glauben an ihn angeeignet wird.

Noch ein Wort über einen naheliegenden und doch nichtigen Einwand. Es ist nachgewiesen worden, dass Christus, indem er einen Liebeswillen darlebte und die schwersten Leiden geduldig auf sich nahm, denen zur unbedingten fiducia erga Deum verhilft, die Vertrauen zu ihm fassen. Man könnte daraufhin die Behauptung aufstellen: das Werk des Heilands beschränke sich darauf durch die prophetische und hohepriesterliche Thätigkeit die rechte Stellung zu Gott und die Seligkeit zu ermöglichen, begründe sie aber nicht, weil doch die unerlässliche fides in Christum nicht durch ihn selbst entzündet werde. Die Unhaltbarkeit eines derartigen Urteils leuchtet sofort ein. Nicht nur hat Jesus während seines Erdenwallens durch den Eindruck seiner Persönlichkeit und nach seinem Tode durch die Erscheinungen des Auferstandenen den Glauben an ihn bei vielen geweckt oder wiederhergestellt: er thut das noch immer mittelbar durch eben den Geist, der von ihm ausgeht, der ohne ihn nicht in der Welt wäre, der beruft, sammelt, erleuchtet und die Gemeinde fort und fort ausbaut und erweitert. Darum redet der Christ nicht bloss von einem munus regium neben dem munus propheticum und sacerdotale; er fühlt sich vielmehr selbst dankbar als eines der auserlesenen Werkzeuge, durch welche der Herr sein königliches Amt ausübt.

Die evangelische Justifikationslehre würde aber in Anbetracht des Vorhergehenden etwa folgendermassen zu formulieren sein.

Was auch immer in foro coeli sich zutragen möge, die Rechtfertigung kommt hienieden zur Erscheinung, indem im Christen ein neues Verhältnis zu Gott hergestellt wird. Das objective Mittel derselben ist Person und Werk Jesu; das subjektive Mittel ist der Glaube, der teils als ihre Bedingung und Voraussetzung teils als der Erfolg, in dem sie perfekt wird, bezeichnet werden kann. Das erstere, sofern er fides in Christum; das letztere, sofern er fiducia erga Deum ist. Der Urheber des ganzen Vorgangs ist jedoch Gott, der allen Glauben durch Jesus und den von diesem ausgegangenen Geist weckt und begründet.

Anhang.

Der Glaube in formaler Beziehung.

Was hier bezweckt wird, ist nicht sowohl Aufschluss über die einzelnen Formen der fides, ihr Objekt, ihren Inhalt, ihren Zusammenhang als über die Art des Glaubens im allgemeinen und die Merkmale, durch die er sich von andern psychischen Funktionen des Menschen unterscheidet. Eine einschlägige Untersuchung empfiehlt sich nicht bloss deshalb, weil sie, selbst wo sie beschränkt bleibt auf die Betrachtung des Christentums, einen Beitrag liefert zur Religionsphilosophie. Sie interessiert speziell auch den Theologen, und zwar den Apologeten und den Dogmatiker, jenen, sofern sie berufen scheint, die Selbständigkeit des Glaubens gegen das Wissen darzuthun, diesen, sofern sie die Formulierung desselben gegen die Aufnahme heterogener Elemente im voraus sichern kann.

Sieht man sich nun nach den besonders charakteristischen Eigentümlichkeiten um und schenkt dabei der gewaltigsten Urkunde echten christlichen Lebens, dem Neuen Testament, gebührende Aufmerksamkeit, so wird man zunächst die These aufstellen dürfen: der Glaube bezieht sich stets auf Übersinnliches oder, was dasselbe ist, Göttliches. Solches hat er auch da zum Inhalt, wo es ein sichtbares Objekt ist, auf das er sich richtet. Die Wahrheit der Behauptung springt sofort in die Augen, wenn man die fiducia erga Deum in Erwägung zieht. Dass Gott existiert, dass er mächtig und liebreich ist, dass er rechtfertigt, dass er ewiges Leben gewährt, dass er es ist, der beschirmt und behütet hat und weiter fürsorglich helfen und retten will, das alles kann wohl auf Grund diesseitiger Erfahrungen vertrauensvoll angenommen werden, fällt aber an sich nicht ins Bereich der Empirie. Nicht anders ist es mit der fides in Christum. Dass Jesus der Gesandte, Bevollmächtigte und Vertreter, dass er der geliebte und vertraute Sohn Gottes ist, dass er Sündenvergebung und ewiges Leben zuzuteilen Macht hat, dass er selbst unvergängliche Herrlichkeit geniesst, das zu glauben liegen bestimmte Motive und Anlässe hienieden vor, und die gewonnene Zuversicht wird durch Vorgänge bekräftigt, die sich auf Erden bemerkbar machen; aber an und für sich handelt es sich um transcendente Daten, die das Gebiet der Erscheinung überragen. Die historische Persönlichkeit des Herrn war wohl sichtbar und fühlbar; viele haben ihn geschaut und vernommen; sein mächtiges Innenleben hat sich ihnen kundgethan; aber nicht alle, die ihm gegenübergestanden haben, sind zum christlichen Vertrauen auf ihn gelangt, weil eben dieses doch immer etwas an ihm konstatierte, was dem Auge und Ohr nicht zugänglich war. Desgleichen sind die Wirkungen, die fortwährend von ihm ausgehen, allezeit und weithin wahrnehmbar; es ereignet sich indessen stündlich und täglich, dass jemand von ihnen weiss, auch ihre Realität anerkennt und trotzdem sich nicht zur fides in Christum erhebt. Diese geht eben über das Sinnenfällige hinaus; das ist ein wesentliches Merkmal an ihr. Man mache nicht etwa als einen Einwand geltend, dass für Paulus die $\pi\iota\sigma\tau\iota\varsigma$ in ihrer Wurzel zusammenfalle mit der Gewissheit der Auferstehung Jesu, und dass die Erscheinungen des Herrn innerweltliche gewesen seien. Das mag ja durchaus richtig sein, verschlägt jedoch gar nichts. Was der Verfasser des ersten Korintherbriefs **glaubt**, das ist doch nicht, dass der Gekreuzigte dem Kephas, den Zwölfen, den fünfhundert Brüdern, dem Jakobus, den sämtlichen Aposteln, zuletzt ihm selbst sich dargestellt habe: das alles **weiss er**; das berichtet er auch mit der Treue und vorsichtigen Sorgfalt des Historikers, Gewährsmänner anführend, Zeugnisse häufend, damit andere davon gleichfalls zuverlässige **Kenntnis** erhalten und **dadurch** zur $\pi\iota\sigma\tau\iota\varsigma$ gelangen. Was er **glaubt**, das ist wesentlich das folgenreiche eine, dass Christus erhöht sei und **lebe** in jenseitiger, göttlicher Herrlichkeit; die Ereignisse aber, die sich hienieden nach dem Tode Jesu abgespielt haben, geben ihm die Bürgschaft und Garantie für diese Zuversicht ab[1]).

---

1) Ob und inwiefern sie dazu noch heute geeignet sind, darüber vgl. Lobstein »Der evangelische Heilsglaube und die Auferstehung Christi« (Zeitschrift für Theologie und Kirche, II, S. 359) und Erich Haupt (Studien und Kritiken, 1892, S. 374 f.); aber auch Loofs »die Auferstehungsberichte und ihr Wert« (Hefte zur christlichen Welt, No. 33). Unter allen Umständen bleibt es dabei, dass die kirchliche

Also der Glaube ist eine Überzeugung von Übersinnlichem. Indessen noch ein anderes Merkmal muss hinzugefügt werden. Wenn man absieht von ganz vereinzelten und sekundären neutestamentlichen Schriften, wie etwa die Pastoralbriefe, erweisen sich die Daten, mit denen er es zu thun hat, weiterhin stets als solche, mit deren Vergegenwärtigung die Erwartung von Gütern verbunden ist oder sich verknüpfen kann. Niemals wird er auf das bezogen, was Gott an und für sich ist, oder etwa auf die geheimen Vorgänge, durch welche sich das Verhältnis Christi zum Vater und seine Machtstellung erklärt, und ähnliches; immer nur auf Thatsachen, welche direkt die Aussicht auf Gaben erschliessen oder zu eröffnen vermögen. Anders ausgedrückt: er ist allezeit derartig, dass er dem Gemüt etwas sagt, es beeinflusst und bestimmt, wovon es nur die Kehrseite ist, dass er auf Grund einer Gefühlserregung zustande gekommen sein muss. Freilich ist die fides bisweilen in der Schrift — man denke beispielsweise an die Johanneische Litteratur — so formuliert, dass diese Eigentümlichkeit nicht mit durchweg gleicher Deutlichkeit zu Tage tritt; um so stärker ist sie von den Reformatoren betont worden; und es ergiebt sich das Resultat: der **evangelische Glaube ist eine affektvolle Überzeugung von Übersinnlichem**: er trägt den Charakter des Vertrauens.

Die gewonnene Definition ist keine neue und erhebt nicht den Anspruch es zu sein. Bereits Paulus hat einerseits erklärt: $\varkappa\alpha\varrho\delta\iota\alpha\ \gamma\grave{\alpha}\varrho\ \pi\iota\sigma\tau\varepsilon\iota\varepsilon\tau\alpha\iota$ [1]) und anderseits Glauben und Schauen einander gegenübergestellt: $\delta\iota\grave{\alpha}\ \pi\iota\sigma\tau\varepsilon\omega\varsigma\ \gamma\grave{\alpha}\varrho\ \pi\varepsilon\varrho\iota\pi\alpha\tau\omicron\tilde{\upsilon}\mu\varepsilon\nu,\ \omicron\grave{\upsilon}\ \delta\iota\grave{\alpha}\ \varepsilon\tilde{\iota}\delta\omicron\upsilon\varsigma$ [2]). Man kann sich auch auf den Hebräerbrief berufen, mag das Gewand, in das sich die Begriffsbestimmung 11, 1 kleidet, stammen, woher es wolle. Jedenfalls bezeichnet er die fides als Überführung von Unsichtbarem und weist zugleich auf ihre affektvolle Art hin, wenn er ausspricht, dass sie es mit Gehofftem zu thun habe. Luther seinerseits hat beide Merkmale zur Geltung gebracht. Dass er so gut wie Melanchthon unter dem rechtfertigenden Verhalten eine Willens- und Herzenssache, die Gewissheit von Wohlthaten, die mir zu gute kommen, ver-

---

Lehre einen andern allgemeineren Faktor als Ursache der fides in Christum überhaupt namhaft macht.
1) Röm. 10, 10.   2) 2 Kor. 5, 7.

steht, ist oft ausgesprochen worden und braucht nicht extra belegt zu werden. Nicht seltener redet er von einer dem Übersinnlichen zugewandten Überzeugung. »Das ist die Kunst des Glaubens, dass man ergreife dasjenige, so man nicht siehet«[1]). Er »gehet mit den Dingen um, die künftig und nicht fürhanden« sind[2]), soll »an dem hangen, das unentpfindlich« ist[3]). Man nimmt wahr: eine doppelte Art die fides zu charakterisieren liegt auch beim Reformator vor. Nach Köstlin ist das Verhältnis so bewandt, dass er in früherer Zeit ihren Inhalt mehr als einen transcendenten, in späterer mehr als einen das Gefühl erregenden kennzeichnet[4]). Beides schliesst sich nicht aus sondern ergänzt sich. Von modernen Definitionen sei wenigstens die in Herzog-Plitt von Schöberlein aufgestellte erwähnt: »Was die formelle Seite des Glaubens betrifft, so ist er nicht ein blosses Fürwahrhalten mit dem Verstande .... er ist eine Sache des Herzens«. Der »Gegenstand« desselben ist weder dem sinnlichen Auge noch dem weltlichen Auge noch dem weltlichen Verstande zugänglich sondern »gehört dem Reiche des Unsichtbaren, speziell des Geistlichen und Göttlichen an«[5]). Damit stimmt in der Hauptsache die allerdings eins der beiden Momente besonders nachdrücklich hervorhebende Erklärung Kählers überein: »Dieses Wort (Glaube) bezeichnet hier nicht eine ausgebildete Verstandesthätigkeit, welche durch eine entwickeltere ersetzt werden müsste oder auch nur könnte; vielmehr eine das gesamte persönliche Leben in Anspruch nehmende Bethätigung, und zwar eine Beziehung auf Gegenstände, welche als solche ausserhalb des Kreises der sinnlich vermittelten Erfahrung und ihrer wissenschaftlichen Technik liegen«[6]).

Es bedarf keiner weiteren Beweise dafür, dass die aufgestellte Begriffsbestimmung eine alte und vielfach angewandte ist. Sie ist darum nicht praktisch unbrauchbar; im Gegenteil!

Dadurch allein schon, dass der Glaube als Überzeugung von Übersinnlichem charakterisiert wird, ist seine Selbständigkeit

---

1) E. A. 1. XLVII, 326.   2) E. A. LIX, 158.
3) LXIV, 305, vgl. XLIII, 157; XIV, 217; XI, 197 f.; XXXIII, 256; XIII, 155; V, 209; XV, 201. 404 u. a.
4) Köstlin, Luthers Theologie, 2. Ausg., II, 434.
5) Schöberlein in Herzog-Plitt.
6) Kähler, die Wissenschaft der christlichen Lehre. S. 15.

der exakten Wissenschaft gegenüber konstatiert. Denn diese, ob sie Naturkunde oder Geschichte im weiteren Sinn des Wortes ist, hat es immer mit Grössen zu thun, die direkt oder indirekt sinnlich wahrnehmbar sind: sie kann das Gebiet der Erscheinung nicht überschreiten; der Satz bleibt zu Recht bestehen, gleichviel ob man ihn mit dem Kantischen Kriticismus unterbaue oder nicht.

Dadurch dass der Glaube als affektvolle Überzeugung von Übersinnlichem, als ein Vertrauen gekennzeichnet wird, ist er abgegrenzt gegen die katholische fides und ähnliche Korruptionen, aber auch gegen das Fürwahrhalten irgend einer Metaphysik.

Das Verhältnis zu der letzteren Disciplin erfordert allerdings noch eine etwas genauere Beleuchtung. Dieselbe beruhigt sich ja nicht wie die eigentliche Wissenschaft bei den gegebenen und auf einander an sich nicht reduzierbaren Phänomenen der Welt, den geistigen und körperlichen, sondern sucht nach einem Letzten, das ihnen zu Grunde liegt: je nach dem Wert und der Bedeutung, die sie den beiden vorliegenden Erscheinungsreihen beimisst, wird sie dabei zu sehr verschiedenen Resultaten gelangen, zu spiritualistischen oder materialistischen, zu pantheistischen oder neutralisierenden spinozistischen. Wenn sie nun gleich mit ihrem Unternehmen theoretischen Interessen dienen will und nicht praktischen, so kommt sie doch, sofern sie eben das Bereich betritt, in das der Glaube hineingreift, mit diesem in Kontakt. Sie kann, je nach den Ergebnissen, bei denen sie ausgemündet ist, sich ihm zur Gehülfin anbieten oder als Gegnerin ihn bekämpfen; und wo sie mächtig und einflussreich ist, wird er sich mit ihr auseinandersetzen wollen: das wird sogar in theoretisch gerichteten Zeiten und so angelegten Individuen zum unabweislichen Bedürfnis werden. Die Position aber, die er in solchem Falle einnimmt, ist keine ungünstigere als die der Metaphysik; die letztere operiert ja ihrerseits mit Elementen des »Glaubens«; das ist oft genug ausgesprochen worden [1]); sie ist sogar vielfach weiter

---

1) Vgl. beispielsweise Paulsen, Einleitung in die Philosophie: »Philosophie (darunter versteht der Verfasser hier wesentlich die Metaphysik) ist nicht Religion und kann nicht an ihre Stelle treten. Sie will nicht ein Glaube sein sondern ein Wissen. Dennoch enthält jede Philosophie, sofern sie Philosophie in dem alten Sinn, Welt- und Lebensanschauung sein will, auch ein Element des Glaubens in sich, das die

nichts als ein Versuch die Aussagen des herrschenden religiösen Vertrauens mit dem gerade gegenwärtigen Ertrag des exakten Wissens zu kombinieren und zu einem Gesamtbild zu verweben. So gewiss das ist, so gewiss wird anderseits durch das Vorhandensein zahlreicher Berührungspunkte der bestehende Unterschied zwischen ihr und den Urteilen der fides doch nicht aufgehoben: er kann und muss im Prinzip festgehalten werden. Der Glaube beschränkt sich auf das, was durch das Gefühl begründet ist und zu diesem spricht: die Metaphysik bringt noch andere Faktoren mit in Anschlag: es hängt das mit den verschieden gearteten Zwecken beider zusammen.

Die aufgestellte Definition ist also nicht nur alt und durch Autoritäten gedeckt: sie erweist sich auch als fähig der Apologetik und Dogmatik noch immer Dienste zu leisten. Dasselbe gilt nicht in gleichem Masse von den Bestimmungen, die mit dem Begriff der »Werturteile« arbeiten. Die Formel, wonach das religiöse Erkennen in solchen »verläuft« ist ja, weil missverständlich, schon vielfach angefochten worden und mag ausser Betracht bleiben. Besser steht es mit der andern, wonach es darauf beruht. Das ist doch nur ein neuer Ausdruck dafür, dass aller Glaube, einschliesslich der Gewissheit von der Existenz einer höchsten überweltlichen Lebensmacht[1]), auf das Gefühl als den Anzeiger erfahrener Förderungen und Hemmungen sich gründet. Die Aussage reicht auch aus das christliche Vertrauen gegen die katholische fides und ihre Analoga sowie gegen das Fürwahrhalten einer Metaphysik abzugrenzen; ebenso statuiert sie einen Unter-

---

Wissenschaft als solche nicht enthält. Jede Philosophie geht zuletzt darauf hinaus, Sinn in die Dinge zu bringen oder vielmehr den Sinn, der in den Dingen ist, aufzuzeigen. Dieser Sinn ist aber im letzten Grunde immer eine Sache nicht des Wissens, sondern des Willens und Glaubens. Was dem Philosophen selber das höchste Gut und letzte Ziel ist, das sieht er in die Welt als ihr Gut und Ziel hinein und meint es nun auch durch hinterher kommende Betrachtung als solches darin zu finden. In diesem Sinne ist das Augustinische Wort: »fides praecedit rationem« eine allgemeine menschliche Wahrheit, ja, der eigentliche Schlüssel zum Verständnis aller Philosophie. In diesem Sinne ist also Glaube ein Element, ja, das eigentliche Formprinzip jeder Philosophie«.

1) Vgl. die Andeutung im ersten Abschnitt.

schied zwischen jenem und dem wissenschaftlichen Erkennen; dagegen genügt sie nicht um die Unantastbarkeit des Glaubens durch die Ergebnisse des letzteren klarzustellen. Dessen ist sich auch beispielsweise Otto Ritschl, der eifrige Verteidiger einer mit dem Begriff der »Werturteile« operierenden Definition, völlig bewusst. Nachdem er dargelegt hat, dass das christliche Vertrauen in solchen zum Ausdruck komme, führt er weiter aus, dass diese, selbst wenn man sich durchaus die Resultate der modernen Forschung aneignet, »in praktischer Beziehung dennoch dieselben zu bleiben vermögen, die sie von Anfang an gewesen sind. Der Grund für diese Erscheinung ist die Thatsache, dass die Wissenschaft als solche gar nicht kompetent ist, über Sein oder Nichtsein der übersinnlichen Grössen des christlichen Glaubens zu urteilen oder zu entscheiden. Der christliche Gott, seine Offenbarung in der Person und dem Werke Christi, Gemeinde der Heiligen, Sünde, Rechtfertigung, Wiedergeburt, Gotteskindschaft und ewiges Leben sind über die Naturwelt erhabene Grössen, die als solche dem ausschliesslich wissenschaftlichen Erkennen unzugänglich ... sind«[1]). Damit ist eingeräumt, dass die Apologetik das höchste Interesse daran hat, in die Beschreibung des Glaubens in formaler Hinsicht eine Bestimmung mit aufzunehmen, wonach er Transcendentes zum Inhalt hat, und dass man mit dem blossen Hinweis auf den Charakter seiner Aussagen als Werturteile nicht auskommt.

---

1) Otto Ritschl, Über Werturteile, S. 24.

www.ingramcontent.com/pod-product-compliance
Lightning Source LLC
Chambersburg PA
CBHW020309170426
43202CB00008B/557